새로운 성경

한국어로 내려온
New Bible

제156권

10부 | 총10부

하얀마음

하나님 말씀 중에서

1. 사랑의 하나님

- 세상을 창조하신 하나님은 모두를 사랑하신다. 인간만 특별히 더 사랑하지 않고, 우주 만물을 다 똑같이 사랑하신다. 그러니 하나님이 창조하신 천지 만물과 화친하고, 미물까지도 소중히 대하라.

- 하나님은 특정 종파나 민족만을 더 사랑하지 않으신다. 자기 자신만 구원받겠다는 욕심을 버리고, 자기 종파만 구원받는다는 편협한 교리에서 벗어나야 한다. 종파를 초월해서, 모두를 사랑하라.

- 원수까지 사랑하라 했으니, 이 세상에 사랑하지 못할 자가 누가 있겠는가? 종파가 다르다고 해서 부모 형제와 원수처럼 지내는 자는 인간의 근본을 모르는 자다. 가장 가까운 가족부터 사랑할 때 남도 진심으로 사랑할 수 있다.

- 한 사람을 원수같이 생각하던 마음에서 사랑하는 마음으로 돌리면, 자기 자신의 마음이 가장 기쁘고 행복하다. 하나님께서는 인간의 마음속에 무거움이 없이 기쁘고 행복한 삶을 살기를 바라신다.

- 이웃을 "내 몸처럼" 사랑하라 했으니, 마지막 한 장 남은 천국의 티켓도 이웃에게 양보하라. 자기 중심적인 신앙에서 벗어나서 남을 위해 살아야 한다.

- 독초도, 약초도, 이단도 사탄도 천사도 다 필요하기에 존재한다. 독초일지라도 극소량을 사용해서 생명을 살릴 수 있고, 약초라 하더라도 남용하면 생명을 잃을 수 있다.

- 세상 모든 것을 명약으로 활용하는 것은 인간의 지혜에 달렸다. 어떤 것이든 어떤 사람이든 적재적소에 꼭 필요한 명약으로 승화시키라.

- 사탄도 이단도 천사도 모두 하나님의 주관하에 존재한다. 진정한 하나님의 백성은 사탄과 마귀까지도 감화시켜서 천사로 거듭나게 한다.

2. 기도

- 하나님은 인간의 생각까지 모두를 다 알고 계신다. 우리의 소원도 이미 알고 계시기에, 소원의 기도를 할 필요가 없다. 우리가 받을 자격이 되면 내려 주신다.

- 죄를 짓고 아무리 회개를 해도 용서받지 못한다. 도둑질한 자는 용서해 달라고 기도하고, 도둑맞은 자는 도둑을 잡게 해 달라고 기도하면, 공의의 하나님은 누구의 편에 서시겠는가?

- 자기가 잘못한 것은 그 사람에게 직접 갚고 용서를 구하라. 그가 용서하면 하나님도 용서하신다. 땅에서 매면 하늘에서도 매이고, 땅에서 풀리면 하늘에서도 풀리는 이치다.

- "회당에서 기도하지 말고 골방에서 기도하라" 했다. 눈에 보이는 골방이 아니라, 골방과 같이 고요한 마음이다. 잡념을 버리고 하나님을 향해 마음을 집중하며, 사랑하고 용서하는 아름다운 생각만 나오도록 하라.

- "두드리면 열릴 것이다." 하는 것은 육의 소원을 위해 두드리라는 것이 아니라, 진리의 깨달음을 얻기 위해 두드리라는 것이다.

- 기도하는 방법: 생활 속에서 수시로 기도하는 삶을 살아야 한다.

- "저의 죄를 용서하여 주옵소서." 하는 회개의 기도를 하라.
- 범사에 "하나님! 감사합니다." 하라. 현재 가진 것에 감사하며, 과욕하지 말라. 자기 노력 이상의 것을 더 갖고자 기도하는 것은 도둑놈심보다. 공의의 하나님은 각자 노력한 만큼 주신다.
- "하나님 뜻대로 살아가겠나이다." 하며 마음의 각오를 다지라.

- 기도는 하나님의 말씀을 받아서 "행하는 것"이다. 하나님이 계심을 굳건히 믿고, 하늘을 향하여 한 점 부끄럼 없이 사는 삶 자체가 가장 위대한 기도이며, 삶이 곧 예배다.

3. 지도자

- 똑같이 사랑한다는 말을 해도, 순수하게 하는 말은 천사의 말이지만, 사기 쳐서 재산을 가로채려고 하는 말은 사탄의 말이다.

- 종교 지도자가 아무리 훌륭한 설교를 해도, 신도의 재물을 거둬서 더 큰 교회를 짓고 자기의 부귀영화를 바라며 설교하면 사탄의 가르침이 된다.

- "저희 교회는 만원사례요, 믿음은 다 같으니 이웃의 개척 교회에 가서 예배를 드리시오." 하며, 이웃 교회의 부흥을 먼저 생각하여 제 신도를 보내는 종교 지도자가 있다면 그를 따르라. 그가 하나님의 사랑을 실천하는 자다.

- "부자가 천국에 들어가는 것은 낙타가 바늘구멍을 통과하는 것보다 더 힘들다" 하였거늘, 지금의 교회에서는 부자가 되기만을 기도하고 소원하니, 이는 곧 천국을 포기하고 지옥 행 열차의 티켓을 사는 것과 같다.

- 예수는 빈손이었다. 종교 지도자가 예수보다 더 호화롭고 편안하게 살아간다면 잘못된 것이다. 부귀영화와 명예를 바라는 자는 절대로 갈 수 없는 좁고 협착한 길이 종교 지도자의 길이다.

- 종교 지도자는 유리로 비춰 봐 한 점의 부끄러움이 없이 살아야 한다. 의식주도 직접 일해서 해결하고, 예수의 가르침과 행함을 그대로 따라야 한다.

- 종말은 없다. 지금의 잘못 가는 종교 집단에게만 종말이 있다. 보이지 않는 하나님은 보이는 육의 종말은 관여하지 않으신다. 환경 파괴로 인간이 스스로 멸망을 자초하는 것이다. 종파끼리 싸우기 전에, 무너진 인성을 바로잡고 지구의 몸살을 해결하는 데 뜻을 모으는 게 급선무다.

4. 성전이란

- 이 세상 자체가 하나님께서 만드신 성전이다. 자연보다 더 아름다운 성전이 있는가? 보이는 건물이 성전이 아니라, 성스러운 마음가짐이 성전이다.

- 반석 위에 교회를 지으라 했다. 지상의 단단한 돌은 인간이 쪼갤 수 있으나, 마음속의 굳은 결의는 세상 무엇으로도 쪼갤 수 없다. 바르고 굳건한 믿음으로 성경의 가르침을 실천하는 것이 마음의 반석 위에 교회를 짓는 것이다.

- 손으로 지은 건물의 교회에 모여서 복음을 전하는 것이 아니라, 교회를 개인과 가정에 심어 주어야 한다. 무너지고 부서지는 건물을 짓지 말고, 마음속에 영원히 불변하는 참진리의 교회를 지으라.

5. 십계명

- 십계명은 인간이 죽어서 반드시 통과해야만 하는 열 개의 관문이다.

\- 부모를 공경하지 아니한 자는 "네 부모를 공경하라." 하는 제5계명의 관문이 열리지 않으니 구원받을 수 없다.

\- 살인, 간음, 거짓, 우상 등의 나머지 계명도 마찬가지지다.

- 십계명은 하나님의 친필이다. 모기소리만 한 하나님의 음성이라도 들어 보겠다고 여기저기 찾아 헤매지 말고, 십계명부터 암송하고 지키라.

- 십계명은 영혼을 구원하는 양식이며, 십계명을 지키는 것이 구원을 받는 길이다. 인간이기에 지키고자 노력하고 또 노력한다면 지킬 수 있다.

- 십계명을 지키고 천사처럼 아름답게 살아가는 그 마음 하나면 세상에 이루어지지 않는 것이 없다.

6. 보물

- 하나님은 재물이 아니라 우리의 마음을 받으신다. 사랑을 실천하며 천사처럼 변하는 마음이 하나님께 바치는 보물이다.

- 보이지 않는 하나님께 재물을 바치려 하지 말고, 너희를 길러 준 부모에게 용돈 드리고, 찾아뵙고, 효성을 다하라. 그것이 하나님께 효도하는 것이다.

- 하늘에는 선과 악의 창고가 있다. 자기 창고에 선이 많으면 천국으로 구원을 받고, 악이 많으면 심판받아 지옥으로 간다. 그것이 바로 "선한 일을 행한 자는 생명의 부활로, 악한 일을 행한 자는 심판의 부활로" 나오는 것이다.

- "선악과를 따먹지 말라"는 것은 양심을 지키라는 것이다. 선과 악을 구분할 수 있는 양심을 최초에 인간에게 주셨다. 선한 열매는 취하고, 악한 열매는 버리며, 양심에 비추어 부끄럼 없는 삶을 살아가라.

- 가장 작은 거짓말을 하지 않고, 가장 작은 죄를 짓지 않으며, 가장 작은 선행을 하고, 가장 작은 악행을 멀리하는 것이 율법의 일점 일획도 빠뜨리지 말고 다 지키는 삶을 사는 것이다.

7. 우상

- 박물관에 있는 불상은 하나의 예술품이다. 그 조각품에 대고 제 소원을 빌 때 우상숭배가 된다. 십자가라 하여도 그 앞에서 소원을 빈다면 우상숭배하는 것이며, 하나님께 소원을 빈다면 하나님을 우상으로 전락시키는 것이다.

- 지금 기복신앙에 젖어 있는 모든 사람이 우상 앞에 절을 하고 있다. 조각품을 우상이라며 파괴하지 말고, 네 마음속에 있는 욕심의 우상을 무너트리라.

- 생수를 약초가 먹으면 약을 만들고 독사가 먹으면 독을 만든다. 같은 성경을 봐도 선한 지도자는 신도를 천사로 만드는 데 활용한다. 그러나 욕심이 가득한 지도자는 재물을 거두어들여 제가 부귀영화를 누리는 데 악용한다. 그가 바로 성경을 우상숭배의 도구로 전락시키는 거짓 선지자다.

- 성경을 한 획도 빼거나 더하지 말라는 것은, 그 가르침을 빠트리지 말고 온전히 지키라는 것이다. 성경 속에서 자기에게 유리한 구절만 보는 것은, 자기에게 불리한 구절들을 빼 버리는 것이다. 믿음이 제일이요, 행함은 구원과는 관계없다는 것은 자신에게 유리한 쪽으로 성경을 악용하는 것이다.

- 진정한 종교 지도자는 종파에 관계없이 어떤 종파든 어떤 책이든 접하고 보고 깨우쳐 견문을 넓히도록 인도한다. 참진리를 모르고 자신이 없는 자가 남을 이단이라며 배척하고, 신도들의 눈과 귀를 가린다.

8. 예수

- 예수의 재림은 없다. 예수가 다시 온다 해도, 과연 누가 그를 예수라고 믿겠는가? 예수와 같은 삶의 행함이 곧 예수의 재림이다. 각자 모두가 "재림 예수"가 되는, 차원 높은 믿음으로 가야 한다.

- 예수는 "주여 주여 하지 말고, 아버지의 뜻대로 행하라"고 했다. 예수가 전한 하나님의 뜻이 곧 "길이요, 진리요, 생명"이며, 그 가르침이 예수의 보혈처럼 소중한 것이다. 예수를 믿는 것은, 예수의 가르침을 믿고 따르는 것이다.

- 예수는 낮은 자로서 만백성을 섬기고자 했다. 만나는 모든 사람을 다 하나님이라 생각하라. 돈을 벌수록 겸손하고, 높은 지위를 얻을수록 낮아지라.

- 예수는 종파를 만들지 않았다. 인간이 만든 종교와 인간의 교리를 따르지 말고, 예수를 통해 전한 하나님의 참진리를 연구하고 따르라.

- 예수가 2천 년 전에 만백성을 위해 죽었으니, 지금 이 땅에는 예수의 가르침대로 사는 천사만 존재해야 한다. 예수가 죽어 가면서 바란 것은 만백성이 천사가 되어 예수의 자리를 채워 주는 것이지, 지금과 같이 재물을 바치면서 중언부언 제 소원만을 비는 백성들을 바란 것이 아니다.

9. 구원

- 천사가 사는 천국에는 천사만 갈 수 있으니, 천사 같은 마음을 길러야 한다.

- "천국 열쇠를 네게 주리니 땅에서 무엇이든지 매면 하늘에서도 매일 것이라" 했다. 땅에서 천사같이 사는 자가 하늘에서도 천사가 되어 천국에 들어간다. 모든 사람에게 천사같다는 말을 듣는 삶을 살아야 한다.

- 천사의 곱고 아름다운 마음은 부모를 공경하고 어른을 어른으로 대접하는 데에서 출발한다. 효도하는 자는 형제와 화목하게 지내기에 가정이 화목해지고, 이웃과 화목해지고, 국가가 화목해지고, 온 인류가 화목해진다.

- 그러므로 지상의 아름다운 소왕국은 가정에서부터 이루어야 한다.

- 선택된 14만 명만 구원받는 것이 아니라, 천사처럼 변하고자 하는 14만 명을 기초로 온 인류가 천사처럼 거듭나는 영적인 개혁이 시작되는 것이다.

- 천 년에 걸쳐서 하늘에서 이루어진 것같이 이 세상을 낙원으로 만들어, 만백성이 지상의 천국에서 살다가 죽어서 그대로 하늘의 천국으로 들어가는, 영원한 지상 낙원을 건설하는 것이 하나님의 계획이다.

- **이것이 구약과 신약에 이어 "새로운 성경"으로 역사하시는 하나님의 창조의 완성이다.**

- 지금의 믿음으로 구원받을 수 있다면 그 길을 가라. 그러나 자신이 없다면 하나님께서 직접 내리신 160권의 "새로운 성경"을 읽고 구원의 길을 보라!

하나님 머리말씀

이 새로운 성경을 읽는 너희 모두는
이 율법에 따라 행하면 영원히 구원받을 것이니라.

너희 인간이 수년, 수십 년, 평생
성서를 공부하고 기도하는 것은
하늘나라 나의 곁으로 오고 싶은 소망일진대,

몇천 년 전의 너희 인성과 생각이
지금의 너희와는 판이하게 다르니,

꺾여 가고 병들어 가는 너희를 고칠 수 있는 길은,
오늘 내가 선지자에게 내리는 새로운 성경과 같이
너희가 변화되는 것뿐이니라.

나의 예수가 태어난 것처럼
내가 아들 선지자를 선택하여
나의 새로운 성경을 온 세계에 전하고자 하니,

묵은 것은 버리고 새로운 것은 취하여,
너희 모두는
'여호와 하나님! 저의 죄를 용서하여 주옵소서.'
하는 기도문으로 기도하고, 죄를 뉘우치라.

이 새로운 성경은
수천 년간 내려온 성서를 요약한 것이니,
너희는 이 책을 정독하여 쉽게 깨달음을 얻고,
이대로 실천하여 하늘에 오르라.

대역자 머리말

■ 하나님의 율법을 지키는 선지자로 선택을 받도다.

저는 남들처럼 그저 열심히 살아온 평범한 사람이었습니다. 그러나 50대 중반에 사업에 실패하여 많은 부채에 시달렸으며, 건강도 악화되어 눈이 잘 안 보이고, 걷기도 어렵고, 두통이 심해서 잠을 이룰 수 없는 고통의 나날을 보냈습니다. 그때 제가 선택할 수 있는 것은 육의 삶을 끝내는 길뿐이었습니다.

죽기 직전에 그동안에 죄를 지은 이들에게 용서를 빌고 인생을 끝내기로 작정하였습니다. 어려서부터 지은 죄를 빌고 빌다 보니 끝이 없었고, 죽음으로도 그 많은 죄를 용서받을 길이 없다는 생각에 하염없이 눈물이 흘렀습니다. 그 순간 '재래식 화장실의 구더기는 죄를 짓지 않는데, 나는 인간으로서 구더기만도 못한 삶을 살았구나.' 하는 생각이 들면서 괴로움에 몸부림칠 때, 갑자기 하나님의 음성이 들렸습니다.

"나는 여호와 하나님이니라. 너는 십계명을 암송하고 내가 내려 주는 메시지를 받아 책으로 만들어 만백성을 구하라." 하시며, 제 눈을 손으로 문지르게 하시고, 아픈 머리와 다리를 손으로 두드리게 하셨습니다. 그러고 나니 눈도 잘 보이고 걸을 수 있었으며 머리의 통증도 말끔히 낫게 되었습니다. 그때부터 십계명을 암송하고 나면 들려주시는 말씀을 기록하였고, 1999년 8월부터 2004년 7월까지 권당 288쪽, 총 160권을 받아서 "새로운 성경"이라는 책으로 펴내게 되었습니다.

그러한 저에게 죽기보다도 힘든 길이 시작되었습니다. 모든 교인들이 저에게 사탄이요, 이단이요, 악마요, 마지막 시대에 온 거짓 선지자라 하면서 공격하였고, 저를 짐승을 보듯이 대하는가 하면, 편협한 종교 지도자들의 선동으로 신도들이 이 책을 직접 읽어 보고 평가할 기회마저 막아 버렸습니다. 그래서 하나님의 말씀을 세상에 내는 데 많은 어려움을 겪으며, 피를 토하는 심정으로 책을 전하고 있습니다.

그러나 아무리 인간의 힘으로 막으려 해도, 하나님의 뜻이 세상에 전해지는 위대한 역사는 계속될 것입니다. 책으로 전해지는 "하나님의 말씀"은 세상 끝날까지 항상 우리와 함께하실 것입니다. 사람은 죽어도, 책에 기록된 말씀은 영원히 남으니까요.

■ 따뜻한 실천

하나님께서는 어려운 사람들에게 삶의 터전을 마련해 주고, 미래를 열어 주는 것을 기뻐하십니다. 어려운 이웃이 스스로 자립할 수 있도록 이끌어 주는 것이 진정으로 이웃을 돕는 것이라고 말씀하셨습니다. 그래서 일자리가 없는 제자들에게 작은 사업장을 만들어 주는 "달란트 사업"을 하고 있습니다. 식당, 반찬 가게 등을 차려 주고, 기존의 어려운 사업장이 자립할 수 있도록 돕고 있습니다(커피숍, 미용실, 의상실 등).

하나님께서는 교회에 나와서 모든 시간과 재물을 쏟기를 원하지 않으시고, 그 시간과 재물을 교육에 투자하여 스스로 미래를 열어 가기를 원하십니다. 그래서 제때 공부하지 못한 제자들에게 학업을 이어 가도록 하였습니다. 중화요리 주방장을 하며 초등학교 검정고시부터 공부하여 2012년에 방통대를 졸업한 36세 남성, 만학도들의 2년제 중학교에 입학해서 2007년에 명지대학을 졸업한 38세 여성, 중학교 검정고시를 시작으로 숭의여자대학을 졸업한 47세 여성 등이 있습니다. 그밖에도 많은 제자들에게 나이를 초월하여 배우고 깨우쳐서 사회 속의 당당한 일원이 되도록 인도하고 있습니다.

학자금 대출로 힘겨워하는 젊은이들을 위해 "따뜻한 바람 장학회"를 발족하여(2016년 12월) 대출받은 학자금 전액을 매월 갚아 주고 있습니다. 또한, 다문화 가정을 위해 "다문화 가족 랜드"를 조성하여, 각종 시설을 무료로 활용하도록 하고 있습니다.

이러한 따뜻한 실천이 아직은 미약합니다. 그러나 책의 수입이 늘고, 저와 뜻을 같이하는 분들이 늘어나면 계속 확대할 것입니다. 지도자로서 신도의 재물을 헌금으로 거둬들여 착복하는 것이 아니라, 하나님께서 기뻐하시는 일에 사용하도록 중매 역할만 하며 살아가고자 합니다. 이런 제가 과연 사탄이고 이단인가요? 하나님께서 기뻐하시는 일이라면, 저에게 사탄이라 하든 거짓 선지자라 하든 굽히지 않고 실천해 나갈 것입니다.

끝으로, 일상의 삶 속에서 "지금 내가 하는 행동이 과연 하나님께서 기뻐하실까, 슬퍼하실까?" 생각하고, 매사에 하나님께서 기뻐하시는 길을 택하기 바랍니다. 교회에 모여서 집단적으로 예배 드리는 것이 아니라, 개인이나 가정 단위로 새로운 성경을 읽어 스스로 깨우치고 그대로 행하면 충분합니다. 그것이 마음속에 성전을 짓고, 신령과 진정으로 예배 드리는 길입니다. 그러면 천국의 문에 들어서게 됩니다.

2017. 2. 1.

하나님 말씀 대역자 김용철

차 례

십 계 명

이 책은 십계명을 암송하고 나면 내려 주시는 "하나님의 음성"을 듣고 그대로 받아쓴 기록입니다. 하나님께서 십계명을 모세에게 내려 주셨지만, 그것은 만백성에게 내려 주신 것입니다. 마찬가지로 이 책의 모든 말씀도 저에게 내려 주셨지만, 만백성 각자에게 들려주시는 말씀입니다. 여러분도 이 책을 접할 때마다 십계명을 암송하고 나서 정독해 주시기 바랍니다.

제일은, 너는 나 외에는 다른 신들을 네게 있게 말지니라.

제이는, 너를 위하여 새긴 우상을 만들지 말고, 또 위로 하늘에 있는 것이나, 아래로 땅에 있는 것이나, 땅 아래 물 속에 있는 것의 아무 형상이든지 만들지 말며, 그것들에게 절하지 말며, 그것들을 섬기지 말라.

제삼은, 너는 너의 하나님 여호와의 이름을 망령되이 일컫지 말라.

제사는, 안식일을 기억하여 거룩히 지키라.

제오는, 네 부모를 공경하라.

제육은, 살인하지 말지니라.

제칠은, 간음하지 말지니라.

제팔은, 도적질하지 말지니라.

제구는, 네 이웃에 대하여 거짓 증거하지 말지니라.

제십은, 네 이웃의 집을 탐내지 말지니라.

나 여호와가 존재함을 믿는 그 자체가 구원의 길에 들어서는 기본이요, 근본이며, 나의 새로운 성경을 가슴에 안고 정독하는 자, 반석 위에 서서 하늘에 오르는 찬란한 빛을 보게 되는 영광을 얻게 됨이니라. 진정 나를 따르고 믿는 자는 감히 사탄이나 마귀도 근접하지 못하느니라.

〈하나님 말씀〉

2004년 6월

11,888 번째 하나님 말씀

2004년 6월 29일 06시 15분

1 사랑하는 나의 아들아!
2 "네, 아버님! 말씀하옵소서."
3 너를 따르는 제자들이요, 그리고 나의 새로운 성경을 읽고 깨우친 만백성, 너희들은 완전한 삶을 살라 하였음이니라.
4 육의 삶에서도 완전한 삶이요, 그리고 믿음의 길이요, 거듭나는 신앙의 길도 완전한 깨달음의 길을 가라 내가 그리 전하고 깨우침이니라.
5 나의 아들을 따르는 제자 너희들은 들으라.
6 너희들이 육의 세상의 삶에 있어서도 최선의 노력을 다하라.
7 그렇지 아니하면 아니 됨이니라.
8 너희들이 그와 같이 살지 아니하면 누구도 믿지 않느니라.
9 너희들이 제자리를 지키지 못하며 살아감에 부족함이 있는 자, 그리고 네 생활이요, 네 삶을 안정적으로 이끌어 가지 못하는 백성, 그와 같은 백성은 믿지 아니하며 그들이 결국 따르지 아니함을 너희들은 알라.
10 믿음이 앞에 가며 믿음의 깨달음이 아무리 있다 해도, 너희들의 생활의 안정이요, 삶이 안정되지 아니한 자는 그 누구도 따르지 아니하며 그를 신뢰하지 아니함이니라.
11 너희들이 아무리 지혜 있는 자요, 현명한 자요, 깨달음이 높은 자요, 만백성을 놓고 설법을 한다고 해도, 정녕 그를 믿고 따르지 않는 것이 나의 백성들이니라.
12 그러니 너희들이 어리석고 우매한 백성이란 말을 듣지 아니하며 너희들을 신뢰할 수 있는 것은 네 생활이요, 네 육의 삶을 한 점의 부끄럼이 없이 그 자리를 지키는 그와 같은 삶으로 살아가라.
13 그 위에 너희들이 믿음이요, 나의 복음을 전할 때, 모든 백성들은 따라갈 것이니라.
14 안정되지 아니한 것, 안정하지 못한 생활을 살아가면서 너희들이 어떠한 진리요, 깨달음을 가지고 가르치고 전한다 해도 그들은 결코 믿지 아니함이니라.
15 결국 그들은 왜 그러한지 알겠느냐?
16 너희들을 똑똑지 못한 사람이라고 생각하느니라, 그리고 어리석은 사람으로 그들은 생각하느니라.
17 제 생활이요, 제 삶을 완전하게 다스리지 못하는 자가 아무리 나의 새로운 성경을 가지고 하늘의 뜻이요, 진리라 말해도, 그들은 너희들을 어리석은 자로 보며, 똑똑한 자로 보지 아니함이니라.
18 아무리 너희 자신이 현명하고 똑똑하다 하면 뭘 하느냐?
19 남들이 보고 너희들을 현명하고 똑똑하다 해야 됨이니, 남들이 너희들을

어리석고 불쌍한 백성으로 보면 그들
이 너희들을 따르겠는가?
20 그러니 너희들 자신이 아무리 현명하
다 해도 필요 없음이니라.
21 다른 사람들이 믿지 아니함이니, 나의
뜻을 전할 수가 없으며 복음이 역사할
수 없음이니라.
22 그러니 너희들은 제자리를 지키는 백
성으로서 최선의 노력을 다하라.
23 너희들이 저 자신을 지키는 그와 같은
노력의 삶을 살지 아니하면 나를 욕되
게 하는 것이며, 내 뜻을 거역하는 자
들이요,
24 나의 새로운 성경이 세상에 전해지는
데 너희가 복음을 전하는 것이 아니
라, 너희들이 이 모두를 막아 버리는
자들이니라.
25 그러니 너희들이 삶에 있어서 현명한
삶을 살아야 될 것이며, 제자리를 지
키며 가정을 꾸려 가며 너희 생활을
반듯이 할 수 있으며 손색없는 삶을
살아가도록 노력하라.
26 그리하지 아니하면 아무것도 이룰 수
없으며 아무것도 역사할 수 없음이니
라.
27 이것이 바로 하늘의 뜻이요, 만백성이
너희들을 따르는 것이요, 너희들이 현
명한 자요, 의인이라는 소리를 들을
수 있는 것이니라.
28 저 자신의 앞가림을 하지 못하며 제
가정을 잘 다스리지 못하면, 너희들을
보고 의인이요, 현명한 자요, 똑똑한
자라, 그리고 너희들이 가르치는 것이
진리요, 전하는 것이 하늘의 뜻이라
믿고 따를 자가 없음이니 그리 알라,
사랑하는 나의 아들딸들아!
29 이것부터 완전하도록, 이것부터 완성
하는 데 최선의 노력을 다하도록 그리
하라.

11,889 번째 하나님 말씀

2004년 6월 29일 06시 24분

1 사랑하는 나의 아들아!
2 "네, 아버님! 말씀하옵소서."
3 내가 새로운 성전의 문을 닫아야 된다
하며 닫으라는 그 이유를 알겠느냐?
4 "네, 아버님! 저는 알고 있사옵나이
다."
5 그 이유가 너는 무엇이라 생각하느냐?
6 "네, 아버님! 첫째는 저희들이 바르게
살지 못하기 때문이옵나이다.
7 바르게 살지 못하는 자, 이 성전에 나
올 자격이 없으며, 여기에 와서 아버
님께서 내리는 강론을 들을 자격이
없기에, 아버님께서 문을 닫으라 하시
며, 닫고자 하시는 그 이유가 거기 있
사옵나이다.
8 그러니 문을 닫고 안 닫는 것은 지금
와서 공부하는 제자들이요, 저와 더불
어 가는 그 제자들이 해야 할 일이라
그리 생각되옵나이다.
9 단 한 사람이라도 바로 서며 바로 깨
우쳐 가며 그와 같은 백성이 있을 때,
아버님께서는 문을 닫지 않으실 것이
며 닫지 않으시리라 생각하옵나이다.
10 그러나 저의 제자들이 변하지 못하며,
저의 제자들이 거듭나지 못하며, 저의
제자들이 깨우치지 못할 때,
11 결국 저희들이 자격이 없기에 이 성전

의 문을 닫으며, 자격이 있는 자가 올
때까지 기다리고자 하는 것이 아버님
의 뜻이라 그리 생각되옵나이다.
12 인간 세상에 사는 삶이 또한 그러하옵
나이다.
13 남에게 갚을 것이 많이 있는 자, 남에
게 신세를 지는 자, 그리고 남의 빚을
가지고 있는 자, 그와 같은 자들이 여
기에 와 강론을 들으며 새로 내리는
말씀을 들었을 때, 그 모두는 복음이
되지 못하며 만백성의 기본이 되지 아
니하기에,
14 그와 같은 것을 어떠한 형태든 노력해
서 그 모두를 다스려, 남에게 꾸러 가
지 아니하며 남에게 신세 지지 않는
삶을 사는 그와 같은 저의 제자로서
거듭나는 것을 먼저 아버님께서 원하
시며, 그리하라 하시는 아버님의 뜻이
라 저는 그리 생각되옵나이다.
15 남에게 갚을 것을 많이 가지고 있는
자, 남으로부터 비방을 듣는 자, 그와
같은 자는 자격이 없음이니,
16 최선의 노력을 다하여 그를 갚고 그를
해결하는 것, 그리고 한 점의 부끄럼
이 없이 살아갈 수 있는 그 육의 삶의
자세를 먼저 갖추라는 것, 그것이 아
버님의 뜻이요,
17 그와 같은 것을 가지고 있는 백성은
아무리 부어 주고 아무리 깨우쳐도 거
듭날 수 없으니, 그 마음 자세를 갖추
어 그와 같은 삶의 방향으로 돌아가는
저의 제자들이 되도록 그리 가르치며
그리 전하라는 뜻이며,
18 그리하지 아니할 때 이 성전의 문을
닫으시며 문을 내리시려는 아버님의
뜻이라 저는 그리 사료되옵나이다."
19 사랑하는 나의 아들아! 나 여호와가
냉혹하며, 사랑의 아버지로만 생각하
지 말며, 내가 너희들에게 내리는 그
명을 야속하다 생각하지 말라.
20 그렇지 아니하면 나의 복음을 전할 수
있는 전사로 바로 설 수 없음이니라.
21 그러니 나의 아들 너 또한 그 모두를
정리하며 그 모두를 다스리는 것, 160
권의 새로운 성경이 세상이 나오기 전
에 그 모두를 다 역사하라.
22 그것은 네 노력이요, 네가 해야 될 것
이며 너 스스로 모두를 저질러 놓은
일이 아니던가?
23 그리고 너의 제자들 또한 다 그러하니
라.
24 생활의 안정이요, 그 대책을 세우라
그리 전하라.
25 최선의 노력이요, 최선의 삶을 다하지
아니하는 자, 너희들이 남의 것을 갚
지 못했으며 남의 것을 지불할 것이
있다면,
26 너희들이 살아가는 삶이요, 그를 갚기
위하여 최선의 노력을 다하며, 상대방
에게 아픈 마음을 달랠 수 있는 그와
같은 삶을 사는 제자,
27 그와 같은 백성이 나의 성전에 와 강
론을 들을 수 있으며 나의 새로운 성
경을 읽을 자격이 있기에,
28 자격이 없는 자 모아 놓고 이 문을 열
필요가 없으며, 이 성전의 문을 열어
놓을 이유가 없음이니라.
29 그러니 너희들이 그와 같은 삶을 사는
데 최선을 다하도록 하며, 그 계획을
세워 그리 실천하도록 하라.

30 모든 백성들은 계획서를 세워 그대로
지키라.
31 생명을 바쳐서, 저 자신을 팔아서라도
그와 같은 길을 가지 아니하면 아니
될 것이니라.
32 그것이 바로 나의 아들을 따르는 제자
들이요, 너희들이 나의 새로운 성경을
가지고 만백성에게 전할 자격이 있는
자들이니라.
33 마음도 다스려지지 아니하였으며 생
각도 다스려지지 아니하였으며 행동
도 모두가 다스려지지 아니한 너희들
에게 내가 새로운 기름이요, 성령을
부어 넣어도 받을 수가 없으며 들어갈
곳이 없음이니라.
34 그러니 받을 곳이 없으며 들어갈 수
없는 백성을 앉혀 놓고 네가 내 뜻을
강론하며 새로운 성경을 전하고 전한
들, 다 무익하며 아무런 의미가 없으
며 가치가 없음이니라.
35 그러니 너희들이 믿음을 가는 길에 마
음 자세를 다시 하며, 그리고 한 점의
부끄럼이 없는 삶을 살아가는 마음으
로 선 백성,
36 그리고 너희들이 남의 것을 함부로 소
홀히 생각하지 아니하며 남의 것을 귀
하고 소중히 생각하여 그 모두를 지불
할 수 있는 계획서를 제출하며, 그 계
획서대로 살아갈 수 있는 각오를 갖지
아니한 백성,
37 너희들은 나의 복음을 전할 자격이 없
으며 그를 만질 자격이 없기에,
38 이 새로운 성전이요, 그 모든 문을 닫
고자 하는 것이 나 여호와의 뜻임이니
그리 알라.

11,890 번째 하나님 말씀

2004년 6월 29일 21시 37분

1 사랑하는 나의 아들아!
2 "네, 아버님! 말씀하옵소서."
3 '나 여호와의 이름을 망령되게 일컫지
말라.' 그리하였으며 '네 부모를 공경
하는 삶을 살라.' 하였음이니, 너희들
이 네 부모를 공경하라 함이니, 육의
부모만이 부모던가?
4 너희들은 육의 부모만 공경하며 살라
는 것으로 생각하느냐?
5 나 여호와는 과연 누구더냐? 너희들
이 나를 아버지라, 어버이라 부르지
않느냐?
6 그러니 그 또한 무엇이던가?
7 육의 부모요, 또한 나 여호와를 경배
하며 나를 공경하는 마음으로 살라 함
이니라.
8 너희들이 나 여호와를 아버지라 부르
며 아버지를 공경하는 자, 너희들이
나 여호와가 존재함을 아는 것이요,
그리고 너희들이 흐트러진 삶을 살 수
없을 것이니라.
9 그러니 너희들이 계명에 따라 살아가
는 백성, 그 십계명이 바로 나 여호와
가 직접 써 내린 것이며 내 뜻이니라.
10 '네 부모를 공경하라.' 함이니, 너희들
은 육의 부모만 부모라 생각하는 자
요, 나를 부모라 정녕 생각한다면, 네
부모를 공경하라 함이니 너희들이 나
를 공경하며 나를 따르라 한 뜻이 아
니더냐?
11 그러니 과연 너희들이 나를 공경하며
나를 믿으며 얼마만큼 그와 같은 자세

로 살아가는가?
12 너희들은 어렵고 힘들 때 나를 찾으며
나를 어버이라 부르며 울고불고하나,
13 정녕 너희들이 나를 아버지라 부르며
부모로 생각한다면, 과연 너희들이 어
떠한 효성스러운 마음으로 살아가는
가?
14 너희들이 살아가는 그 모습을 볼 때,
나 여호와는 너희들이 부모를 공경하
는 자를 보지 못했으며 부모를 사랑하
는 자를 보지 못하였음이니,
15 이는 곧 너희들이 나를 사랑하지 아니
하며, 나를 경배함이 거래하는 마음이
요, 계산적인 마음에서 행동함이니,
순수한 마음으로 나를 사랑하며 나를
경배하는 자가 없느니라.
16 나 여호와의 이름을 망령되게 하지 말
며, 나를 공경하는 마음으로 살라 한
그 의미가 어디에 있는 줄 알겠느냐?
17 네 부모를 공경하는 자는 함부로 행하
지 못하며 함부로 그와 같은 일을 하
지 못할 것이니라.
18 부모를 공경하지 못하는 자, 제 부모
앞에 함부로 행하고 함부로 행동하는
자가 나올 수 있지 않더냐?
19 그러니 '네 부모를 공경하라.' 함이니,
너희들이 나를 공경하는 마음으로 산
다면 과연 내 뜻을 거역하고 살 수 있
는가?
20 성경에 기록되어 있는 그 하나서부터
백까지 그 모든 내용을 그대로 지키고
행하고 살면 되는 것을,
21 너희들 마음대로 해석하며 너희들 마
음대로 그저 빼고 더하여 설명하는 자
의 뜻에 따라 그 모두가 오류를 범하
고 있으며 제대로 역사하는 것이 없음
이니,
22 '네 부모를 공경하라.' 했으니, 너희들
이 나를 아버지라 하여 나를 부모로
생각하며 나를 공경한다면,
23 내가 너희들에게 지키고 살라는 그 유
언장과 같은 계명을 너희들이 지키지
아니하고 살 수 있으며 너희 마음대로
해석할 수 있는가?
24 그러니 너희들이 나를 경배하지 아니
하며 나를 공경하지 아니하며 나를 사
랑하지 않는 백성이요, 내 뜻을 거역
하고 살아가는 백성이라는 그 의미가
거기 있음을 알라.

11,891 번째 하나님 말씀

2004년 6월 29일 21시 44분

1 사랑하는 나의 아들아!
2 "네, 아버님! 말씀하옵소서."
3 너희들이 나를 아버지라 부르며 어버
이라 부름이니, 너희들이 살아가는 그
삶에 남으로부터 손해를 보며 남으로
부터 핍박을 받으며 남으로부터 어려
운 일을 당할 때, 나 여호와가 그를 채
워 주며 그를 보상하지 않겠는가?
4 너희가 욕심을 부리며 욕심에 의하여
인간 세상에 살면서 손해를 보고 핍박
을 받는 그와 같은 행위를 하지 아니
하고,
5 너희들이 아름답고 곱게 살다 억울하
게 실패하는 것, 손해 보는 것, 그 모
두는 다 나 여호와가 너희에게 그 보
상을 내려 주며 그를 변제해 줌을 알
아야 될 것이니라.

6 너희들이 잘난 자, 못난 자, 그도 다
나의 아들딸이요, 너희가 서로 싸우는
자, 싸우지 않는 자, 그리고 너희가 더
불어 어떠한 것을 역사하는 것,
7 그리하여 너희들이 또 갈라지는 것,
오늘의 친구가 내일에 미워하는 사람
이 되는 것, 그와 같이 얽히고설킨 그
모든 백성의 삶이 나 여호와의 아들딸
이 가는 길이 아니더냐?
8 그러니 너희는 나에게 똑같은 아들딸
이니, 아름답게 살고 착하게 살고자
노력하다가 손해를 보고 피해를 보는
나의 아들딸,
9 너희에게 그와 같은 대가를 내가 반드
시 보상해 주며 너희들의 그 모두를
치유해 준다는 것을 알아야 될 것이니
라.
10 나의 아들딸이 잘못하지 않은 것이요,
잘못하지 아니했을 때 잃는 것은 나
여호와가 다 보상해 줌이니라.
11 그러나 너희가 욕심에 의하여 욕망을
채우기 위하여 잘못한 것, 손해 본 것
은 나 여호와가 보상해 주지 아니하며
너희들이 보상을 받지 못한다는 걸 알
라, 사랑하는 나의 아들딸들아!
12 그러니 지금 나의 아들을 따르는 제자
들이요, 그리고 나의 새로운 성경을
읽고 깨우친 백성, 너희가 아름답고
고운 삶을 살다 손해를 보며 핍박을
받으며 남에게 재물을 잃을 때, 과연
내가 너희에게 그 보상을 내리지 않는
다 생각하느냐?
13 반드시 내가 보상을 해 줌이니라.
14 이것이 어버이의 마음이요, 사랑하는
나의 아들딸의 아버지로서 할 수 있는
일이니라.
15 그리고 또 이것이 하늘의 법도요, 하
늘의 뜻임을 알라.
16 다만, 너희들의 욕심이요, 너희 자신
의 욕구를 충족시키기 위해 그와 같이
하다 손해 보는 것, 핍박받는 것,
17 그리고 모두를 잃는 것은 나는 너희가
죽어 왔을 때도 그 보상을 해 주지 아
니하며 그 상을 내리지 않을 것이니라.
18 그러나 너희가 아름다운 마음을 가지
고 살다 잃는 것, 손해 보는 것, 지금
너희가 살아가면서 손해 보는 그와 같
은 삶을 사는 것,
19 나의 아들을 따르는 제자 너희가 흘러
가는 쓰레기요, 종잇조각 하나를 주워
서 놓는 것, 그와 같이 너희가 손해 가
고 어리석은 백성인 것 같아도 그 작
은 것까지도 생명책에 기록됨이니 그
상을 반드시 받음이니라.
20 그리하여 너희가 손해 보는 것, 어렵
고 불쌍한 이웃을 돕다가 손해 보는
것, 그 모두는 다 아름답고 고운 마음
에서 행함이니,
21 그 모두는 너희가 상을 받음이 있으
며, 그 상이야말로 하늘의 보물 창고
에 쌓아 놓는 것이라는 것을 알라.
22 그렇지 아니하면 너희들이 억울하지
않겠느냐?
23 너희가 얼마나 억울하며 얼마나 손해
보는 삶을 살겠느냐?
24 나의 사랑하는 아들딸, 너희가 손해
보는 일이요, 억울하게 살도록 둔다면
나 여호와가 공의의 하나님이요, 창조
주 아버지가 아니니라.
25 그러니 너희는 아름답고 고운 마음으

로 하는 모든 것을 잃는 것, 그것이야
말로 하늘의 너희 창고요, 네 생명록
에 하나하나 기록함이니,
26 그 보물 창고보다 더 귀하고 소중한
곳에 너희들이 그 상을 받을 것이 기
록됨을 알며 보상받을 것이 기록됨이
니라.
27 그것이 너희가 하늘나라에 와서 나에
게 받는 보상이요, 금화요, 은화요, 그
은혜니라.
28 그러니 종교 집단의 지도자들이 그와
같은 의미를 모르며, 인간 세상에서
모래알만도 못한 그 재물을 하늘에 많
이 바치고 하늘에 많이 쌓아 놓는 자,
하늘의 보물 창고에 그득히 쌓이면 그
것으로써 너희들이 나에게 와 구원을
받는다 하니, 그는 쌓아 놓을 곳도 없
으며 쌓이는 것도 없음이니라.
29 너희가 살아가면서 아름다운 마음으
로 살면서 피해 보는 것, 손해 보는
것, 그리고 핍박받는 것, 잃어버리는
것,
30 그리고 너희가 나누어 줌으로써 그 모
두가 줄어드는 재물, 그 모두에 대한
것의 보상이요, 보화가 하늘의 창고에
쌓이는 것이니, 하늘의 창고가 아니라
너희들의 생명록에 쌓이는 것을 그리
말하느니라.
31 너희들의 생명록에 하나하나 기록됨
이니, 너희가 나에게 와 받을 그 상만
이 있음을 알라.
32 그러니 그 의미를 모르는 종교 집단의
지도자들이 가르치니, 나의 어리석고
불쌍한 백성들이 사탄에게 재물을 바
치며, 그를 바침으로 하늘의 창고에
쌓이는 것처럼 생각하니,
33 정녕 너희들이 나의 뜻을 반대로 거역
하는 그와 같은 삶을 사는 것이 아니
더냐?
34 내가 나의 아들을 통하여 너희들이 가
진 재물을 남에게 나누어 주며 베풀며
살라 하였느니라.
35 그러니 너희들이 그리하지 아니하고
그걸 그득히 쌓아 놓고 네 창고의 문
을 걸어 잠그고 죽어 나에게 와 심판
을 받을 때,
36 그 재물을 가져오지 아니하면 그 재물
에 대한 죗값을 치른다는 것, 그 무섭
고 엄연한 사실이요, 이것이 하늘의
법도요, 진리가 아니면 아니라 그리하
라.
37 여기에 너희들이 무슨 할 말이 있겠는
가?
38 이것이 하늘의 뜻이요, 하늘의 법도니
라.
39 그러니 지금 나의 아들을 따르는 제
자, 너희들이 변하는 자, 그리고 손해
보는 것, 잃는 것, 핍박받는 것 같지
만, 그것이 너희들의 생명록이요, 하
늘의 보물 창고라 말하는 그곳에 차곡
차곡 쌓임이니,
40 죽어 왔을 때 그 모든 상을 받는 자,
너희들이 나와 영원히 같이 있음을 알
라.
41 그리고 재물로써 상을 받고자, 사탄에
게 바친 그 재물은 쓰레기요, 더러운
냄새 나는 것만큼 그 모두를 다 그 대
가를 너희들이 반드시 치른다는 걸 잊
지 말라.

11,892 번째 하나님 말씀

2004년 6월 29일 21시 47분

1 사랑하는 나의 아들아!
2 "네, 아버님! 말씀하옵소서."
3 너를 따르는 제자들이요, 그리고 나의
새로운 성경을 읽고 깨우친 백성, 너
희들은 모든 인간 세상의 삶에 있어서
너희들이 정성을 다하고 성의를 다하
여 모든 것을 행하도록 그리 전하라.
4 그렇지 아니하면 너희들이 아무것도
이룰 수 없으며 역사할 수 없음이니라.
5 육의 세상에서 너희들이 정의로운 삶
이요, 정성을 다하는 삶이요, 그와 같
은 삶을 사는 백성 너희들은 육의 세
상에서 얻지 못할 것이 없으며 못 이
룰 것이 없느니라.
6 그와 같은 모습으로 그와 같은 마음으
로 사는 백성 너희들이 나에게 오를
자격이 있는 백성이요, 나에게 오르는
길을 볼 수 있는 자들이니라.
7 너희들이 정성을 다하고 성의를 다하
고 정의로운 삶에 모두를 다 바치는
그와 같은 삶을 살지 아니할 때,
8 너희들은 육의 세상에서 패자가 될 것
이며, 구원을 받아 하늘에 오르는 것
도 모두가 패잔병이 되는 것과 똑같은
그러한 신세가 될 것이니라.
9 그러니 이를 명심하고 명심하여 행하
도록 하라.
10 사랑하는 나의 아들딸들아! 너희들이
육의 세상에서 나를 부를 수 있으며
육의 세상에서 모든 것을 다 역사한다
하였느니라.
11 구원을 받는 것, 나에게 오르는 것, 그
리고 너희들이 죄지은 것을 용서받는
것, 그 모두를 사하는 은혜를 받는 것
이 바로 육의 세상에서 모두 이루어짐
이니, 정성을 다하고 성의를 다하여
모든 일을 행하도록 그리하라.
12 그렇지 아니하면 아니 됨이니라.
13 너희들이 지금까지 살아오면서 안고
있는 그 죄를 한번 돌이켜 생각해 보
라.
14 너희들이 지금까지 살아오면서 현재
까지 오면서 얼마만큼 많은 죄를 지었
으며 얼마만큼 잘못했으며 얼마만큼
많은 부끄러운 행위를 했는가?
15 그와 같은 백성들이 나에게 고개 들고
무엇을 달라, 상을 달라, 은혜를 달라,
병든 자 병을 고치게 해 달라 과연 울
고불고 애원을 할 수 있다 생각하는가?
16 이제 사랑하는 나의 아들을 따르는 제
자들이요, 나의 새로운 성경을 읽고
깨우친 백성, 너희들은 들으라.
17 나의 아들이 뭐라 말하였느냐?
18 너희들이 남에게 잘한 것은 생각하지
말며, 너희들이 남으로부터 섭섭한 마
음을 갖던 것은 절대 생각하지 말며,
19 너를 원수처럼 생각하는 자, 너를 미
워하는 자, 그와 같은 마음은 생각하
지 말며,
20 오로지 아름다운 착한 마음, 그의 좋
은 마음, 그것만을 사랑하라 하였으
며, 너희들이 베풀 것만 베푸는 그와
같은 마음으로 살라 하지 아니하였더
냐?
21 바로 그것이 하늘에 오르는 길이요,
나에게 오르는 길이라 하였음이니라.
22 그러니 너희들이 살아가면서 정성을

다하고 최선을 다하라, 그리하지 아니
하면 아니 됨이니라.
23 악하고 험악한 것은 보지 말며 듣지도
말며, 오로지 아름다운 삶을 위하여,
정직한 삶을 위하여 정성을 다하고 모
두를 다하는 그와 같은 아름다운 길만
보고 살아가도록 그리하라.
24 그리하면 너희들이 모두를 다 얻을 수
있을 것이니라.
25 그렇지 않은 자는 하나도 이루는 것이
없으며 얻을 것이 없음을 알라 그리
전하라.

11,893 번째 하나님 말씀

2004년 6월 29일 21시 52분

1 사랑하는 나의 아들아!
2 "네, 아버님! 말씀하옵소서."
3 너를 따르는 제자들이요, 그리고 선택
된 백성 너희들, 너희들이 선생이요,
지도자의 가는 길이 어떠한 길이며 어
떠한 길을 역사하고 어찌 가야 하는가
를 하나도 알지 못하는 자들이니라.
4 그러니 너희들이 대비함이 없으며 준
비하지 못하는 백성들이니라.
5 나의 아들을 따르는 제자들이요, 나의
새로운 성경을 읽고 깨우쳤다는 너희
들, 정녕 하늘의 지도자요, 하늘의 선
생으로서 가는 길이 어떠한 것인가를
모름이니라.
6 너희들이 진정 가난과 고통과 핍박을
지금 접하고 겪었다 생각하느냐?
7 오늘의 너희들의 삶은 정말 고난과 고
통과 핍박을 하나도 받은 것이 없으며
접하지 아니한 삶이니라.
8 오늘의 너희들은 진정한 고통이요, 진
정한 고난이요, 지도자가 가는 핍박의
길을 하나도 받지도 아니하며 접하지
도 아니하였거늘,
9 여기서 힘들고 어렵다 그리 말한다면
과연 너희들이 어찌 견디고 역사하겠
느냐?
10 여기서 너희들이 하나가 되지 못하는
마음 자세요, 삶의 자세라면, 진정한
핍박과 고통과 환란이 닥쳐와 너희들
을 훈련하고 시험하고자 하는 사탄들
이 대들 때, 과연 버티고 견디고 인내
할 수 있다 생각하느냐?
11 사랑하는 나의 아들딸들아!
12 오늘의 너희들은 진정한 고난과 고통
과 핍박이요, 시련이 아직 닥치지 않
았으며 겪지도 않았으며 그 문턱에도
오지 못한 너희들이 하나가 되지 못하
며 하나로 뭉치는 마음을 열지 못하고
있다면,
13 오늘의 시련과 고통에 견디지 못하여
너희들이 사분오열 흩어지는 오늘의
만남이요, 생활이라면, 과연 진정한
핍박이요, 고통이 닥칠 때 너희들이
견딜 수 있는 백성이라 생각하느냐?
14 나 여호와가 너희들에게 말하느니라.
15 지금의 나의 아들을 따르는 제자들이
요, 나의 새로운 성경을 읽고 깨우쳤
다는 백성, 그 누구에게도 기대를 하
지 아니하며 기대를 걸지 못하고 있다
함을 너희들은 알겠느냐?
16 내가 너희들을 믿고 사랑하는 마음으
로 기대했을 때 너희들이 그를 지키지
못하고 다 무너질 것이니,
17 그때 나 여호와의 슬픔이요, 내 기대

에 어긋나는 아픈 마음을 겪지 아니하
기 위해 내가 그 누구에게도 기대를
할 수 없으며 기대를 걸지 못하고 있
음이니라.
18 다만, 살아남는 백성, 그 백성과 내가
같이할 것이요, 너희들이 나의 아들과
더불어 고통과 환란이요, 진정한 시련
이 닥쳤을 때, 그를 넘고 인내하는 그
백성을 기다렸다가 그들과 같이할 것
이요, 지금은 내가 너희들에게 기대도
희망도 하지 아니하고 있음이니라.
19 너희들이 견딜 수 없으며 같이 갈 수
없는 오늘의 마음이니, 오늘의 너희들
이 하나가 되어 나의 아들을 정점으로
불과 같이 다 하나의 불이 되는 그와
같은 하나가 되지 못하며 사분오열 나
뉘는 그와 같은 형국으로써는 아무것
도 이룰 수 없기에,
20 나는 기대하지 아니하며 기다리지도
아니하는 것이 나의 마음이니라.
21 다만, 너희들이 더불어 살아가는 이
세상에서 살아남아 나의 아들과 더불
어 같이 나에게 오는 길을 오는 백성,
그들만을 내가 기다릴 것이며, 그들만
을 맞이할 것이니 그리 알라 전하라.

11,894 번째 하나님 말씀

2004년 6월 29일 21시 56분

1 사랑하는 나의 아들아!
2 "네, 아버님! 말씀하옵소서."
3 지금의 종교 집단의 지도자 그들이 무
지해서 알지 못하고 욕심이 과하여 오
늘에 지옥의 길을 달려가면서 저희들
이 지옥의 벼랑으로 달려가 떨어지면
서 그를 알지 못하며 그를 깨우쳐 보
려 하지 아니하는 것이니라.
4 그와 같은 불쌍한 백성들이요, 하늘에
오르는 길이라 하여 두 주먹 쥐고 그
저 앞만 보고 내달리는 백성들, 그들
을 막으려 하며 그들을 다스린다는 것
이 얼마나 힘들고 어려운 길인가를 나
는 알고 있음이니라.
5 사랑하는 나의 아들딸들아!
6 그저 두 주먹 쥐고 하늘에 오르는 길
이라 달리고 달리는 그 백성들에게 너
희들이 나의 새로운 성경을 전하고 전
함이니, 그와 같은 백성 중에서 깨우
치는 백성이 한둘은 있을 것이니라.
7 그 속에 깨우칠 수 있는 한두 명의 백
성은 반드시 거기에 있음을 너희들은
알아야 될 것이니라.
8 그와 같이 두 주먹을 쥐고 구원의 길
이라며 지옥의 낭떠러지로 달려가는
그 백성들 중에 지혜가 있어 깨달음을
얻는 백성이 한둘은 있을 것이니,
9 너희들은 그들을 접할 때 다시 시작하
는 마음으로 그들을 가르치며, 그들과
더불어 항상 다시 시작하는 마음으로
그들을 깨우치고 같이 전진하고 전진
하도록 그리하라.
10 그러다 보면 그들이 역사를 이룰 것이
며, 그들로 하여금 모든 것이 지금 옳
고 그름을 세상에 나가 전하는 그와
같은 백성이 될 것이니라.
11 '예수를 믿으면 천국이요, 믿지 않으
면 지옥으로 간다.' 부르짖는 것처럼,
새로운 성경을 읽지 아니하고 접하지
아니하면 결코 구원을 받지 못한다 그
들로 하여금 그와 같은 역사를 이루는

기적이 있을 것이니 그리 알라.
12 지혜 있는 자가 반드시 있음이니라.
13 미련하고 어리석으며 고집과 아집에
찌들어 있는 그와 같은 백성들, 벼랑
의 길로 달려가면서도 그것을 모르고
가는 백성들,
14 그 속에서 지혜 있는 백성이 반드시
있을 것이니, 그들로 하여금 더불어
너희들이 새로운 시대를 열어 가는 기
틀을 다지도록 그리하라.
15 그들이 너희들이 가는 길을 안내할 것
이니라.
16 이미 갔다 온 자가 그 길을 안내할 수
있지 않으냐?
17 안내자라는 건 무엇이냐?
18 먼저 가 보고 체험한 자, 아는 자가 당
당하게 안내하고 인도하는 것이 아니
더냐?
19 그러니 바로 그곳에 갔다 왔던 자, 그
리고 다녀왔던 자, 그곳에서 핍박을
받은 자, 그 속에서 삶을 살며 맹종 맹
신했던 그 백성들이 그것이 아님을 깨
우쳤을 때,
20 그들이야말로 그들을 불칼로써 수술
하며 잘라 내는 그 길을 바로 인도할
것이며 안내하는 자들일 것이니,
21 그들과 더불어 내가 모두를 다 뽑아
버리고 던질 때, 그와 같은 역사를 그
들로 하여금 이루도록 내가 할 것이니
그리 알라.

11,895 번째 하나님 말씀

2004년 6월 29일 22시 00분

1 사랑하는 나의 아들아!
2 "네, 아버님! 말씀하옵소서."
3 지금의 믿음의 길을 가는 백성들은 두
종류의 눈을 가지고 있음이니, 두 종
류의 눈으로 보니, 둘로 분류되는 그
와 같은 것이 너희들이니라.
4 사랑하는 나의 아들딸들아!
5 너희들이 육을 가져 눈이 있어 세상을
보며 모든 것을 바라보지 않느냐?
6 그러면서도 그것을 바로 보지 못하며
바로 깨우치지 못하는 백성, 육으로
보면서도 깨닫지 못하며 행함을 아름
답게 하지 못하는 어리석은 백성이 육
의 눈을 가지고 있는 하나의 눈이 있
으며 또한 마음의 눈이 있느니라.
7 보이지 않는 마음의 눈이 열려 있어
너희들이 모두를 바라보면 될 것이거
늘,
8 마음의 눈을 닫아 버린 백성은 아무것
도 볼 수 없으며 깨달을 수 없으니, 그
와 같은 백성은 하늘의 이치를 알 수
없음이니라.
9 육으로 보이는 대로 보는 눈이요, 마
음을 다스리는 마음의 눈이 또 있음이
니, 그리하여 내가 너희들은 두 종류
의 눈이 있다 하지 않더냐?
10 그러니 마음의 눈이 닫혀 있는 백성들
은 아무리 인도하고 깨우치려 해도 그
들을 깨우치고 다스릴 수가 없음이니,
그게 얼마나 힘들고 어려운 길인가를
나는 잘 알고 있음이니라.
11 그들은 외부의 상처의 아픔은 아나,
저희들의 내부에 썩어져 가는 그 아픔
과 상처를 모르는 백성들이기에 그와
같은 백성들을 무슨 방법으로 가르치
고 다스리겠는가?

12 정녕 어렵고 힘든 길이니라.
13 그 어리석은 자에게는 아무리 지혜를
부어 넣어도 받아들이지 못하며 그를
이해하지 못함이니,
14 지금 닫힐 대로 닫힌 자요, 맹종 맹신
하는 그와 같은 백성들에게 너희들이
아무리 붓고 부어 지혜를 전하려 해도
받아들이지 아니하며, 어리석어서 받
아들이지 아니하며, 미련해서 받아들
이지 아니하며 고집과 아집으로 받아
들이지 못함이니,
15 그 어리석은 백성들을 어찌 깨우치고
다스린다 할 수 있겠느냐?
16 모든 것은 인간인 나의 아들딸을 통하
여 역사한다 했음이니, 바로 너희들이
그들을 이끌어 주지 아니하며 그들을
바로 세우지 아니하면 결코 아니 되며,
17 나의 슬픈 마음을 너희들이 감당키 어
려울 만큼 너희들이 나에게 왔을 때
그 고통이 무엇인가를 알게 될 것이니
라.
18 너희들이 그들을 깨우쳐 바로 인도하
지 못해 나의 마음이 얼마나 아프며
얼마나 마음 아픔이 진하며,
19 너희들이 얼마나 잘못했으며 얼마나
게을렀으며 얼마나 태만했는지 후회
하고 내 앞에 와 고개 들지 못하는 백
성이 있을 것이니, 그와 같은 삶을 지
금 살지 말라.
20 모두를 다 바쳐 그들을 이끌어 나가도
록 그리하라.

11,896 번째 하나님 말씀

2004년 6월 29일 23시 07분

1 사랑하는 나의 아들아!
2 "네, 아버님! 말씀하옵소서."
3 너희들이 인간 세상에 살아가면서 행
동으로써 몸으로써 한 번 부딪치는
것, 그것으로써 너희들을 탓하는 것,
잘못된 것을 지적하는 것, 그리고 핍
박하는 것은 무서운 것이 아니니라.
4 행동으로써 보여 주는 것보다도 더
무서운 것이 무엇이더냐?
5 간교한 방법으로써 음흉한 생각으로
써 사람을 은근히 핍박하는 것이며,
보이지 않는 곳에서 너희들을 무너트
리고자 하는 자, 그와 같은 자들이 더
무서우며 너희들이 더 경계할 자라는
것을 알라.
6 행동으로써 핍박하는 보이는 백성보
다도, 보이지 않는 곳에서 너희들을
무너트리려는 그와 같은 흉악한 백성
이 더 무섭고 용서할 수 없는 백성이
라는 것을 너희들은 알아야 될 것이니
라.
7 지금의 믿음의 길을 가는 그 백성들이
과연 어떠하던가?
8 나의 사랑하는 백성들을 그들은 완전
히 세뇌시켰으며 그 머리를 모두 다
바꿔 놓았느니라.
9 그리고 참진리를 받아들일 수 있는 문
을 모두 다 닫아 버려 비진리에 길들
여진 자들이니라.
10 그러니 그 비진리에 길들여진 자들은
바로 설 수 없는 것이니, 그것이 바로
오늘의 종교 집단의 지도자들이 그리

많은 백성을 이끌 수 있으며 저희들의
집단이 성장할 수 있는 길이었음이니
라.
11 그러니 지금의 나의 피조물 만백성을
핍박하는 것이 마음이요, 정신적으로
그들을 세뇌시켰으며, 간교한 방법으
로써 그리 이끌어 왔기 때문에 그와
같은 형국이 되었느니라.
12 그러니 그들이 오늘에 얼마나 무서운
자들이요, 얼마나 두려운 자들인지 알
겠느냐?
13 오늘의 종교 집단과 지도자들이 그 방
법과 수단을 가지고 그보다 더 사악한
방법이요, 그보다 더 철저하게 세뇌시
키는 집단은 어느 집단도 없음을 너
희들은 알아야 될 것이니라.
14 믿음의 길을 가는 자, 종교의 길을 가
는 자들이 부모 형제요, 가족의 관계
까지도 모두를 다 버리고 끊을 수 있
는 것이 오늘의 믿음이 아니더냐?
15 그러니 그것이 잘못되었다 함을 너희
들은 알아야 될 것이니라.
16 지금의 나의 피조물 만백성을 이끌어
가는 종교 집단 그들은 마음만을 나의
피조물 만백성에게 세뇌시키며 이끄
는 것이 아니요, 몸과 마음과 그 모두
를 다 엮어 그들을 이끌어 가느니,
17 너희들이 이끌어 가는 그 기술에 하늘
에 있는 천사들도 놀라며 고개를 흔드
는 그와 같은 형국임을 알라.
18 모든 종교 집단의 지도자들이 나의 사
랑하는 백성들을 마음으로써 세뇌시
킨 것이 아니요, 마음과 육의 모두를
다 같이 엮어 나의 피조물 만백성을
그리 이끌어 감이니,
19 그리하여 그들이 참진리요, 하늘의 뜻
을 모르고 지옥의 벼랑으로 떨어지면
서 떨어지는 줄 모르는 이와 같이 험
악한 세상이 되었음을 알라 그리 전하
라.

11,897 번째 하나님 말씀

2004년 6월 29일 23시 10분

1 사랑하는 나의 아들아!
2 "네, 아버님! 말씀하옵소서."
3 너희들이 멀리 있는 네 형제요, 그들
을 구원하기 위해 모든 심혈을 기울이
는 것보다 너희들이 해야 할 일이 무
엇인 줄 알겠느냐?
4 나의 피조물 만백성은 다 아들딸이요,
그러니 너희들은 다 같은 형제이니라.
5 육의 형제로서 멀리 떨어져 있는 자,
너희들이 정성을 들일 수 없는 그와
같은 백성을 깨우치기 위하여 그와 같
은 생각을 먼저 가지고 있는 자, 그 모
든 마음을 다른 각도로써 생각하며 나
의 뜻을 전해야 될 것이니라.
6 너희들이 살아가는 이웃이요, 그 주변
에 있는 백성들이 너희들의 형제라 생
각하면 그들부터 깨우치고 전하는 데
노력을 경주해야 될 것이니라.
7 너희들이 그와 같은 백성을 먼저 이끌
어 가는 삶이 중요하니라.
8 그러니 너희들이 매일 접하고 같이 행
하는 이웃의 형제를 구원한다면, 과연
너희들은 어떠한 삶을 살아야 되는가?
9 너희들은 보고 듣고 체험하는 삶을 사
는 그와 같은 생활 속에 있기에, 너희
들이 하루의 삶을 과연 어떻게 사는가,

10 너희들이 하늘을 향하여 부끄럽이 없
는 삶을 사는가,
11 너희들이 그를 항상 점검해 보며 스스
로 너를 다스려 한 점의 부끄럽이 없
는 삶을 살지 아니하면 아니 됨이니라.
12 너희들이 생활하는 이웃에 있는 형제
들에게 새로운 성경을 전하여 그들을
깨우치고 구원한다면, 바로 너희들의
행동이요, 삶으로부터 모범적인 삶을
살아야 되느니라.
13 그렇지 않으면 네 이웃을 구원할 수
없으며 너희들이 구제할 수 없음이니
라.
14 이제 사랑하는 나의 아들딸 너희들은
들으라.
15 네 이웃에 사는 백성이요, 그 형제들
을 먼저 구하도록 하라.
16 멀리 떨어져 있는 너희 형제요, 인간
관계의 고리의 끈으로 그를 먼저 전하
며 그를 먼저 깨우칠 수 있도록 생각
하는 너희들의 마음 자세를 다시 한
번 생각하며, 너희들이 다시 선택의
길을 바꿔야 될 것이니라.
17 그리하여 주변에 있는 백성들을 먼저
구하며, 또한 그들을 구하기 위해서
너희들의 행동이요, 자세가 발라야 된
다는 것을 절대 잊지 말라 그리 전하
라.

11,898 번째 하나님 말씀

2004년 6월 29일 23시 12분

1 사랑하는 나의 아들아!
2 "네, 아버님! 말씀하옵소서."
3 지금의 종교 집단 그들이 과연 무엇으
로써 참진리요, 나 여호와의 뜻에 의
해 역사한다 하느냐?
4 그러니 숫자 놀음을 하고 있는 것이
너희들이 아니더냐?
5 숫자를 가지고 모두를 대처하는 그와
같은 오늘의 형국이 되었음이니라.
6 그 많은 백성들의 숫자로써 오늘의 참
진리요, 진정한 믿음이요, 만백성을
구하는 집단이라 너희들이 그리 말하
느니라.
7 그러나 너희들은 들으라.
8 지금 나 여호와의 뜻이요, 하늘의 뜻
을 역사하지 못하는 백성, 너희들은
나의 아들을 따르는 제자들이요, 새로
깨우친 그 백성들이 들고 있는 새로운
성경 한 권만도 못함을 너희들은 알아
야 될 것이니라.
9 그 방대한 조직이요, 그 많은 재력이
요, 그 많은 교회요, 성당이요, 그 모
두가 다 하늘에 오르는 길이라 그리하
나,
10 너희들은 나의 아들을 통하여 내리는
새로운 성경 한 권을 가지고 있는 것
보다 위대함이 없다 함이 아니더냐?
11 그 모든 종교 집단의 지도자보다도 하
나의 새로운 성경의 나의 책을 정독하
고 깨우치는 것이 더 위대함을 알라
그리 전하라.
12 너희들이 듣고 배우고 깨우치는 이 새
로운 성경이 바로 무엇인 줄 알겠느냐?
13 창조주 나 여호와의 뜻이요, 너희들이
나에게 오를 수 있는 길이요, 그 모든
방법이 다 여기 있기 때문이며,
14 마지막 시대에 내가 너희들을 구하기
위하여 내 뜻을 내 성령을 나의 아들

을 통하여 모두를 다 내림이니, 이 한
권의 책이 얼마나 위대한 줄 알겠느냐?
15 너희들이 아무리 많으며 큰 교회를 갖
고 있다 해도, 너희들이 참진리의 가
르침을 모른다면,
16 너희들은 참진리의 한마디를 전해서
깨우치는 것, 그것보다도 더 귀하고
소중한 장소요, 그와 같은 교육 방법
이 못 된다는 걸 알아야 될 것이니라.

11,899 번째 하나님 말씀

2004년 6월 30일 05시 58분

1 사랑하는 나의 아들아!
2 **"네, 아버님! 말씀하옵소서."**
3 너희들이 믿음이요, 구원을 받는다는
것이 나의 아들 예수의 이름으로 구원
받으며 영광을 얻는다는 것, 나를 찾
기만 하면 구원을 받는다는 것, 그 모
두가 다 좋으니라.
4 너의 제자들도 나의 새로운 성경을 읽
고 깨우쳐 변하는 삶을 사는 것, 그 모
두가 구원을 받는 길이요, 하늘에 오
르는 길이라 그리 말해도 그는 다 좋
으니라.
5 그러나 너희들은 들어야 될 것이니라.
6 너희들이 인간 세상에 살아가면서 네
이웃에게 '내가 너를 만남으로 인하여
피해를 봤으며, 너를 만남으로 인생에
패자가 됐으며, 너를 만남으로 모든
걸 다 잃었으며, 너를 만남으로 인간
이 두려우며 인간을 만나기가 싫다.'
는 그와 같은 이야기,
7 그리고 '너를 만남으로 인간의 배신을
알았으며, 인간의 본질의 뜻이 무엇인
가를 알았다.'는 이와 같은 소리를,
8 나의 아들을 따르는 제자들이요, 나의
새로운 성경을 읽은 백성으로서 너희
들은 그와 같은 소리를 들어서는 절대
아니 됨이니라.
9 그러니 믿음이요, 나를 찾는 모든 것
을 너희들이 아무리 울고불고 애원하
고 정성을 다한다 해도, 너희들을 만
남으로 아픔을 겪었다는 그와 같은 백
성이 있는 삶을 살아서는 아니 됨이니
라.
10 '너를 만났기에 내 스승과 같은 선생
을 만났으며, 너를 만났기에 세상의
이치를 깨달았으며, 너를 만났기에 내
마음이 아름다우며, 너를 만났기에 행
복하며, 너를 만났기에 내가 모든 고
통과 번뇌에서 벗어날 수 있다.'는 말
을 듣는 사람으로 거듭나는 그것이 가
장 귀하고 소중한 것을 알아야 될 것
이니라.
11 너희들을 만남으로 인간의 삶이요, 인
간의 존엄성을 알았으며 인간의 가치
를 알았다 말할 수 있는 그와 같은 너
희들의 살아가는 모습이 더 중요하며
귀함을 잊지 말라.
12 사랑하는 나의 아들딸들아!
13 '너로 하여금 내가 괴로우며, 너를 만
난 것을 내가 후회한다.'는 그와 같은
삶을 살아서는 절대 안 됨이니라.
14 그러니 나의 아들을 따르는 제자 너희
들은 그와 같은 마음을 가지고 살라.
15 그렇지 아니하면 너희들이 무너짐이
니라.
16 그렇지 않으면 너희들이 나에게 올 수
없음이니라.

17 사랑하는 나의 아들딸들아! 그와 같은 행동이요, 그와 같은 자세로 살아가는 데 너희들의 모두를 다 바쳐 정성을 다하고 최선을 다하도록 하라.
18 주변으로부터 이웃으로부터 너희들이 그와 같은 말을 들을 때, 나의 성전은 그득히 사람으로 메워질 것이며, 너희들이 이루고자 하는, 또 내 뜻에 따라 역사하는 너희들의 어렵고 힘든 그 짐을 더불어 나누어 지고 갈 수 있는 것이 너희들의 운명임을 알라, 사랑하는 나의 아들딸들아!

11,900 번째 하나님 말씀

2004년 6월 30일 06시 02분

1 사랑하는 나의 아들아!
2 "네, 아버님! 말씀하옵소서."
3 모든 기적과 이적을 너로 하여금 역사할 수 있으며, 너희들의 어렵고 힘든 길을 나 여호와가 다스려 줄 수 있음이니라.
4 그러나 그리해서는 아니 되느니라.
5 그리하여서는 너의 제자 한 명도 받아들일 수 없으며 구원될 수 없느니라.
6 그러니 너는 그와 같은 생각을 지워버리라.
7 오로지 160권의 성령을 받아 나의 뜻을 책으로써 만들어 만백성에게 역사하는 그와 같은 길을 가라.
8 그리했을 때, 내가 필요로 할 때, 내가 역사의 기적이 필요할 때, 나의 아들 예수가 모든 백성을 깨우치고자 애절한 마음이었을 때, 그와 같이 내가 모든 역사를 이루어 줄 것이며, 나의 필요에 의하여 역사를 이룰 것이니라.
9 다만, 너는 나의 아들로서 그저 새로운 성경을 받아 만백성을 구하는 새로운 성경을 만들어 내는 데 우선 최선을 다하라.
10 내가 너희들이 지금 세상에 존재하여 있음을 널리 알리면 이를 다 만들어 낼 수 없다 했듯이,
11 너희들이 기적의 역사를 이룸으로 이 160권의 새로운 성경을 세상에 역사하는 그와 같은 일을 할 수 없을 것이니라.
12 그러니 아직 너의 제자들이 변한 것이 없으며 변해진 것이 없으며 아직도 너희들이 변하고 가는 길이 너무나 멀고도 머니라.
13 그 길은 모두 스스로 노력하여 정상에 올라야 될 것이며, 남이 너희들을 정상에 갖다 줄 수는 없다 하였으며 올려 줄 수는 없다 하지 않더냐?
14 사랑하는 나의 아들아! 오늘의 작은 아픔이 미래에 백배 천배 더 위대한 역사를 얻으며 기쁨이 있을 것이니라.
15 모두는 나의 주관이니 순리대로 따라갈 것이며, 거역하는 마음을 갖지 말며 인내하고 가도록 그리하며, 160권을 만드는 데 온갖 정성을 다하라.
16 그리하면 너희들이 이루고자 하는 모든 답을 알게 될 것이며, 모두는 나 여호와가 역사할 것이니라, 사랑하는 나의 아들아!
17 아직 멀었느니라.
18 아직도 너희들이 멀고도 먼 길을 더 가야 될 것이며, 정상을 위하여 너희들이 더 노력하여야 될 것이며, 정상

을 정복할 때까지 최선의 노력을 다하
라.
19 그러면 내가 너희들에게 필요한 것을
내릴 것이며, 모든 것은 다 얻어지고
이루어질 것이니라.
20 다만, 160권의 새로운 성경이 세상에
나오고 못 나오는 것, 이와 같은 길을
위하여 오늘은 160권의 새로운 성경
을 세상에 내는 그것보다 더 귀하고
소중한 일이 없음을 알라 그리 전하라.

11,901 번째 하나님 말씀

2004년 6월 30일 06시 08분

1 사랑하는 나의 아들아!
2 **"네, 아버님! 말씀하옵소서."**
3 너희들이 말하는 궁궐 같은 교회요,
너희들이 말하는 궁궐 같은 성전을 가
지고 있으면 무엇하겠느냐?
4 아무리 유능한 종교 집단의 지도자라
하여 명성을 얻고 부귀와 영화를 얻고
사는 백성이면 다 무엇하겠느냐?
5 그 모든 것은 다 부질없느니라.
6 그러니 그와 같은 것을 가지고 세상을
지배한다는 그 백성들이 거짓을 모르
고 이웃을 사랑하며 순박하고 아름다
운 마음으로 살아가는 하나의 촌부만
도 못한 것이 너희들이라는 것을 알라.
7 너희들의 거짓된 행동이요, 하고 있는
모든 행위를 한번 들여다보라.
8 종교 집단의 지도자 너희들이 나의 아
들과 나의 이름을 팔아 어떠한 행위를
하고 있는가?
9 그러니 아무리 권력 있는 자, 능력 있
는 자, 유능한 종교 지도자요, 단상에
서서 많은 백성을 울리고 웃기며 많은
교회요, 성전이요, 성막을 거느리고
있다 해도,
10 내가 보는 너희들은 아무 거짓말 하지
아니하며 이웃을 사랑하며 하늘의 순
리를 거역하지 아니하고 사는 촌부 한
사람만도 못한 것이니라.
11 나는 너희들에게 그와 같은 것을 전해
주고 깨우쳐 주었음이니라, 너희들의
가치가 그만도 못하다는 것을.
12 너희들이 권력이요, 재물이 있다 해도
거짓된 삶을 산다면, 거짓 하지 아니
하며 끼니 한 끼가 없어 굶음을 걱정
하는 사람만도 못한 것이라는 것을 알
아야 될 것이니라.
13 그러니 사랑하는 나의 아들딸들아!
14 거짓 하지 아니하며 한 점의 부끄럼이
없는 삶을 사는 그 백성이 얼마나 소
중하고 귀한가를 아느냐?
15 세상을 다 가지고 있다 해도 그를 어
기는 자는 아무런 의미가 없으며, 사
는 가치요, 존재 가치도 없음이니라.
16 그러니 나의 아들을 따르는 제자, 선
택된 너희들이 내가 내리는 새로운 성
경을 읽고 깨우치며, 나의 아들을 통
하여 내린 하늘의 주옥같은 강론의
뜻을 듣고 사니,
17 너희들이 그것만으로도 얼마나 값있
는 백성이요, 얼마나 은혜받은 백성이
요, 소중한 백성이라 하느냐?
18 어찌하여 너희들은 그와 같은 계산법
도 할 줄 모른단 말이더냐?
19 이제 나의 아들을 따르는 제자들이요,
그리고 새로운 성경을 읽고 깨우친 만
백성, 너희들의 귀함과 소중함을 알겠

느냐?
20 너희들이 거짓된 생활을 하지 않는다
면, 모든 종교 집단의 지도자요, 세상
을 지배하는 자보다도 너희들이 차라
리 훌륭하고 더 귀하고 소중하다 함이
니, 너희들이 만백성을 구할 수 있기
때문이니라.
21 아무리 숫자가 많으면 무엇하더냐?
22 그들이 가는 길이 만백성을 구하는 길
이 아니요, 나 여호와의 뜻에 의하여
하는 행위가 아니면, 사탄의 자식이
요, 사탄의 행위로써 함이니,
23 아무런 의미 없이 그저 아름답고 순박
하게 거짓할 줄 모르고 살아가는 이
름 없는 하나의 촌부만도 못한 것이
너희들 전체와 바꿀 수 없는 것이라
면, 그 슬프고 비참한 것을 알라 그리
전하라.
24 그러니 나의 아들을 따라 새로운 성경
을 만들고 접하는 백성 너희들이 얼마
나 은혜를 입었으며, 은혜 속에 살며,
얼마나 귀하고 소중한 백성인가 스스
로 너희들이 알도록 그리하라.

11,902 번째 하나님 말씀

2004년 6월 30일 06시 14분

1 사랑하는 나의 아들아!
2 "네, 아버님! 말씀하옵소서."
3 너희들이 이 세상을 살아가며 하늘의
뜻이요, 나 여호와의 뜻을 거역하며
이를 알지 못하며 이를 역행하는 삶을
산다면, 너희들은 무슨 삶의 가치가
있으며 무슨 의미가 있느냐?
4 너희들이 그와 같은 삶을 살아서는 아
무것도 이룰 수 없음을 알아야 될 것
이니라.
5 나 여호와가 너희들을 세상에 내려보
냄이니, 너희들이 천사와 같은 마음을
갖고 살아갈 수 있도록 내가 세상에
내려보냈으며,
6 또한 그와 같은 마음을 가지고 세상에
나가 삶을 살다 나에게 오는 그 길을
오라 하였음이니라.
7 그러나 너희들이 나의 뜻을 거역하고
산다면, 과연 너희들이 존재할 의미
요, 가치가 있는가?
8 내가 너희들에게 뭐라 말하였느냐?
9 세상을 다 준다 해도 내가 이 세상의
의인 한 사람과 바꾸지 않는 것이니,
깨달은 자, 참진리대로 살아가는 자가
얼마나 소중하고 귀한 것인가를 알겠
느냐?
10 나는 너희들에게 그와 같이 성경에 기
록하여 전했으며, 나의 새로운 성경에
또한 내가 너희들에게 그리 전했느니
라,
11 한 사람의 의인과 이 세상 모두를 다
준다 해도 바꾸지 않는 것이 나 여호
와의 뜻이라는 것을.
12 그러니 어떠한 권력과 능력과 세상의
높은 자리요, 세상의 모두를 지배하는
듯한 종교 집단의 지도자 그들에게 내
가 뭐라 했느냐?
13 너희들이 하나의 삶을 유리로 비춰 부
끄러움이 있는 그와 같은 삶을 살 때,
너희들은 하나의 가치가 없으며 존재
할 의미가 없다 했느니라.
14 그러니 너희들이 부귀영화를 누리는
자보다도 남의 집 처마 밑에 잠자리를

한다 해도,
15 그가 옳지 않은 일은 행하지 아니하
며, 옳은 일을 선택해서 행하는 그와
같은 곧고 바른 정의로운 마음을 가지
고 산다면,
16 나는 그들이 더 귀중하고 소중한 자들
이라 그리 말한 것과 무엇이 다르더냐?
17 그러니 너희들이 육의 세상에 어찌 사
느냐가 중요하니,
18 부귀와 권력이요, 영화를 누리는 그와
같은 삶을 사는 것, 종교 지도자라 해
서 만백성 앞에 강론하고 설교하며 존
경을 받는다는 그와 같은 백성들,
19 그 모두가 옳지 않은 짓을 행하지 아
니하는 자만이 나로부터 선택된 백성
이요,
20 옳지 않은 일을 서슴없이 할 수 있는
자 그것은 위장된 자요, 거짓된 자니,
그와 같은 백성은 나와 관계없으며,
21 그를 따라 나에게 오르고자 한다는 백
성은 모두가 다 부질없는 짓이요, 너
희들이 시작도 잘못됐으며, 가고 있는
길도 잘못 가고 있음이니,
22 결과는 너희들이 지옥의 벼랑으로 떨
어지는 그 길을 가고 있다는 것을 명
심하고 또 명심하도록 그리하라.
23 너희들이 인간으로서 이 짧은 기간에
160권이라는 새로운 성경을 세상에
내려보내며 만백성을 다스려 가는 그
역사를 이룰 수 있다 생각하느냐?
24 이것이 바로 너희들에게 마지막 시대
에 내리는 위대한 기적이요, 위대한
역사임을 알라 내가 다시 한 번 전하
니 그리 깨우치라.

11,903 번째 하나님 말씀

2004년 6월 30일 06시 18분

1 사랑하는 나의 아들아!
2 "네, 아버님! 말씀하옵소서."
3 인간 세상에 너희들이 살아가는 중에
시시비비하는 곳에 끼어 있다가 책임
을 지며 그것을 증언하는 어렵고 힘든
길을 겪어야 하는 것이 인간 세상의
삶이니,
4 시시비비하는 곳에 참여하지 아니하
며 시시비비하는 곳을 피하는 것이 현
명한 백성의 삶이니라.
5 남이 시시비비하는 곳에 참견하기 좋
아하고 말하며 거기에 끼어드는 것은
결국 그들을 심판할 때 너희들은 어떠
한 것이든 증언하며 대답해야 되는 그
와 같은 곤란한 인간 세상에 살아가는
그와 같은 형국이 되지 않느냐?
6 사랑하는 나의 아들딸들아!
7 구약의 시대가 어떠하며 저희 것이 위
대하며, 신약의 시대가 어떠하며 신약
의 시대가 위대하다는 것, 이러쿵저러
쿵 저희들이 시비하는 것에 끼어들지
말며,
8 제3의 시대에 새로운 성경이 이단이
요, 사탄이요, 이는 왕사탄이 내려와
세상을 혼란케 한다는 그와 같은 시시
비비를 하는 것,
9 어떠한 시시비비든 너희들은 그 자리
에 끼어들지 말며 그들과 갑론을박하
지 말라.
10 옳고 그른 것을 가지고 너희들이 갑론
을박한다면, 그 싸움에 끼어듦으로 인
하여 너희들이 어찌 되는가?

11 너희들은 결국 나의 새로운 성경, 이
모두를 다 책임을 져야 될 것이며, 그
모두를 무너트리게 하며 쓰러트리게
하는, 너희들이 벗을 수 없는 것을 모
두 뒤집어쓰는 결과를 낳게 될 것이니
라.
12 나의 아들이 사탄이라는 것을 뒤집어
쓰게 될 것이며, 새로운 성경이 사탄
의 것이요, 마지막 시대에 나와 만백
성을 지옥으로 이끄는 그와 같은 형국
이 이루어지고 있다며, 너희들이 대표
자며 바로 그와 같은 자라며, 모두를
다 뒤집어씀이니,
13 나의 새로운 성경을 욕되게 하며 나
여호와를 욕되게 하는 거기에서 헤어
나지 못하는 그와 같은 운명이 되기
때문이니라.
14 사랑하는 나의 아들딸들아! 아름다운
꽃에는 벌과 나비가 날아드는 것이요,
썩은 것은 파리와 같은 종류들이 날아
든다 하지 아니하였더냐?
15 저희들이 시시비비하고 구약과 신약
을 가지고 시시비비해도, 새로운 성경
이 내려왔다면 더러운 것은 더러운 것
끼리 하나가 될 수 있으며, 그 하나가
된 것은 바로 너희들을 공격하는 화살
로 돌아설 것이니라.
16 그러니 너희들이 나의 새로운 성경이
잘못됐으며 이단이요, 사탄이라는 그
것을 다 뒤집어쓰며, 너희들은 거기에
서 변명할 수 없으며 헤어날 수도 없
는 그러한 위치에 처하게 됨이니라.
17 깨끗한 것은 깨끗한 무리끼리 모이게
되느니라.
18 그러니 그와 같은 이치를 깨닫는다 해
도 너희들은 알라.
19 지금 너희들이 아무리 나 여호와의 뜻
이요, 새로운 성경을 가지고 만백성을
구하는 길을 가며 이것이 나 여호와의
뜻이라 해도,
20 너희들에게 짝이 될 수 있는 백성이
없으며, 너희들을 도와주는 백성이 없
으며, 너희들을 후원해 주는 백성은
없음이니라.
21 너무나 많이 썩었고 타락되었기에, 썩
은 것과 타락한 자들은 뜻이 통하며
대화가 통하며, 한 길이 무엇인가를
그들이 알고, 저희들이 살아 나갈 길
이 무엇인가를 아느니라.
22 그러니 후원자도 없으며 짝이 없으며
도와줄 자도 없이 너희들만 모두를 뒤
집어쓰게 되며 모든 책임을 지게 되니,
23 그와 같은 것에 너희들이 끼어들지 말
며 같이 갑론을박하지 말며,
24 차라리 그와 같은 자들이 있거든 등을
돌려 너희들이 떠나라.
25 그 자리를 피하는 것이 너희들이 나의
아들을 욕되게 하지 아니하는 것이요,
나의 새로운 성경을 욕되게 하지 않는
것이요, 위로는 하늘에 있는 나 여호
와를 너희들이 욕되게 하지 않는 길이
라는 그 현명한 깨달음을 전해 주도록
그리하라, 사랑하는 나의 아들아!

11,904 번째 하나님 말씀

2004년 6월 30일 06시 21분

1 사랑하는 나의 아들아!
2 "네, 아버님! 말씀하옵소서."
3 이 세상에 믿음의 길을 가는 백성들이

요, 나의 백성들의 마음이 어떠하던가?
4 정녕 이웃이 무너지며 이웃이 쓰러지
며 이웃이 고통을 당하는 것을 너희들
은 마음속으로 내면으로 기뻐하는 그
와 같은 마음을 가지며, 남의 불행을
보고 기뻐하는 그와 같은 심리를 지금
도 가지고 있는 백성들이 믿음의 길을
가며 하늘에 오르는 길이라 그리하느
니라.
5 제 원수가 쓰러질 때, 제가 미워하는
자가 잘못됐을 때는 너희들의 그 마음
이 어떠하겠느냐?
6 이것이 지금의 모든 신앙생활이요, 믿
음의 길을 가는 백성들이니, 거기에
사랑과 참진리요, 위대함이 어디 있겠
느냐?
7 사랑하는 나의 아들딸들아! 너희들은
미워한다고 해서 그 사람이 망하고 쓰
러진다 하여 기뻐하지 말라.
8 네 원수라 하여 그가 잘못되고 무너지
고 또 그가 패자가 됨이니, 그와 같은
백성을 보고 하늘의 뜻이요, 그가 죄
를 받았다는 망발을 하지 말라.
9 어찌하여 그와 같은 것으로 너희 한을
풀어 주기 위해 나 여호와가 벌을 주
었으며 나의 아들딸에게 고통을 주었
다 그리 말하느냐?
10 그와 같은 비유의 뜻이요, 그와 같은
말과 행동을 하지 말도록 그리하라.
11 사랑하는 나의 아들딸들아! 내가 뭐
라 말하였느냐?
12 나의 아들을 따르는 제자들이라도 너
희들의 이웃에 어려운 사람의 불행을
보고, 그가 고통당하는 것을 보고 기
뻐하며 즐거워하는 마음으로 바라보
지 말라.
13 어느 순간엔가는 너희들이 그 자리에
와 있으며 거기에 서 있게 된다는 것
을 알 수 있음이니라.
14 너희들은 육으로 세상에 사는 것에서
고통이요, 어려움을 당하는 그 속에서
진리를 깨달으며 나 여호와의 뜻을 깨
닫는다면,
15 그가 부귀와 영화를 누리는 자보다 백
배 천배 나을 것이며, 그를 보고 비웃
는 너희들보다도 나은 백성이라는 것
을 알라.
16 또한, 너희들이 언제 그 자리가 바뀌
어 네가 그 위치에 가 있을지 모르니,
그때 모든 사람이 너를 비웃고 야유한
다면, 과연 너는 그 마음이 어떠하겠
느냐?
17 그러니 어떠한 백성이라도 남의 불행
이요, 고충이요, 그리고 비록 원수라
할지라도, 항상 미워하는 자들이라도,
그들의 불행을 보고 기뻐하며 그것이
하늘의 뜻이요, 벌을 받았다는 그와
같은 말을 쉽게 하지 말도록 너희들은
그리 살아가라.

11,905 번째 하나님 말씀

2004년 6월 30일 06시 26분

1 사랑하는 나의 아들아!
2 "네, 아버님! 말씀하옵소서."
3 사랑하는 나의 백성 너희들은 나의 새
로운 성경을 정독하며, 거짓되지 아니
하고 아름다운 마음으로 살라.
4 거짓말을 하지 말며, 작은 도적질도
하지 말며, 남을 미워하지 말며, 시기

질투하지 말며, 욕심을 부리지 말고
살라 그리하지 아니하였더냐?
5 사랑하는 나의 아들딸들아! 세상의
모든 백성들이 아름다운 입으로 남을
욕하고 남을 원망하는 그와 같은 말을
서슴없이 한다 해도,
6 너희들은 네 입으로 남을 원망하지 말
며, 욕하지 말며 남의 마음에 언짢은
말과 언짢은 행위를 절대 하지 말라.
7 네 눈으로써 악한 것을 보지 말도록
그리하라.
8 그리고 네 귀로써는 악하고 더러운 말
을 듣지 말도록 그리하라.
9 그러다 보면 너희들도 모르는 사이에
하늘에 오르는 지혜를 얻게 될 것이며,
10 그와 같은 삶을 살다 보면 스스로 나
를 보게 될 것이며 나의 음성을 들으
며, 너희들도 모르는 사이에 나의 나
라에 와 있음을 알게 될 것이니라.
11 그리하여 내가 나의 아들을 통하여 너
희들에게, 새로운 성경을 정독하고 깨
우쳐 공부하는 백성은 작은 거짓말이
요, 작은 도적질이요, 남을 미워하는
말이요, 그와 같은 말을 절대 하지 말
라 하였으며, 세상에 추하고 더러운
것을 보지 말라 함이니라.
12 그리고 귀로써 듣지 말라 함이니라.
13 일찍이 성서에 기록하여 전하지 않더
냐?
14 너희들이 남의 물건을 훔치려 하던 네
손을 자르며, 나쁜 짓을 하기 위하여
가는 발길을 자르더라도 바로 서는 것
이,
15 너희들이 무너진 몸의 상태요, 완전하
지 못한 몸의 형태를 가지고 있더라도
바른 정신을 가지고 사는 것이 구원의
길에 오를 수 있으며 나를 볼 수 있다
는 그 극단적인 아픔의 가르침을 어찌
모른단 말이더냐?
16 내가 지금 나의 아들을 통하여 너희들
에게 전하는 것을 그대로 행하는 삶을
살도록 그리하라.
17 그러지 아니하면 너희들이 아무것도
이룰 수 없다는 것을, 너희들은 오로
지 고통의 길을 가는 것밖에 남지 않
았다는 걸,
18 영원히 사는 세상에서 고통스러운 대
가를 치르고 산다는 것을 상상하며 생
각을 해 보라.
19 정녕 너희들은 그와 같이 억울한 일을
지금 하고 있음이니라.
20 그러니 그와 같은 억울한 일을 중단하
며, 영원히 거듭나는 세상이요, 나의
나라에 와 영원한 누릴 수 없는 것을
누리며 살아갈 수 있는 그 길을 보고
오라 함이니,
21 나의 새로운 성경을 읽고 깨우쳐 너희
들이 현명한 선택의 길을 가지 아니하
면 아니 됨이니라.
22 너희들의 생명이 사는 시간이 과연 얼
마나 남았는가?
23 너희들이 지금까지 살아온 그 죄를 다
지금 사는 시간에 씻을 수 있겠느냐?
24 그러니 너희들이 최선의 노력을 다하
며, 지금서부터 모든 마음의 결단을
내려 바르고 곱게 살아가는 데 네 삶
을 다 바치지 아니하면 아니 되느니라.
25 시간이 없느니라, 사랑하는 나의 아들
딸들아!

11,906 번째 하나님 말씀

2004년 6월 30일 06시 30분

1 사랑하는 나의 아들아!
2 "네, 아버님! 말씀하옵소서."
3 지금 나의 아들이 너희들에게 가르치
기를 뭐라 하느냐?
4 너희들이 정녕 나를 보며 하늘에 오르
는 길이라면, 고난이요, 고통스러운
길이요, 핍박이요, 남으로부터 받는
그 모두를 인내할 수 없다 하여도 그
를 행복으로써 받아들이라, 나의 아들
은 너희들에게 그리 가르치며,
5 너 자신을 비우라, 네 모두를 비우라,
너를 의식하지 말며 네 주관대로 생각
하지 말라,
6 너희들이 네 주관대로 모두를 판단하
며 생각한다면, 너희들은 정의로움이
요, 바른 세상을 알 수 없으며 남의 아
픔을 볼 수 없다,
7 그러니 너희들이 아름다운 삶을 살라,
남을 위한 삶을 살라 하며,
8 너희들이 바라는 구원의 길을 양보하
는 그와 같은 훈련을 받도록 하는 것
이 나로부터 선택된 백성이라 하여,
9 그 말이요, 그 뜻마다 너희들의 가슴
에 와 닿고 가슴을 녹이며 가슴을 아
프게 하는 그와 같은 것을 너희들에게
전함이니,
10 이와 같이 전하는 뜻을 듣고 이에 귀
기울이지 아니하며 이를 막아 버리는
그와 같은 백성이 되어서는 결코 안
됨이니라.
11 너희들이 그를 받아들이기 또한 어렵
고 힘든 줄 아느니라.
12 그러나 나의 아들을 통하여 내리는 그
강론에 귀를 덮으면 아니 됨이니라.
13 거기에 귀를 기울이는 백성으로서 살
아가도록 하라.
14 사랑하는 나의 아들딸들아!
15 모든 종교 집단의 지도자들이 말로써
구원이요, 하늘에 오르는 길이라 그리
말하니, 그들이 바로 너희들에게 전하
는 것은 꿀과 같은 것이니라.
16 그 잘못된 자들이 꿀과 같은 것을 전
하는 그 말을 받아먹으며 꿀을 빠는
너희들이 되어서는 절대 안 되느니라.
17 그걸 받아먹고 살겠다는 것, 하늘에
오르겠다는 그 어리석은 백성이 되어
서는 아니 됨이니라.
18 그러한 자 영원히 거듭날 수 없으며
나에게 오를 수 없음이니라.
19 오로지 나의 아들이 너희들에게 내리
는, 너희들이 받아들이기 어려우며 지
키기 어려우며 가슴에 와 닿는 것이
너무나 아프고 저리기에, 인간으로서
갈 수 없다 그리하는 것을 가르치는
나의 아들의 그 쓴 약을 받아 마시는
사람이 되어야 할 것이니라.
20 종교 집단의 지도자 그들이 전하는 꿀
과 같은 말을 빨아 먹는 사람이 되어
서는 결코 나를 볼 수 없다는 이 무서
운 사실을 깨우치도록 그리하라.

11,907 번째 하나님 말씀

2004년 6월 30일 16시 22분

1 사랑하는 나의 아들아!
2 "네, 아버님! 말씀하옵소서."
3 나의 피조물 만백성들, 그리고 너를

따르는 제자들이요, 나의 새로운 성경을 읽고 깨우쳐 가는 백성, 너희들은 이 세상 세속에 살아가면서 수천수만 가지를 얽히고설키고 부닥치며 살아가느니라.

4 그때마다 나의 아들을 따르는 제자 너희들은 모두를 대화로써, 그리고 모두가 서로 이해로써 풀어 나가는 그와 같은 방법으로써 너희들이 세상사의 모두를 이끌어 가야 됨을 알아야 될 것이니라.

5 너희들이 송사를 하는 것이요, 남을 구박하는 것이요, 구속하는 것이요, 그리고 너희들이 좋은 자리요, 나은 위치에 있다 하여 남을 핍박하는 그와 같은 행위를 해서는 절대 아니 됨이니라.

6 나의 아들을 따르는 제자들이요, 그리고 나의 새로운 성경을 읽고 깨우친 너희들은 절대 인간관계의 감정으로써 모든 송사를 이루지 말며, 대화로써 해결하며, 진심으로써 모두를 다 역사하도록 그리 살아가라.

7 그것이 너희들이 살아갈 길이요, 너희들의 삶을 보이는 길이니라.

8 너희들이 다른 백성들과 감정을 격화시키며 언쟁을 하며, 스스로 너희 자신을 다스리지 못하는 그와 같은 삶을 산다면,

9 이는 결코 누구도 너희를 믿지 않을 것이며 너희를 따르려 하지 않을 것이며 너희들을 인정하지 않으려 함이니라.

10 사람이 아무리 악하고 또한 선한 사람이 있다 해도, 그 차이는 백지장 한 장 차이라 내가 그리하지 아니하였더냐?

11 그러니 너희들은 감정을 다스리며 모두를 대화로써 웃음으로써 기쁨으로써 해결할 수 있으며, 모든 매듭을 풀어 갈 수 있는 그와 같은 마음 자세로써 너희들이 모두를 역사해야만 할 것이니라.

12 너희들이 남들과 이해관계가 되어 있는 그것도 웃음으로써 대화로써 풀어 나가는 그와 같은 훈련에 임했을 때,

13 그 훈련에 고도의 경지에 오른 백성이라면, 과연 너희들이 형제지간에 반목하며 네 이웃과 반목하며 더불어 살아가는 너희들 간에 얼굴을 붉히며 시시비비를 할 일이 있으며, 남의 이야기를 할 수 있으며, 남의 말을 할 수 있는가?

14 그러니 그와 같은 훈련으로써 너희들 자신을 하나하나 다스려 나가고 깨우치도록 그리하라.

15 내가 160권에 기록된 내용들, 너희들이 이를 소홀히 들어서는 아니 될 것이니라.

16 내가 너희들에게 명하고 지키라 한 것을 너희들이 엄격히 지키고 그를 행하는 삶으로써 하나하나 엮어 가야 될 것이니라.

17 너희들이 지푸라기를 엮어서 하나의 도구로 쓸 수 있듯이, 갈대를 엮어서 하나의 도구로 쓸 수 있듯이, 하나하나 엮어 가는 그와 같은 지혜를 가지고 살아야 됨이니,

18 그때마다 너희들이 슬기로운 방법으로써, 부드러운 방법으로써, 대화로써 모두를 풀어 나가는 그와 같은 지혜로

운 삶을 살 것이며,
19 너희들이 정녕 대화를 하지 아니하며
감정을 앞세우며 언성을 높여 시시비
비하는 그와 같은 삶을 살아서는 안
되느니라, 사랑하는 나의 아들딸들아!
20 그를 명심하고 명심하여 행하도록 그
리하라.

11,908 번째 하나님 말씀

2004년 6월 30일 16시 30분

1 사랑하는 나의 아들아!
2 "네, 아버님! 말씀하옵소서."
3 나의 아들을 따르는 선택된 제자들이
요, 그리고 나의 새로운 성경을 접한
은혜를 입고 깨우친 백성 너희들이 정
녕 구원의 길을 가고자 한다면,
4 나 여호와의 지혜를 얼마나 깨닫고 그
를 얻으며 그를 볼 수 있으며, 내가 그
은혜를 내릴 수 있느냐 하는 것이 가
장 중요한 것이니라.
5 그러니 너희들이 하늘의 지혜를 얻지
못하면 아무것도 이룰 수가 없으며 깨
달음의 길에 들어설 수 없다는 것은
내가 너희들에게 수없이 기록하여 전
했음이니라.
6 그러니 너희들은 나의 뜻대로 내가 원
하는 길이요, 내가 역사하는 것, 그리
고 나에게 올 수 있는 그와 같은 은혜
를 얻고자 한다면, 나 여호와가 나의
아들을 통하여 내린 나의 가훈대로 살
라.
7 그렇지 아니하면 너희들은 아무것도
이룰 수 없으며 역사할 수 없음을 알
라.
8 이를 행하지 아니하고 나에게 올 수
있다는 것이 오늘의 종교 집단이요,
믿음의 길을 가는 백성들이요, 그와
같은 행위를 하며 그리할 수 있다 말
을 하니, 그리하면서 너희들이 뭐라
하느냐?
9 너희들은 나 여호와의 뜻이요, 내가
원하는 참진리요, 그 길은 알지 못하
며, 그저 나의 아들 예수를 부르기만
하고 믿기만 하면 구원을 받는다 하여
온통 이 세상을 혼란케 하고 있음이니,
10 그곳에서 나에게 오를 수 있는 길이
없다 함을 너희들은 알아야 될 것이니
라.
11 그러니 너희들이 나에게 오르고자 한
다면, 내가 내린 그 가훈대로 삶을 살
라.
12 그와 같이 살지 아니하면서 나에게 올
수 있는 백성이요, 모든 은혜만이 남
았다는 그 백성들이니,
13 내가 수천 년 동안 그 소리를 들으며
그 행태를 보며 그들이 아우성치는 것
을 보는 내 마음이 과연 얼마나 아팠
겠느냐?
14 이를 너희들을 통하여 새로운 역사요,
새 장을 열어 가고자 하니, 나의 아들
을 따르는 제자들이요, 새로운 성경을
읽고 깨우친 너희들은 나의 뜻을 알아
야 될 것이니라.
15 이 세상에 얼마나 많은 백성들이 살아
가느냐?
16 너희들보다도 얼마나 많은 백성들이
살아가는가?
17 너희들이 나가서 헤아릴 수 없을 것이
니라.

18 한 집단 속에 한 고을에 있는 그 백성
들도 너희들보다 몇십 배, 몇백 배, 몇
천 배 헤아릴 수 없이 많은 백성들이
세상에 존재하고 있음이니,
19 그들이 그와 같은 생각을 하고 산다면
너희들이 그들을 깨우쳐 인도하는 것
이 얼마나 힘들고 어려운 길이더냐?
20 그러니 그 많은 백성 중에 나의 새로
운 성경을 하늘의 진리요, 하늘의 뜻
이라 알고 깨우쳐 그 길을 가고자 하
는 자, 내가 써 내린 그 가훈을 지키고
살고자 하는 백성이 과연 얼마나 된다
하느냐?
21 미미한 숫자요, 찾아볼 수도 없는 나
의 아들딸 너희들이 새로운 역사를 이
루는 것이니라.
22 또한, 내가 잘못 가는 백성들을 바라
보는 마음이 아픈가 하면, 너희들이
가는 그 길을 바라보는 것, 너희들이
어렵고 힘든 고비를 넘기 위하여 가는
모습을 보는 내 마음이 또한 아픔이니
라.
23 그러나 나를 위로할 수 있으며 나에게
기쁨을 줄 수 있는 것은 모두 너희들
에게 달렸음이니라.
24 잘못 가는 백성들의 그 아픔을, 내 마
음을 이해할 수 있으며 나를 기쁨으로
돌릴 수 있는 것은 너희들이 최선을
다하는 것이요,
25 어렵고 힘들다 하여 그 핍박 앞에 주
저하지 아니하고 최선의 노력을 다하
고 가는 것, 또한 너희들이 나를 기쁘
게 하는 길이니,
26 오로지 너희들밖에는 이 세상에 없음
을 알라, 사랑하는 나의 아들딸들아!
27 세상사의 모두를 너희들이 반대로 보
며, 반대로 보지 아니하면 아니 된다
하지 않았더냐?
28 그러니 너희들은 말로써는 반대로 보
며 반대의 삶을 살아간다 하나, 그 반
대의 삶이 정녕 얼마나 어렵더냐?
29 너희들이 지금까지 왔던 모든 기득권
이요, 개인적인 모든 생활 습관이요,
개인적으로 젖어 온 모든 버릇이요,
그 생활 상태를 모두를 다 바꿔야 됨
이니,
30 이게 어디 있을 수 있는 일이며 너희
들이 어찌 이를 역사할 수 있겠느냐?
31 그러니 모두를 포기하면서라도 너희
들이 반대로 가는 그와 같은 삶이요,
반대로 보는 그와 같은 깨달음의 길을
오지 아니하고는 결코 하늘의 이치요,
뜻을 알 수가 없음이니, 이를 어찌한
단 말이더냐?
32 정녕 너희들이 어렵고 힘든 길이라 해
도 주저하지 말라, 포기하지 말라.
33 그렇지 않으면 아무것도 이룰 수 없기
때문이니라.
34 너희들이 반대로 사는 삶이요, 반대로
사는 그와 같은 너희들의 삶이 얼마나
힘들고 고통스러운 것인가를,
35 그리고 얼마나 인내가 필요하며, 참고
견디는 그와 같은 마음 자세가 얼마나
절실한 것인가를 나 여호와는 알고 있
음이니라.
36 그러니 내가 너희들에게 기대를 거는
것이며, 너희들이 그와 같은 길을 올
때, 만백성을 그리 인도할 때, 그 기쁨
은 이루 말할 수 없는 것이요,
37 또한 만백성이 구원의 길을 볼 수 있

는 것이 거기에 있음이니, 그 길을 위
하여 주저하지 말며 최선의 노력을 다
하도록 그리하라.
38 항상 내가 너희들과 같이하고 있으며,
너희들의 어렵고 힘든 그 모두를 내가
보고 있음이니 그리 알라.

11,909 번째 하나님 말씀

2004년 6월 30일 16시 34분

1 사랑하는 나의 아들아!
2 "네, 아버님! 말씀하옵소서."
3 너를 따르는 제자들에게 내가 뭐라 말
하였느냐?
4 너희들이 네 이웃을 구하며 네 형제를
구하며 많은 백성들을 구하고자 할
때, 너희들이 새로운 성경을 그들에게
전해 줘 그들이 읽고 깨우쳐 스스로
판단하여 너희들에게 손을 내밀 수 있
는 그와 같은 방법으로 가라 한 그 의
미를 알겠느냐?
5 너희들은 우선 나의 새로운 성경을 전
해 주며, 새로운 성경을 읽고 깨우친
그 백성과 더불어 가도록 그리하라.
6 너희들이 말로써 깨달은 것을 전하며
진리라 하여 그들에게 깨우치고자 말
로써 인도한다면 과연 어떠한 결과가
오겠는가?
7 너희들이 모든 책임을 져야 될 것이
며, 그 모든 책임을 너희들에게 묻기
때문이니라.
8 그들이 어렵고 힘든 것을 해결하고자,
무엇인가 인간이 할 수 없는 것은 나
여호와의 힘이 필요함이니,
9 이것이 나 여호와가 존재하며 모든 어
렵고 힘든 걸 풀어 주고 들어주는 것
처럼 그들이 생각하고 착각 속에 오니,
10 그것이 이루어지지 아니하며 역사하
지 아니할 때 그들은 모두 누구를 원
망하겠는가?
11 너희들을 원망할 것이며, 그 책임을
너희들에게 묻게 될 것이며, 너희들이
도의적이든 타의든 자의든 그와 같은
책임의 한계를 넘지 못하게 되면 그와
같은 슬픈 일을 겪게 될 것이니라.
12 그러니 너희들이 말로써 전도하고 말
로써 인도하지 말고 나의 새로운 성경
을 그들에게 조용히 전하라.
13 그리하여 스스로 읽고 깨우쳐 저희들
이 판단하도록 그리하라.
14 그리하여 나의 새로운 성경을 보고 판
단하여 주저 없이 올 수 있는 자를 너
희들이 받아들여 인도하면 될 것이며,
15 그리고 버리는 자 또한 그들을 말로써
깨우쳐 역사하려 시시비비하지 말라.
16 모든 인간 세상에 살아가는 백성들이
어떠하던가?
17 모두가 다 역사하며 잘되는 것은 제
노력이요, 제가 했다 하며,
18 안 되는 것, 책임이 있는 것은 하늘을
향하여 나를 원망하며,
19 제 주변의 어떠한 사람을 붙잡고 시시
비비를 하며, 걸고넘어질 수 있는 사
람, 그리고 책임을 전가할 수 있는 사
람, 그와 같은 사람이 있다면 그들은
물고 늘어지고 가차없이 그 책임을 전
가함이니,
20 너희들이 말로써 역사하며 무엇이 이
루어질 것 같은 그와 같은 전도요, 복
음을 전하지 말라.

21 구원을 받는다, 하늘에 오른다, 하늘
의 영광을 얻는다는 그와 같은 복음을
전하는 종교 집단의 지도자와 그 하수
인들이 다 잘못된 자들이요, 그 책임
을 면치 못할 짓을 하고 있음이니라.
22 그러니 너희들은 그 책임을 감당하기
어려우며 그 시시비비에 스스로 지켜
가기 어려우니라.
23 그러니 너희들은 조용히 나의 새로운
성경을 전하여, 그를 읽고 깨우치는
자와 더불어 가고 더불어 역사하면 될
것이니, 그와 같은 방법으로 그리하라.
24 모든 자들이 너희들에게 책임을 묻고
자 하며, 시시비비를 하고자 하며, 너
희들에게 옳고 그름을 따지려 하는 자
들이 줄을 이을 것이니, 그때마다 너
희들이 다 감당키 어려우니라.
25 지금은 너희들이 모두를 대화하며 대
답하며 깨우쳐 전할 수 있으나, 결코
그는 이루어질 수 없는 것이라는 것을
알라, 사랑하는 나의 아들딸들아!

11,910 번째 하나님 말씀

2004년 6월 30일 16시 43분

1 사랑하는 나의 아들아!
2 "네, 아버님! 말씀하옵소서."
3 나 여호와는 사랑하는 너희들에게 첫
째는 생명을 주었음이니라.
4 그리고 너희들이 세상에 태어나 사는
삶을 주었으며, 그리고 사는 동안에
먹고 입고 쓸 수 있는 그 모두를 내가
너희들에게 내려 주었다 그리하지 않
더냐?
5 그리고 너희들은 그와 같은 은혜를 모
두를 다 받았음이니라.
6 그러니 또한 너희들이 먹고 쓰고 살아
가는 것은 노력하는 만큼 인간의 육의
세상에 행복을 누릴 수 있도록, 그리
고 너희들이 모두를 이룰 수 있도록
내가 모든 여건을 주었음이니, 이보다
더 큰 은혜요, 영광이 과연 어디에 있
겠는가?
7 이 세상에 너희들이 나 여호와로부터
받은 은혜보다 더 큰 영광이요, 은혜
가 있다면 한번 말해 보라.
8 그와 같은 은혜가 없을 것이니라.
9 그러니 너희들은 나에게 무엇으로써
그를 보답했는가를 나의 백성 너희들
은 한번 생각해 보라.
10 지금 구원을 받은 자요, 하늘에 오르
는 선택을 받은 자요, 나의 뜻대로 살
았다는 자, 나의 뜻대로 기도하며 경
배하고 살았다는 백성 너희들이 과연
나의 성경에 기록된 그 내용을 얼마나
지키고 그리 행했는가?
11 그리고 내가 불로 직접 써 내린 그 소
중하고 귀한 나의 십계명을 너희들은
과연 어떻게 지키고 살았으며,
12 그것을 지키지 아니하면 절대 아니 되
며 그것은 목숨과도 바꿀 수 없으며,
그를 지키고 살아가야 한다는 그와 같
은 마음으로 생각하며 너희들이 십계
명을 가슴에 안았는가?
13 너희들이 과연 그와 같이 무섭고 두려
운 마음으로 십계명을 가슴에 안았다
면, 어찌하여 오늘과 같은 삶을 살 수
있단 말이더냐?
14 너희들은 나의 십계명이 어렵고 힘겹
다 하여 그 길을 지키려 하는 것이 아

니요,
15 그저 나의 아들이 고통스럽게 죽어
간, 내가 보기에도 싫으며 쳐다보기도
싫은 그 십자가를 귀에 달고 목에 걸
고 건물 앞에 세워 놓고 네 방, 네 머
리맡에 붙여 놓는 이와 같은 행위를
하고 온 것이 오늘의 종교 집단이요,
너희들이라면,
16 나로부터 모두를 다 받아 나가 은혜를
갚을 길이 없는 너희들이 과연 나에게
어떠한 것으로써 보답했으며 무엇으
로써 그 은혜에 보답했다 말할 수 있
느냐?
17 아무것도 너희들이 나에게 전한 것이
없음이니라.
18 그렇다면 내가 너희들에게 모두를 내
려 준 그 의미와 뜻은 또 무엇이더냐?
19 내가 하늘에서 너희들에게 모두를 다
내려 준 것은, 너희들이 천사와 같은
삶을 살다 나에게 오르라 하여 내가
모두를 너희들에게 내려 주지 아니하
였더냐?
20 내가 그와 같은 뜻에서 모두를 다 너
희들에게 내려 주었거늘, 과연 너희들
은 그리 사는가?
21 너희들이 그리 살지 아니하고 나의 뜻
을 거역하는 그와 같은 삶을 살았다
면, 결코 너희들은 나와 두 번 다시 만
날 수 없다는 것을 절대 잊지 말라.
22 사랑하는 나의 아들딸들아! 너희들이
지금 수천 년 동안 살아오는 것이 잘
못되었기에, 내가 처음에는 구약이라
는 것을 내려서 너희들을 바로 세우고
다스리고자 하여 구약을 내렸음이니
라.
23 그리고 내가 십계명이라는 것을 너희
들에게 내려, 하늘에 오르는 길의 지
침서를 상세히 내려보냈거늘, 과연 너
희들은 어찌 지켰는가?
24 신약이라는 것은 또한 무엇이더냐?
25 너희들이 하늘에 오르는 길이요, 지키
고 살면 나에게 오를 수 있는 거듭날
수 있는 영광의 그 내용을 모두 지침
서로써 만들어 너희들에게 보내 주었
던 것이 아니더냐?
26 그러나 너희들은 이를 어찌했는가?
27 이를 그대로 지키고 그대로 행하는 소
중한 삶을 살지 아니했느니라.
28 인간의 욕심에 눈이 어두워 너희들이
이 지침서를, 감히 나 여호와가 내린
것을 너희 임의대로 빼고 더하여 고쳤
으며,
29 그리고 너희들이 가르치고 또 전하는
데 그를 이해하는 것도 천 명이면 천
명이 다 다른 웃지 못할 형국이 되었
으니,
30 너희들이 변질시키고 변조하여 만들
어 낸 이 새로운 교리를 가지고 나의
백성들을 구한다 하고 지금까지 왔으
니,
31 그 교리는 사람마다 다르며 받아들이
는 자마다 다르며 가르치는 자마다 다
르니, 이 세상이 자연히 혼란스럽게
되며 중심을 못 잡는 백성 너희들이
잘못 가는 것은 당연한 것이니라.
32 그리하여 지금도 너희들이 제자리를
잡지 못하고 암흑의 세상에서 헤매고
있음이니라.
33 사랑하는 나의 아들딸들아!
34 하나하나 따지고 보면 너희들처럼 정

이 없고 너희들처럼 사랑이 없으며 너
희들처럼 내려 준 자에게 은혜를 갚지
못하는 잘못된 백성은 이 세상에 없음
이니라.
35 길들여진 맹수도 그 고마움을 알며,
주는 것을 알며, 먹이를 주는 자를 해
하지 않는 것이 살아가는 철칙이 아니
더냐?
36 내가 모두를 다 주었거늘, 어찌하여
너희들은 이 세상을 혼돈케 하며 혼
란하게 하며, 그리고 고마운 자를 모
르며, 모두를 변질시켜서,
37 천 명이면 천 명, 만 명이면 만 명이
지도자마다 가르치는 것이 다르며 설
교하는 것이 다르며 전하는 것이 다
다름이니,
38 이 세상이 이와 같이 사악한 세상으로
무너질 수밖에 없지 않더냐?
39 너희들이 그리 가르치면서 그것이 최
고요, 그것만이 구원을 받는 길이라
하여 거기서 꿀을 빨아 먹은 백성들,
40 절대 등 돌리지 않으며 돌아서지 않으
며 새로운 것을 보려 하지 않으며 새
역사를 이루려 하지 못하는 것이 너희
들이니,
41 이 세상은 썩어져 가며 더 썩어지고
무너져 가며 더 무너지는 그와 같은
형국이 되어 있음이니라.
42 그러니 내가 이를 더 이상 볼 수가 없
어 재앙으로 너희들을 다스려야 하는
것이니라.
43 그러나 내가 너희들을 재앙으로 다스
리기 전에 너희들에게 다시 한 번 기
회를 줌이니, 이는 곧 새로운 성경을
내려보냄이니라.
44 그리하여 나의 새로운 성경을 세상에
내려보내 이를 보고 읽고 깨우친 나의
아들을 따르는 제자들로 하여금 너희
들을 구원하고자 이 역사를 함이니,
이것이 내가 너희들에게 내리는 마지
막 은혜요, 축복이라는 것을 알라.
45 그러니 너희들이 또 이와 같은 나의
뜻을 저버리고 내 뜻을 거역하는 행동
을 할 것인가?
46 그렇다면 이제 마지막 시대에 너희들
에게 또 구약과 신약의 새 지침서를
내려보냈거늘,
47 그를 거역하며 그를 너희 마음대로 교
리로 만들어 이리 쓰고 저리 쓰는 그
와 같은 형태로써 또다시 갈 것인가?
48 그렇다면 그 답은 너희들에게 달렸음
을 알라.
49 그 답의 결과는 너희들이 상상할 수
없는 그 모두가 너희들을 기다리고 있
음을 알라 그리 전하라.
50 너희들은 알지 못할 것이니라, 그 답
이 얼마나 무서운 것인가를.

11,911 번째 하나님 말씀

2004년 6월 30일 16시 50분

1 사랑하는 나의 아들아!
2 "네, 아버님! 말씀하옵소서."
3 너를 따르는 제자들이요, 그리고 나의
새로운 성경을 읽고 깨우친 백성 너희
들이 나의 아들을 따르며 이를 읽고
깨우치기까지 어렵고 힘들고 얼마나
고통스러운 길이었느냐?
4 모두를 다 내가 주었으며 내가 모두를
다 역사하였으나, 그를 받아들이고 이

해하지 못하는 백성들이 세상에 존재
하는 이와 같은 현실에서,
5 너희들이 내 뜻을 받아들이며 내가 새
로 내리는 성경을 받아들여 새로운 역
사를 이루고자 함이니, 그것이 얼마나
가상하며 큰 은혜요, 축복인 줄 알겠
느냐?
6 그리하여 너희들의 고통이요, 그 시련
을 보는 내 마음이 아프다 함이니 그
리 알라.
7 사랑하는 나의 아들딸들아!
8 너희들이 어렵게 결심하고 어렵게 깨
달아 나의 새로운 성경을 가슴에 안고
정독하며, 그리고 나의 아들을 통하여
내리는 강론을 들음이니,
9 이곳에 와 열매를 맺지 못하고 여기서
등 돌리고 떠나는 그 백성이 얼마나
불행하며 얼마나 잘못된 백성인 줄 알
겠느냐?
10 사랑하는 나의 아들딸들아, 그리고 나
의 새로운 성경을 읽고 깨우친 만백성
너희들은 들으라.
11 나의 새로운 성경을 저버리고 이를 버
리고 나서는 너희들이 하늘에 오르는
내가 추수할 수 있는 그 열매를 맺는
그 결실을 할 수 없다는 것, 다른 곳에
서 결코 그 열매를 맺을 수 없다는 그
무서운 사실을 알라.
12 나 여호와가 너희들에게 뭐라 말하였
느냐?
13 성서에 기록하여 전하지 아니하였던
가?
14 부분적인 것이 와 세상을 다스림이니,
새로운 완벽한 것이 왔을 때, 부분적
인 것은 다 없어진다 성경에 기록해
전했음이니, 성서가 완벽한 것이 아니
라는 것은 어린아이도 알지 않겠느냐?
15 너희들이 성경을 한 번 읽어 보라.
16 성경에 기록하여 전하기를, 부분적인
것이요, 은사요, 방언이요, 치료의 은
사요, 작고 큰 모든 것을 역사하는 것
은,
17 완벽한 것, 완전한 것이 세상에 내려
왔을 때, 그 모두는 폐하게 되며, 그를
따라 역사해야 된다 기록하였지 않았
더냐?
18 그러니 기존의 성경은 이미 내려왔으
니, 그 성경이 아닌 것은 너희들이 알
지 않느냐?
19 그러면 신약이요, 구약의 성서가 완전
한 것으로써 내려와 너희들을 구원하
는 그 역사가 아니요, 반드시 다음에
완전한 것이 온다 성서에 기록했으면,
20 지금 내가 나의 아들을 통하여 너희들
에게 가르치듯이 성서는, 구약은 출발
이요, 신약은 중간 주자로서 지금까지
엮어 가는 그 임무가 구분됐다는 그
의미가 아니더냐?
21 이와 같은 이치는 어린아이도 알 수
있으며, 성서를 한 줄이라도 읽어 본
사람은 모두 다 알 수 있을 것이니라.
22 그러나 그것을 모르는 것은 오늘의 광
신도들이요, 믿음이요, 구원의 중병에
걸린 환자들만이 그를 보지 못함이니
라.
23 내가 너희들에게 명했으니, 성서를 한
번 읽어 보도록 그리하라.
24 완전한 것이 오면 부분적인 모든 것은
다 폐한다 하였음이니, 성경에 그리
전하였느니라.

25 그러니 완벽한 것이 오며 새로운 완벽
한 것이 온다는 그 뜻이 아니더냐?
26 그러니 그 모두가 예언서이며, 새로운
성경이 내려오는 것을 예언한 것이며,
27 나의 아들이 세상에 내려와 나의 뜻을
받아 160권의 새로운 성경을 세상에
만듦이니, 완벽한 것이 내려온다는
것, 새로운 것이 내려온다는 의미가
거기 있음이니, 너희들은 그를 보고
깨우치고 판단하도록 하라.
28 그와 같은 이치를 깨우쳐 주며 성경의
비밀을 내가 너희들에게 깨우쳐 주거
늘, 이것을 사탄이요, 마귀의 장난이
라 너희들이 그리하며, 이를 받아들이
지 아니하고,
29 신약을 들고 또 그것이 구원의 길이
요, 하늘에 오르는 길이라 하며, 이것
을 욕되게 하는 자, 이걸 잘못되었다
하는 자, 저주하며 세상에 존재하지
못하도록 하여, 그들에게 핍박을 하며
공격하는 그와 같은 어리석은 행위를
하지 말도록 그리하라.
30 사랑하는 나의 아들딸들아! 나는 너
희들에게 명하여 전함이니, 너희들이
살다 나에게 와 심판대에 설 때 오늘
의 뜻을 알 것이니라.
31 너희들이 이곳을 떠나 나의 새로운 성
경을 떠나서는, 새로운 길이요 가을의
추수 때 거둬들이는 알곡식처럼 내가
너희들을 추수할 수 없다는 것을 알라.
32 내가 추수하는 알곡식이 너희들은 절
대 되지 못함이니, 이 새로운 성경을
버려두고는 아니 됨이니,
33 이를 접했다가 버리는 백성들이 얼마
나 어리석고 불쌍한 백성들이란 말이
더냐?
34 여기를 떠나서 너희들이 결실을 맺을
거라 생각하지 말라.
35 그는 너희들이 그 순간에 무너지며 영
원히 기회를 놓침이니라.
36 사랑하는 나의 아들딸들아! 나의 뜻
이요, 나의 새로운 성경이 직접 내려
가는 이곳에서, 그리고 나의 모두를
내가 기록하여 전하는 새로운 성경으
로써 너희들이 구원의 열매를 맺을 수
있으며,
37 그렇지 아니하다면 너희들은 절대 어
느 곳에서도 맺을 수 없다는 것을 알
라.
38 너희는 어째서 새로운 열매를 맺을 수
있는 이곳을 저버리며, 이곳을 사탄이
요, 마귀의 소굴이라 하며, 너희들이
이룰 수 없는 다른 곳으로 찾아가는가?
39 그곳에서 너희들이 사탄의 열매는 영
글 수 있으나, 나 여호와가 거둬들이
는 추수의 알곡식은 절대 맺어질 수
없다는 것을 그들에게 전하며,
40 떠나려는 생각을 하지 말며 떠나는 자
는 불행한 자라는 것을 깨우쳐 주라.
41 그래도 떠나는 자, 그래도 가는 자, 누
가 말리겠느냐, 사랑하는 나의 아들아!

11,912 번째 하나님 말씀

2004년 6월 30일 16시 58분

1 사랑하는 나의 아들아!
2 "네, 아버님! 말씀하옵소서."
3 울지 말며 불안해하지 말며 당황하지
말라.
4 내가 하나의 나약한 겨자씨를 세상에

내려보냈으니, 그가 성장하는 모습을 바라보는 나 여호와의 마음이 어떠하겠느냐?

5 인간 세상에서 부모가 자식을 낳아 그 자식이 성장하기를 바라는 부모의 마음보다도 나 여호와의 마음이 더 아프고 저려 옴을 너는 알아야 될 것이니라.

6 "아버님! 저희들은 정녕 어찌하여야 하오리까?

7 아버님! 저와 저의 제자들이 아버님이 내리시는 새로운 성경을 읽고, 내리시는 그 말씀을 듣고 깨우치고자 공부하는 저희들이 얼마나 어리석고 잘못 가며 깨우치지 못하는 것인지,

8 저와 모든 제자들의 마음이 불안하며 그 고통스러움을 어찌할지를 모르겠사옵나이다.

9 아버님! 저희들이 잘못되고 잘못 가고 있는 것을 알고 있사옵나이다.

10 차라리 아버님께서 무서운 벌로써 지금 다스려 주옵소서.

11 그리하여 아버님의 그 무서운 고통과 시련 속에서 거듭날 수 있는 것, 그 속에서도 등 돌리지 아니하며 배신하지 아니하며, 2천 년 전 아버님이 사랑했던 아드님 예수를 팔고 배신했던 그 모든 제자들과 같은 저희들이 되지 않도록, 지금서부터 저희들에게 무서운 벌로써 다스려 주옵소서.

12 거기에서 견디고 이기는 자, 모두를 역사할 것이요, 저희들이 갈 수 없다면 차라리 지금 저희들이 모두 떠나며 벌을 받을 수 있도록, 그와 같은 아버님의 엄하고 무서운 벌로써 다스려 주옵소서.

13 저희들이 아직도 깨닫지 못하며 바로 가지 못하는 것은 아버님의 무서운 벌이 없기 때문이라 생각되옵나이다.

14 오로지 아버님께서 내리시는 가혹한 그 벌만이 저희들이 다시 날 수 있으며, 견디고 또 싸워 이길 수 있는 그와 같은 훈련이 될 것이라 그리 생각되옵나이다.

15 저희들은 지금 너무 안일하옵나이다.

16 저희들은 아직 방향을 잡지 못하고 있사옵나이다.

17 저희들은 결심을 하지 못하고 있사옵나이다.

18 아버님! 어떠한 고통과 시련이 있다 해도, 자유로움이 보장되는 육이 존재하는 이 세상에서 저희들이 모든 죄를 치를 수 있으며 그 대가를 모두 받을 수 있도록, 저희들에게 이 세상에서 고통으로써 시련으로써 모두를 다 내려 주옵소서.

19 그리하여 저희들에게 견딜 수 있는 인내와 힘을 주옵소서.

20 저희들이 죄에 대한 대가를 치를 수 있도록 저희들에게 벌을 내려 주옵소서.

21 그렇지 아니하며 아버님께서 사랑으로 다스려 주시며 인자한 마음으로써 저희들을 보살펴 주시오나,

22 저희들이 아버님의 뜻을 따르지 못하며, 하늘을 향하여 한 점의 부끄럼이 없는 삶을 살지 못하며,

23 오늘도 흔들리며 내일도 흔들리며, 오늘도 거짓된 짓을 하며 내일도 거짓된 짓을 하며,

24 알게 모르게 지금도 죄를 짓고 살아
가는 것이 저와 저의 제자들의 똑같
은 마음이옵나이다.
25 일을 저질러 놓고 회개하며, 일을 저
질러 놓고 뉘우치며, 일을 저질러 놓
고 뼈를 깎는 그와 같은 고통 속에서
살아가나,
26 내일은 또다시 그 길을 가는 이 어리
석고 불쌍한 백성들에게,
27 아버님, 견딜 수 없는 고통이요, 견딜
수 없는 시련으로써 저희들에게 그를
내려 벌로써 다스려 주옵소서.
28 저희들이 만백성을 이끌어 가는 지도
자로서 바로 설 수 없으며 저희들은
결코 가지도 못할 것 같사옵나이다.
29 아버님께서 목숨을 잃는 것 같은 고통
과 시련의 벌로써 저희들을 다스려
주옵소서.
30 그리하여 저희들이 고통과 시련 속에
서 죄 사함을 받을 수 있으며 거듭날
수 있으며, 죄가 얼마나 무서운 것인
가를 저희들이 육의 세상에서 느낄 수
있도록 그리하여 주옵소서.
31 아버님! 이것이 제가 간곡히 드리는
기도이옵나이다, 아버님께 소원하는
것이옵나이다.
32 어떠한 고통과 시련이 있다 해도 저희
들이 견디고 이길 수 있도록, 그리고
그것으로써 저희들이 지은 죄를 사함
을 받으며 앞으로 저희들이 바로 설
수 있는 그와 같은 고통과 시련으로써
엄히 다스려 주옵소서.
33 그렇지 아니하면 저희들이 거듭날 수
없으며 그렇지 아니하면 바로 설 수
없사옵나이다.
34 아버님! 저희 죄를 용서하여 주옵소
서.
35 저희들이 한 행동에 대한 공적에 따라
아버님께서 상을 내리시는 것을 알고
있사옵나이다.
36 저희들의 모두가 잘하고 잘못하는 것
을 따지기 전에, 저희들에게는 공적은
없사옵나이다.
37 공에 대한 상은 내리지 말아 주시옵시
고, 오로지 저희들의 모두가 잘못하고
잘못된 벌만 내려 주옵소서.
38 그리하여 이 세상에서 모두를 사면받
으며 이 세상에서 거듭날 수 있는 것,
그리고 아버님의 무서운 체벌만이 저
희들이 정신을 차릴 수 있으며,
39 어제 한 일, 내일에 할 일을 구분하는
데 흔들리지 아니하며, 오늘 한 일을
내일 반복하지 아니하며, 내일 한 일
을 모레 또 반복하는 그와 같은 죄를
짓지 않는 저희들로서 거듭날 수 있
사옵나이다.
40 아버님, 저희들의 모든 공적은 없을
것으로 생각하옵나이다.
41 만에 하나 공적이 있다면 그는 다 접
어 두시고,
42 오로지 벌로써 저희들이 목숨을 바쳐
야 하는 그와 같은 고통과 시련으로써
저희들을 깨우쳐 주시며, 고통으로써
다스려 주어,
43 저희들이 하늘의 뜻이 무엇이며, 죄를
짓는 그 고통이 무엇이며 그 대가가
무엇인가를 알도록, 그리 저희들에게
체벌을 내리어 역사할 수 있도록 하여
주옵소서.
44 아버님! 제가 간곡히 드리는 기도이

옵나이다."

11,913 번째 하나님 말씀

2004년 6월 30일 17시 03분

1 사랑하는 나의 아들아!
2 "네, 아버님! 말씀하옵소서."
3 사랑하는 나의 아들아! 네 소원이 정녕 그러하던가, 그리고 너희들이 그와 같은 것으로써만 역사할 수 있는가?
4 과연 그 길이 아니면 너희들이 나의 뜻대로 역사할 수 없단 말이더냐?
5 사랑하는 나의 아들아! 내가 너희들에게 무서운 체벌을 내릴 것이며 내가 너희들을 벌로 다스릴 것이니,
6 너는 지금 내가 너희들에게 명하는 나의 체벌을 꼭 지키고 행하도록 그리하라.
7 그렇지 아니하면 너희들이 나를 기만하는 것이요, 나를 욕되게 함이니라.
8 네가 네 입으로 말하기를, 너와 너의 제자들이 목숨을 바치는 그와 같은 고통과 시련을 내리면 그것으로써 너희들이 모두를 지키고 행하는 삶을 살겠다 했느니라.
9 내가 내리는 벌이 아니면 너희들이 거듭날 수 없다 하였음이니, 내가 너희들에게 그와 같은 것을 행하여 줄 것이니라.
10 사랑하는 나의 아들아! 내가 너에게 전하는 이 체벌을 너는 기록하여 너의 제자들에게 꼭 전하라.
11 너희들에게 내가 내리는 체벌이니라.
12 너희들 자신의 마음을 비우며 내가 너희들에게 내린 그 가훈처럼 하늘을 향하여 한 점의 부끄럼이 없는 삶을 살라.
13 그것이 내가 너희들에게 내리는 체벌이니라.
14 어떠한 것보다 무서운 체벌이요, 이 두려운 벌을 너희들은 지키고 행하도록 그리하라.
15 다시 한 번 내가 너에게 전하니, 너희들은 존재하지 않는 자요, 마음과 모두를 다 비워 하늘을 향하여 한 점의 부끄럼이 없는 삶을 살라.
16 그것이 내가 너희들에게 내리는 체벌이며, 너희들은 이를 지키겠다 하지 않았느냐?
17 너희들은 이를 꼭 지키고 살아가는 그와 같은 제자들이 되라.
18 너희들이 그대로 이를 행하지 아니할 때 너희들은 나를 기만하는 것이요, 그 대가를 치러야 된다는 걸 절대 잊지 말라.
19 이게 내가 너희들에게 내리는 체벌이며 벌이니라.
20 목숨을 다하여 지키라, 그러면 너희가 살아서 그 대가를 모두 치르는 것이니라.
21 너희들이 자유로운 이 육의 세상에서, 생각하고 판단할 수 있는 지혜가 있는 이 세상에서 너희들이 나에게 체벌을 내려 지난 죄를 용서받으며, 앞으로 바른 삶이요, 한 점의 부끄럼이 없는 천사 같은 삶을 살 수 있도록 엄한 고통이요, 체벌을 내려 달라 하지 않았느냐?
22 내가 너희들에게 어떠한 체벌을 내린들 너희들이 어찌 서겠느냐?

23 체험하지 아니하고 가 보지 아니한 자
에게 아무리 설명하라 하며 아무리 달
구고 매로 다스려도 설명할 수 없는
것이 가 보지 아니하고 보지 아니한
자이니,
24 그가 고통에 시달려 한다면 그는 거짓
된 것이요, 제 머리로써 꾸며 대는 말
이 아니더냐?
25 그러니 나는 너희들에게 그와 같은 나
의 아들딸을 원하지 아니함이니라.
26 그러니 너희들은 지키라 내가 너에게
명하는 것이니, 하늘을 향하여 한 점
의 부끄럼이 없는 삶을 살라, 그것이
내가 너희들에게 내리는 체벌이니라,
사랑하는 나의 아들아!
27 목숨을 바치고 충성을 다하여 모두를
다 바쳐 그를 지키라.
28 너의 제자들에게 그리 전하라.
29 너희들이 한번 지키면 그 모두는 역사
할 수 있느니라.
30 너희들의 말에 그렇지 않더냐?
31 '콩 심은 데 콩 나며 팥 심은 데 팥 난
다.'는 엄연한 사실을 알지 않더냐?
32 오늘에 너희들이 콩을 심으면 콩이 날
것이니라.
33 오늘에 너희들이 하늘을 향하여 한 점
의 부끄럼이 없는 선을 심으면 내일에
또한 선을 심을 것이며 선의 싹이 틀
것이니,
34 너희들은 목숨을 다하고 충성을 다하
여 나 여호와에게 그것으로써 벌을
받는다 생각하며,
35 나에게 받은 모든 은혜에 보답하는 그
길은 하늘을 향하여 부끄럼이 없는 삶
을 사는 것이라 명하니, 그리 살라 너
는 전하라.

11,914 번째 하나님 말씀

2004년 6월 30일 17시 07분

1 사랑하는 나의 아들아!
2 "네, 아버님! 말씀하옵소서."
3 어리석은 자가 뭐라 하였느냐?
4 토굴에 가 도를 닦으며, 산속에 가서
도를 닦으며, 인적 없는 곳에서 도를
닦으며, 인간 세상의 백성들과 접하지
아니하고 도를 닦는다 함이니라.
5 그것이 도를 닦는 것이요, 깨달음을
얻는 것이요, 하늘의 지혜를 얻는 것
이라 하더냐?
6 보지 아니하고 듣지 아니하니, 너희들
의 귀가 깨끗하며 눈이 깨끗하며 마음
은 깨끗할 수 있으나,
7 너희들이 인간 세상에서 부닥쳤을 때,
그 속에 잠재해 있던 마음이 불꽃처럼
일어날 것이며, 화약보다도 더 무섭게
폭발하는 그와 같은 결과를 가져올 것
이니,
8 깊은 산 속에서 도를 닦으며 혼자서
역사하는 그와 같은 행위로써 나에게
오를 수 없으며 하늘의 지혜를 얻을
수 없다는 것을 알라.
9 이 세상에서 부닥치고 부닥치는 속에
서 너희들을 달구고 또 달구어, 깎아
낼 데 깎아 내고 씻어 낼 데 씻어 내는
그와 같은 노고 없이는 아무것도 이루
어질 수 없음이니라.
10 그와 같은 속에서 이루어지는 것, 그
속에서 역사하는 것이 진정한 깨달음
이요, 진정한 하늘의 뜻이요, 지혜를

얻음이니라.
11 도를 닦으며 또 성현이요, 또 무슨 경
지에 오른다 하여 혼자 그저 괴나리
봇짐 짊어지고 산속에 들어가 수련을
하나, 그것이 다 부질없는 것이요,
12 그리하여 하늘의 지혜가 열리고 하늘
의 뜻이 열린다면 누군들 못 하겠느
냐?
13 그와 같은 것으로 역사하는 것이 하
늘의 뜻이 아니니라 그리 가르치라.
14 사랑하는 나의 아들아!
15 내가 너에게 벌을 내렸음이니, 하늘을
향하여 한 점의 부끄럼이 없는 삶을
사는 것을, 너희들이 산속에 가서 인
간과 접하지 않는 곳에 간다면 누군들
못 가겠느냐?
16 그러니 깨달음은 언제 전하며 그 깨달
음을 얻는 것은 무엇이더냐?
17 혼자 편안히 먹고살면서 세상의 이치
를 깨달았다는 자, 그는 아니 됨이니
라.
18 온상의 꽃과 같아서 세상에 나와 햇볕
에 견디지 못하며 바람에 견디지 못하
느니라.
19 산속에 피어 있는 한 송이 국화꽃은
바람에 견디며 태양에 견디고 살아가
나,
20 온상에서 큰 꽃이 스스로 양분을 빨아
들일 수 있는 능력과 힘이 없이 자랐
다면, 과연 암반이요, 깊은 산골에서
스스로 견딜 수 있겠는가?
21 꺾이고 쓰러질 것이니라.
22 그러니 바로 그와 같이 도를 닦는다는
자는 온상에서 피는 꽃과 같음이니,
그와 같은 형국으로써는 깨달을 수가
없으며, 그와 같은 곳에 진정한 향기
가 없으며 꽃의 의미를 역사할 수 없
음이니라.
23 자연 속에 핀 꽃에 벌 나비가 날아들
며, 그 향기가 동식물이 다 그를 느낄
수 있도록 더불어 살아가는 것이 너희
들의 삶이니,
24 세속에서 모두를 깨우치고 역사하는
그와 같은 속에서 거듭나는 삶의 길을
찾도록 하라.
25 나의 아들과 너희들은 만백성을 가르
치며 듣고 또 들으며 그리고 또 가르
치고 가르치는 그와 같은 생활 속에서
하나하나 잘못된 악습을 버리며,
26 너희 탓으로 마음을 다스리며 네 성격
을 다스려 거듭나는 그와 같은 위대한
삶을 얻도록 그리하라.
27 그렇지 아니하면 진리도 아니며 깨달
음도 아니요, 나 여호와의 뜻에 의해
역사하는 것도 아니라는 것을 알라.

11,915 번째 하나님 말씀

2004년 6월 30일 17시 13분

1 사랑하는 나의 아들아!
2 "네, 아버님! 말씀하옵소서."
3 너희들이 사랑을 베풀며 사랑을 실천
하고 살며 나 여호와의 사랑의 본체가
무엇이더냐?
4 너희들이 인간 세상에 살면서 정의로
운 것만 가지고 세상을 살 수 없지 않
더냐?
5 정의로우며 거기에 인자함이 있으며
너그러움이 있어야 되지 않더냐?
6 정의로움과 인자함이요, 너그러움이

모두 합쳐진 것이 바로 사랑이 아니더
냐?
7 그 사랑의 본체에서 정의로움과 선함
이 모두 존재하는 것이니라.
8 그러니 너희들에게 사랑하는 마음으
로 베풀고 살라는 것이 나 여호와의
뜻이니라.
9 그리고 나의 피조물 만백성, 나의 아
들을 따르는 선택된 너희들은 정녕 정
의로운 삶이요, 선한 삶이요, 인자하
고 부드러운 삶으로 모두 살아가야 될
것이니라.
10 사랑이라는 그 속에 그 모두가 들어
있지 않더냐?
11 그러니 사랑 안에 정의로움과 부드러
움과 선함과 인자함이 모두 거기서 같
이하면서 그 사랑의 열매가 맺어지게
되는 것이니라.
12 사랑하는 나의 아들딸들아! 이와 같
은 이치를 너희들이 안다면 그와 같은
마음으로 살아가도록 그리하라.
13 그리하여 너희들이 인간 세상에 대화
하며 역사하는 것을 모두 대화요, 말
로써 풀어 가라 하지 아니하였더냐?
14 그것이 너희들이 나에게 오를 수 있는
길이라는 것을 절대 잊지 말라, 사랑
하는 나의 아들딸들아!

11,916 번째 하나님 말씀

2004년 6월 30일 20시 40분

1 사랑하는 나의 아들아!
2 **"네, 아버님! 말씀하옵소서."**
3 나의 피조물 만백성 너희들이 살아감
이니, 너희들이 무슨 명의요, 재산이
요, 재물이요, 모든 것이 네 손에 있을
때, 그리고 네 이름으로 있을 때, 그것
이 지워지며 네 손에서 떨어질 때 그
모두를 잃는 것이며 그것이 남의 것이
된다 그리하느니라.
4 그리고 너희들이 살던 집이요, 그 재
산이요, 재물이요, 운영하는 모든 기
업이 다 실패하여 남의 이름으로 넘겨
짐이니,
5 그것이 너희들은 다 잃는 것이요, 다
버린 것이요, 네 것이 아니라 그리 생
각하느니라.
6 그러니 나의 아들을 따르는 제자 너희
들도 그리 생각하는가?
7 너희가 살던 집이요, 너희가 운영하던
모든 점포요, 너희가 소유하고 있는
그 모두가 너희가 잘못 관리하여 그것
을 남의 명의로 넘겨주며 남의 것으로
넘겨주고 길거리로 나앉는다 하여,
8 너희가 거지가 되었으며, 너희가 모두
를 다 잃은 것이며, 알거지가 되었다
너희들이 그리 생각하는가?
9 너희들이 그와 같은 마음을 가지고 어
찌하여 나의 아들딸이요, 나에게 선택
된 백성이라 그리하느냐?
10 이 세상의 그 모든 것은 누구 것이라
하였느냐?
11 나 여호와의 것이라 하였음이니라.
12 그러니 나의 아들을 따르는 제자 너희
들은 네 것이 남에게 넘어가며 남의
이름으로 간다 해도, 그것이 네 손에
있다가 다만 옮겨지는 것뿐이지,
13 그것이 다 너희들 것이요, 네 것이라
생각하는 마음을 어찌하여 그리 갖지
못한단 말이더냐?

14 세상의 모두는 나 여호와가 존재하게
하지 아니한 것이 없으며, 내 것이 아
닌 것이 없으며 너희들이 모두 다 관
리한다 하였음이니라.
15 관리하는 사람이 옮겨진다 하여 너희
들이 그 모두를 잃었다, 빼겼다 그리
생각하는가?
16 그 모두가 너희 것이요, 너희 것이라
그리 생각하면 다 그리되는 것을, 너
희들은 그와 같은 경지요, 그와 같은
마음 자세로써 봐야 될 것이니라.
17 그렇지 아니하면 지금 구원을 받기 위
하여 울고불고하는 그 백성이요, 모든
백성들과 너희들이 다른 점이 무엇이
며 차이가 무엇이더냐?
18 너희들은 하늘의 백성이요, 하늘의 선
생이요, 나의 명을 받은 지도자니, 네
것을 남들이 가져간다 해서 네가 빼기
는 것이 아니요, 보관시키는 것이요,
19 그가 가지고 있는 것이나 네가 가지고
있는 것이나 네 것이라 생각하는 마음
자세로 너희들이 깨달음을 갖고 그리
생각하고 살아야 될 것이거늘,
20 '이것은 내 것이요, 이것은 네 것이요.'
따진다면 육의 한계가 아니더냐?
21 이것이 바로 너희들이 잘못된 것이요,
깨달음이 없는 것이니라, 사랑하는 나
의 아들딸들아!
22 돌고 돌아서 움직이는 것, 이 세상에
서 내 품에서 떠나며 내 손에서 떠나
는 것이라면 너희들이 잃는 것이라 그
리 말할 수 있음이니라.
23 그러나 나의 아들딸들은 똑같은 형제
라 하지 않았더냐?
24 그러니 너희 형제가 누가 가지고 있든
그것을 너희들이 어찌하여 잃었다 생
각하느냐?
25 내 손에서 모두를 놓는 것이며 내 손
에서 빼겨지는 것이며, 사탄에게 가져
가는 것이요, 그것이 없어지는 것이
요, 불에 태워지는 것이라면, 그는 너
희들이 섭섭해도 될 것이며 잃었다 생
각해도 되나,
26 너희 아버지가 가지고 있으며 너희 형
제들이 가지고 있음이니, 네 재산으로
네 점포로 네 이름으로 가지고 있지
않으면 무엇이 어떠하더냐?
27 이와 같은 이치요, 이와 같은 경지의
깨달음의 마음 자세로 스스로 가야 되
거늘,
28 아직도 너희들이 깨닫지 못하며 가지
못하기에 내가 나의 아들을 통하여 너
희들에게 이 지혜를 깨우쳐 줌이니,
이 의미를 깊이 깨우쳐 주도록 그리하
라.
29 무엇을 잃는 것이 어디 있으며 취하는
것이 어디 있느냐?
30 사랑하는 나의 아들을 따르는 제자 너
희들은 잃고 얻는 것이 무엇인 줄 알
겠느냐?
31 나로부터 구원을 받는 것, 구원을 받
지 못하는 것, 그것만이 너희들이 잃
고 얻는 것이지,
32 그 이상의 아무것도 잃고 얻는 것이
없음이니, 그와 같은 마음 자세로 살
라.
33 그렇지 않으면 너희들이 나의 아들에
게 실망을 할 것이며, 나의 새로운 성
경에 실망을 할 것이며, 너희들의 이
웃 형제에게 실망을 할 것이니라.

34 놓을 수 있고 버리고 남에게 준다 하
여 남이 갖는다 하여 그것이 남의 것
이라 그리 생각하지 말라.
35 내 아버지 품 안에 있으며 하시라도
너희들에게 올 수 있으며 너희 형제가
보관하고 있다는 간단한 마음이요, 편
안한 마음으로 세상의 재물을 어찌 보
지 못하느냐?
36 백 년도 못 되는 삶에 너희들이 쌓아
놓으면 무엇을 얼마나 쌓아 놓으며,
가지면 너희들이 얼마나 가지며, 그를
쓰고 먹으면 과연 얼마나 쓰고 먹느냐?
37 너희들이 입에 풀칠하지 못하며 잠잘
데가 과연 없겠느냐?
38 너희들이 편안하고자, 더 큰 것을 갖
고자 하는 것이 다 욕심이며 부질없는
것이니, 깨달은 백성이 하나도 없으며
다른 백성들보다 더 경지에 오른 자가
없음이니,
39 이와 같은 가르침과 깨달음을 깊이 깨
우쳐, 너희들의 삶에 마음 자세를 고
쳐 거듭나도록 그리하라.
40 그래야만 너희들이 나의 선택된 백성
이요, 하늘의 선생이요, 많은 백성을
지도하는 전사요, 나의 아들과 더불어
가는 백성들이니 그리 알라 전하라.

2004년 7월

11,917 번째 하나님 말씀

2004년 7월 1일 05시 58분

1 사랑하는 나의 아들아!
2 "네, 아버님! 말씀하옵소서."
3 사람이 살아가면서 모래 위에 성을 지
으며 모래 위에 집을 짓는 그와 같은
삶을 산다면, 평생을 살아도 너희들에
게 무엇 하나 이루어지는 게 있겠느냐?
4 아무것도 이루어지는 것이 없음이니
라.
5 그러니 반석 위에 집을 짓는 자가 그
곳에서 무엇인가를 역사하고 이룰 수
있는 것이 아니더냐?
6 오늘의 믿음의 길을 가는 모든 백성이
요, 종교 집단의 지도자 너희들이 지
금 어떠한 형국인 줄 알겠느냐?
7 그들이 모두 다 모래 위에 성을 짓는
것이요, 모래 위에 궁궐을 짓는 그와
같은 형국을 하고 있음을 너희들은 알
아야 될 것이니라.
8 아무것도 이루어지는 것이 없으며 아
무것도 역사할 수 없는 것, 그와 같은
곳에 집을 짓는다 하여 평생 죽을 때
까지 거기에 집을 짓고 또 집을 짓는
그와 같은 어리석은 행위를 함이니,
9 그는 잘못된 종교 집단의 지도자의 세
치 혓바닥에 의하여, 사랑하는 나의
백성들이 모래 위에 성을 짓는 것을

모르고,
10 성이 지어지고 궁궐이 이루어질 것 같
은 허황된 속에서 너희들이 갖다 바치
고 또 갖다 바치고 붙이고 또 붙이고
쌓고 또 쌓으나,
11 그는 비바람에 무너지며 파도에 무너
지며, 거기에는 결코 너희들이 이룰
수 없는 성을 이룬다 하는 것이 오늘
의 종교 집단, 믿음의 길을 가는 모든
백성 너희들이니라.
12 이는 나 여호와의 뜻이 아니요, 참진
리가 아닌 길을 가기 때문이니라.
13 그러니 그와 같은 믿음에서 너희들이
이제는 깨어날 때가 되지 않았느냐?
14 반석 위에 무엇을 지어야 벽돌 하나라
도 남아 있으며, 너희들이 짓는 그림
을 역사할 수 있음이니라.
15 그 터를 닦고 기반을 닦기가 힘들고
어렵다 해도, 그래도 그 위에 지어야
만 될 것이니라.
16 그러니 지금 나의 아들을 따르는 백성
이요, 선택된 너희들은 반석 위에 집
을 짓는 백성들이요, 모래 위에 짓는
백성이 아니니라.
17 그것이 너희들과 그들과의 차이이니
라.
18 저희들이 지금 아무리 모래 위에 쌓는
다 하여 높이 쌓아 놓고 쌓아 놓았다
하여도, 그 기반은 결국 흔들리며 그
는 무너지게 되어 있음이니라.
19 그러나 아무리 늦는다 해도 너희들은
하나하나 쌓을 때마다 쌓는 만큼 남는
것이요, 무너짐이 없는 것이니라.
20 참진리의 길을 가는 것, 하늘의 뜻에
의해 역사하는 것은 하루가 지나면 하
나가 쌓이고, 또 하루가 지나면 둘이
쌓이며, 이와 같이 쌓이는 것이요, 이
는 곧 깨달음을 얻게 됨이니라.
21 그리하여 하늘의 지혜를 얻으며 내 뜻
을 알 수 있는 것이 너희들이요,
22 지금 너희들이 모든 종교 집단의 그
어리석음에서 깨어나도록 하고자 내
가 예를 들어 너희들에게 이리 깨우쳐
주고 전함이니, 모든 백성들은 거듭나
는 삶을 살라.
23 오늘의 이와 같은 삶으로써 너희들은
아무것도 역사할 수 없으며 이룰 수
없다는 것을 알라 전하라.
24 내가 모래성을 비유하여 너희들에게
지금 전함이니, 그래도 너희들이 깨닫
지 못한다면 어찌하겠는가?
25 아무리 모래 위에 쌓고 쌓아도 아무것
도 세울 수 없으며 그는 지탱하지 못
함이니, 오늘의 가는 너희들의 믿음
그러한 믿음이요, 그 속에서 허덕이고
있으며, 잘못된 종교 지도자들의 감언
이설에 속아 너희들이 평생을 다 바치
느니라.
26 이것은 너희들이 재물을 바치고 물건
을 바치는 것이 아니요, 너희들이 거
듭날 수 있는 길인지 아닌지, 너희들
의 모두의 영혼을 살리고 죽이는 그
삶의 판단의 길이기에,
27 너희들이 거듭나는 삶을 살 수 있는
것인지 아닌지 거기에 관건이 있는 것
이요, 거기에 달린 일을 역사함이니,
28 너희들이 바로 보고 바로 깨우쳐 하늘
에 오르는 길을 보도록 하며,
29 모래 위에 평생 집을 짓지 말라.
30 아무것도 이루어질 수 없으며 역사할

수 없는 곳에 허덕이지 말고, 반석 위
에 집을 짓는 현명한 백성으로서 거듭
나는 은혜를 얻도록 그리 전하라.

11,918 번째 하나님 말씀

2004년 7월 1일 06시 06분

1 사랑하는 나의 아들아!
2 "네, 아버님! 말씀하옵소서."
3 지금의 모든 종교 집단의 지도자, 그
리고 광분하는 그 신도, 너희들이 몇
천 년 동안 오는 이 믿음이야말로 어
떠한 일을 역사했는가?
4 나 여호와는 너희들의 평화요, 아름다
운 생활, 그리고 행복한 삶을 살아가
는 것을 바라며 그와 같이 살아갈 수
있도록 너희들에게 모두를 다 주었느
니라.
5 그러나 지금의 종교 집단의 지도자,
그 신도들로 하여금 너희들이 인간관
계의 평화를 모두 깨며, 안락한 삶을
무너트리며, 인간의 고통이요, 인간이
해서는 아니 되는 일을 하며,
6 그리고 너희들이 나에게 와 거듭나는
은혜를 입을 수 있는 것을 모두 깨 버
리며 너희들을 짓밟는 원흉이 그들이
니라.
7 그것을 너희들이 모르고 있기에, 지금
이 세상이 이와 같이 험악해 졌으며
사랑과 평화가 없는 형국이 되었느니
라.
8 제 이익과 제 집단의 이익이요, 제 국
가의 이익을 위하여 모두 수단과 방법
을 가리지 아니하고 살아가는 이와 같
은 형국이 되어 버렸으니, 그것이 바
로 무엇인 줄 알겠느냐?
9 저희들이 가는 종교 집단이요, 저희
뜻과 같이 가지 않는 자는 결코 용납
하지 아니하며 정적과 같이 생각하는
그와 같은 백성,
10 그리고 제 것만 들고 그저 어디로 가
는지 모르고 들입다 내뛰는 그와 같은
오늘의 종교 집단이요, 신도들이요,
그 지도자가 세상에 존재하기 때문에
그러니라.
11 너희들은 브레이크라는 제동 장치가
고장 난 기계가 서지 못하며 그저 내
닫는 그와 같은 형국보다도 더 무섭게
앞만 보고 내달리는 백성이 되었음이
니라.
12 그러니 제 앞에 송두리째 저희들을 삼
켜 버리는 지옥의 벼랑으로 떨어지는
줄도 모르며, 그것을 향해 달려가는
것도 모르며,
13 제동 장치가 고장 난 기계처럼 세울
수 없는 속도로써 지금 지옥의 벼랑으
로 달려가고 있다는 것을 너희들이 어
찌 그리도 모른단 말이더냐?
14 너희들이 구원이라는 것, 나에게 오르
겠다는 그 탐욕스러운 욕심 때문에 아
무것도 보지 못하고 브레이크가 고장
난 기계처럼 그저 들입다 내달리고 있
음이니,
15 이 불쌍하고 가련한 백성들을 과연 너
희들이 어찌해야 되겠느냐?
16 너희들은 이를 누가 구원하며, 이를
누가 인도하며, 이를 멈출 수 있다 생
각하느냐?
17 그들은 심판의 결과가 나와 통곡하고
후회하는 그 순간까지 그저 저희들이

가는 길만 앞을 보고 지금 내달리고
있음이니라.
18 저희들이 육의 세상의 삶을 살다 내달
리던 그와 같은 것을 멈췄을 때, 그 순
간에 심판대에 서 있음이니,
19 그 심판대에서는 나 여호와가 너희들
을 모른다 그리 말하니, 기다렸던 사
탄이 너희들을 쇠사슬로 묶어 지옥으
로 이끌어 가는 그 벼랑의 길로 떨어
지는 것이 너희들이라 하지 않았더냐?
20 그와 같은 곳으로 가기 위하여 지금도
너희들이 내달리고 또 달리고 있음을
어찌하여 모른단 말이냐?
21 사랑하는 나의 아들딸들아! 내가 너
희들을 구원하기 위하여 새로운 성경
을 내려보냄이니, 너희들은 이를 읽고
깨우치도록 그리하라.
22 일찍이 이를 접하고 깨닫는 자, 변화
될 수 있으며, 변화되는 삶이란 것이
무엇이더냐?
23 너희들이 인간 세상에서 거듭나는 역
사를 이룸이니라.
24 내가 나의 아들을 통하여 새로운 성경
에 기록하여 전하기를, 육의 세상에서
너희들이 모두를 이루지 아니하면 아
니 된다 하였느니라.
25 너희들이 일단 심판대에 가면 0.1초의
시간도 기회가 없으며 다시 한 번 기
회가 없는 것이 너희들이라 하지 아니
하였더냐?
26 그러니 자유의지대로 행동하고 살아
갈 수 있는 오늘의 이 준비 기간에서
완벽하게 거듭나는 삶을 살지 아니하
면 아니 된다 하였느니라.
27 브레이크가 고장 난 기계가 내달리는
것처럼 그저 죽음의 길을 향하여 내닫
는 그와 같은 삶에서 잠깐 발을 멈추
고 너희들이 주변을 보며, 네가 가고
있는 이 길을 보며, 다른 사람들이 가
고 있는 길을 볼 수 있는 현명한 지혜
를 얻도록 그리하라, 사랑하는 나의
아들딸들아!
28 지옥의 벼랑으로 지금 떨어지고 있으
며 그리 달려가고 있음을 보라.

11,919 번째 하나님 말씀

2004년 7월 1일 06시 11분

1 사랑하는 나의 아들아!
2 "네, 아버님! 말씀하옵소서."
3 브레이크라는 제동 장치가 고장 난 기
계처럼 그저 내달리는 너희들, 그것이
한두 종파가 아니요, 세상에 있는 모
든 종파가 그러하니,
4 과연 이렇게 무섭게 내달리며 앞에 가
는 백성들을 너희들이 구해야 하며 그
를 바로잡아야 된다 함이니, 누구도
그를 믿지 않는 그와 같은 형국이 되
어 있지 않더냐?
5 이와 같이 앞을 보고 내달리는 구제할
수 없는 세상을 놓고 너희들이 구원하
겠다고 대드는 것, 그리고 이들을 구
원하지 아니하면 아니 된다는 것, 이
를 멈추게 하는 것이 나 여호와의 뜻
이요, 하늘의 뜻이기에,
6 어떠한 형태든 그들을 멈추게 하여,
가던 길을 멈추고 다시 새로운 길을
볼 수 있으며 구원의 길을 볼 수 있도
록 그를 막아야 되며 그를 정지시킨다
고 대드는 자,

7 그와 같은 백성 너희들을 보고 지금의
모든 종교 집단이요, 그 백성들이 뭐
라 하느냐?
8 너희들은 불가능한 일에 대드는 어리
석은 백성들이요, 무서운 줄을 모르고
대드는 백성이요,
9 그러니 너희들처럼 어리석고 불쌍하
고 가련한 백성들이 없다 그들이 너희
들을 보고 비웃는다 내가 너에게 그리
하지 않았느냐?
10 그들은 그와 같이 비웃을 것이니라.
11 그 방대한 조직이요, 저희들이 가지고
있는 집단의 능력이요, 그 수를 과연
너희들이 거듭나게 하며 그들을 중단
시키며 그들의 모든 성전이요, 교회의
문을 닫도록 한다는 것을,
12 그들이 얼마나 비웃고 어리석은 백성
이라 그리 말하겠는가?
13 감히 사탄이 세상에 나와 저희들을 공
격하는 자들이다 그리 말할 것이니라.
14 그러니 너희들은 알라.
15 그와 같은 자들은 나 여호와의 존재함
을 믿으며 내가 역사하는 믿음을 모르
는 자들이니라.
16 내가 너희들에게 내린 그 십계명 또한
어찌 평가하고 판단하느냐?
17 인간은 나약하기 때문에 그대로 지키
고 살 수 없으며, 나의 율법대로 살 수
없으며, 내가 내린 새로운 성경대로
너희들이 살 수 없다 그리 말하느니라.
18 과연 내가 너희에게 지키지 못할 것을
내렸겠느냐?
19 너희들이 전지전능한 아버지라 하면
서 내가 지키지 못할 것을 내렸다면,
가장 어리석고 미련한 자를 너희들이
아버지라 그리 취급하며 나를 욕되게
하는 행위라 하지 아니하였더냐?
20 내가 이 모두를 중단시키며 이를 바로
잡을 수 있다 함이니, 나 여호와가 이
루지 못할 말을 하며 내가 이루지 못
할 일을 시작했다고 너희들이 생각하
는가?
21 그러니 믿음의 길을 가는 자들의 자세
가 잘못되었으며,
22 그들이 나를 전지전능한 아버지라 말
하는 것은, 혹시나 저희들이 소원하는
것, 원하는 것, 그리고 갈구하는 것이
얻어질까 하여 나의 비위를 맞추기 위
한 아부하는 말이요,
23 모든 종교 집단의 지도자가 하는 말은
나에게 아부하는 것이요, 나의 면전에
서 나를 욕되게 하는 짓이니라.
24 그러니 울고불고하는 것이 다 나를 욕
되게 하는 것이요,
25 정녕 변화되는 삶을 살면서 전지전능
한 아버지라 하는 너희들만이 내 뜻을
아는 자요, 나를 경배하는 자요,
26 그들은 다 무엇인가를 얻기 위하여 나
를 기만하는 가증스러운 백성들의 행
위라는 것을 알라.
27 너희들이 분석해 보고 또 분석해 보라.
28 그리고 오늘의 믿음의 길을 가는 백성
들의 기도하는 소리를 들어 보라.
29 그리고 행동하는 것을 너희들이 두 눈
을 똑바로 뜨고 한번 들여다보라.
30 과연 그들이 나에게 가증스러운 행위
를 하지 않는가?
31 나 여호와가 이루지 못할 것을 지시했
다고 생각하는 것, 그리고 역사한다고
내가 대든다 그리 말하는 자이니라.

32 그러니 그것을 너희들이 알 날이 머지
않았을 것이니 그리 알라.
33 이것이 바로 나의 아들을 따르는 제자
들이 살아가는 삶과, 지금의 모든 종
교 집단의 지도자들이요, 광분하는 신
도들이 살아가는 삶과의 그 차이점이
며 너희들이 넘을 수 없는 한계라는
것을 알라.
34 하나가 될 수 없으며 합할 수 없는 너
희들의 그 정신세계가 이와 같이 멀리
갈라져 있음을 알라 그리 전하라.

11,920 번째 하나님 말씀

2004년 7월 1일 06시 15분

1 사랑하는 나의 아들아!
2 "네, 아버님! 말씀하옵소서."
3 너와 너의 제자들의 마음의 형태를 나
여호와가 너를 통하여 보여 주었으니,
너는 무엇을 보았느냐?
4 "네, 아버님! 부끄러워 고개를 들 수
없으며, 부끄러워 기도드릴 수 없사옵
나이다."
5 너는 무엇을 보았기에 그리하는가?
6 "네, 아버님! 저희들의 마음을 아버님
께서 그리 표현하여 주셨으며 그리 보
여 주셨사옵나이다.
7 저희들이 지금 한쪽 발에는 검은 양말
을 신고 있으며, 한쪽 발에는 흰 양말
을 신고 있는 것이 저희들의 모습이
며, 그를 보여 주셨사옵나이다."
8 과연 보여 준 그것이 무엇을 의미하느
냐, 사랑하는 나의 아들아!
9 "네, 아버님! 어찌 말씀을 드리며 고
개를 들 수 있사옵나이까?
10 저희들은 깨우쳤다 생각하며 아버님
이 내려 주신 새로운 성경을 읽고 또
접하고 공부했으니, 저희들은 오로지
흰 양말을 신을 수 있는 모습의 백성
이 되어야 하나,
11 저희들이 아직도 한쪽 발은 검정 양
말을 신고 있으며 한쪽 발에는 흰 양
말을 신고 있으니, 그것도 힘을 더 많
이 받고 많이 역사하는 오른발에 검
정 양말이요, 왼발에 하얀 양말을 신
고 있음이니,
12 저희들이 얼마나 변해야 되며, 어찌
거듭나야 되며, 어찌 역사할 것인가
를, 부끄러운 마음으로 고개를 들 수
없으며, 아버님께 기도드릴 자격도 없
사오며 자신이 없사옵나이다.
13 그것이 저희들의 오늘의 현실을 보여
주신 것이라 그리 생각되옵나이다."
14 사랑하는 나의 아들아!
15 너희들은 결코 그리 낙담하지 말며 괴
로워하지 말며 주저앉지 말라.
16 너희들이 이제 한 발에 검정 양말을
신었으며 한 발에 흰 양말을 신었음이
니, 너희들이 하나씩 신도록 변한 것
만 해도 대단한 역사이니라.
17 이제 너희들이 한쪽 발을 벗고 하나의
흰 양말을 신었음이니, 나머지 발에
검정 양말을 다 벗고 신을 수 있는 그
와 같은 경험이 있으며 용기가 있으
며, 너희들은 할 수 있음이니라.
18 내가 너희들에게 보여 주는 것은, 그
마음을 어서 벗어 던지며 어서 너희들
이 바로 서 흰 양말을 두 발에 신으라
는 것이 나 여호와의 교훈이요, 가르
침이니,

19 이리하여 너희들이 기도하지 못하며
괴로워하며, 너희들이 가지 못할 백성
이라 눈물짓는 마음을 갖지 말라.
20 내가 너를 사랑하며 너의 제자들을 사
랑함이니라.
21 이제 한쪽 발을 흰 양말로 신은 경험
이 있으며 그를 이미 갈아 신지 아니
하였더냐?
22 이제 마지막 하나의 양말을 힘차게 벗
어던지고 내가 내리는 흰 양말을 신으
면 될 것이며, 너희들은 신을 수 있음
이니라, 사랑하는 나의 아들딸들아!

11,921 번째 하나님 말씀

2004년 7월 1일 06시 21분

1 사랑하는 나의 아들아!
2 "네, 아버님! 말씀하옵소서."
3 지금의 믿음의 길을 가는 백성 너희가
모두 다 구원의 중병에 걸렸으며, 거
기에서 너희들이 헤어나지 못하며 구
원이라는 것에 중독되었다 내가 하지
않았더냐?
4 너희들은 중병에 걸려 있으며 중독되
었으니, 이를 치유할 수 있는 길이 없
으며 구제할 수 없는 지경까지 이르렀
음을 알겠느냐?
5 그러니 너희들을 치료하며 그를 멈추
게 할 수 있는, 너희 마음을 바로 세울
수 있는 방법이 없으며, 잠에서 깨어
나게 할 수 없으며 중독된 자들을 거
기에서 거듭나게 할 수 있는 그와 같
은 치료할 수 있는 방법이 없을 지경
에 와 있다 그리하지 않았더냐?
6 내가 너희들에게 그와 같은 모두를 중
단하며 거듭나는 길을 역사하고자 하
나, 너희들이 구원이라는 중독에 걸려
탐욕과 욕망이 끝이 없음이니,
7 그리하여 너희들을 돌이킬 수 없는 것
이며 치료할 수 없는 형국에 와 있다
함이니라.
8 사랑하는 나의 아들딸들아! 너희들이
구원이라는 중독에 걸려 있으며 중병
에 걸려 있는 자, 이 세상의 지금의 믿
음의 방법으로써 이 세상에 어떠한 것
으로써 너희들을 바로잡을 수 있으며
깨우칠 수 있다 말하는가?
9 너희들은 너무나 중병에 걸려 지금 신
음하고 있는 자들이요, 그리고 너무나
깊이 중독되어 있는 자들이니라.
10 그러니 이 세상의 방법으로써는, 더욱
이 너희들이 가고 있는 종교 집단의
믿음이요, 그 지도자의 능력으로써는
이를 바로잡을 수 없으며 거듭날 수
있는 길이 없음이니라, 사랑하는 나의
아들딸들아!
11 그리하여 너희들에게 치료법이요, 의
사를 내려보낸다 하지 않았느냐?
12 그리하여 160권의 나의 새로운 성경
을 너희들에게 내려보내어 나의 뜻을
보도록 하며, 내가 존재함을 알도록
하며, 너희들이 거듭나는 방법을 여기
에 기록하여 다 내려보내느니라.
13 사랑하는 나의 아들딸들아! 구원의
중병에 걸려 있는 너희들이 지금 어떠
한 길을 가고 있는지 이제 너희들을
들여다보라.
14 지금 구원의 병에 걸려 있는 자들이
이 세상을 다 덮어 버리는 날이 머지
않은 이와 같은 시점에 이르렀음이니

라.
15 그러니 조금 더 나아가 썩고 썩으면
너희들을 바로잡을 수 있는 근거요,
터전마저도 잡을 수가 없기에,
16 지금 나의 아들을 통하여 이와 같이
새로운 역사를 이루는 것은 너희들을
사랑하기 때문이요, 너희들이 나에게
올 수 있는 기회를 다시 한 번 주고자
함을 어찌 모른단 말이더냐?
17 너희들이 변화되어 회개하기를 기다
리는 마음이, 내가 지금 너희들에게
마지막 내리는 선물의 역사함이 여기
에 있음을 알라 그리 전하라.

11,922 번째 하나님 말씀

2004년 7월 1일 08시 15분

1 사랑하는 나의 아들아!
2 "네, 아버님! 말씀하옵소서."
3 하늘의 뜻이 과연 무엇이더냐?
4 약한 자가 세상을 지배하고 약한 자
를 도우며 약한 자를 다스릴 수 있는
그와 같은 세상이 된다면 얼마나 아름
다운 세상이더냐?
5 강자가 다스리고 강자가 지배하는 세
상이 아니요, 약한 자가 다스리는 세
상이요, 약한 자가 지배하는 세상이란
착하고 여린 자들이 다스리는 그와
같은 세상이라는 것이 아니더냐?
6 그러나 약하고 착한 자는 모두 다 묻
혀 버리고, 악하고 독한 자, 그리고 강
한 자만이 지배하는 그와 같은 세상이
되었으니,
7 거기에 유함이 없고 부드러움이 없는
이와 같은 세상이 되었느니라.
8 지금의 너희들이 과연 내 뜻을 거역하
고 사는 것이 무엇이라 말하는 줄 알
겠느냐?
9 악이 지배하는 세상이 되어 버렸느니
라.
10 그리고 악이 세상을 지배하도록 모두
다 그리 협조하고 동조한 것이 오늘의
종교 집단의 지도자 너희들이라는 걸
알겠느냐?
11 그러니 너희들로 하여금 악이 세상을
지배하고자 함이니라.
12 그러니 그 악이 세상을 지배하고자 할
때, 너희들이 무엇으로써 대항하는가?
13 선이 이를 다스리는 그와 같은 세상이
되어야 하는 것이니라.
14 그러나 선이 그를 다스릴 수 있도록
뒷받침하지 아니하였으며 그를 돕지
아니하고, 악이 세상을 지배하도록 도
운 것이 오늘의 종교 집단 지도자 너
희들이니라.
15 그러니 모두 선하게 살아야 할 나의
피조물 만백성들이 악에 빠져 버리고
말았느니라.
16 그러니 선한 마음이 악을 다스리며 악
을 보살펴야 되는 그와 같은 세상을
이루지 못했으며, 악을 다스리는 세상
이 되지 못하였음이니라.
17 그러니 너희들이 지금까지 살아온 모
든 삶이 무엇이더냐?
18 너희들은 그저 악을 육성시키고 발전
시키는 데만 모두를 다 바치고 거기에
연연한 백성의 삶을 살았느니라.
19 그리하여 나에게 오르는 백성이 없으
며 내 뜻에 사는 백성이 없다 하였음
이니라.

20 너희들이 선을 육성시키는 데는 등을 돌렸으며 그를 짓밟고 뭉개 버려 세상을 지배할 수 있는 선은 찾아볼 수 없으며 그 그림자도 볼 수 없는 이와 같은 험악한 세상으로 만든 것이 아니더냐?

21 사랑하는 나의 아들딸들아!

22 이 세상은 강자가 약자를 보호하며 지키는 그 속에서 모든 기능을 이루고 살아가는 것이 하늘의 법도요, 하늘의 뜻이라는 것을 어찌 모른단 말이더냐?

23 나의 뜻이 그러하거늘, 어찌하여 너희들이 그와 같은 것을 거역하고 사는가?

24 강자가 약자를 보호함이 아니라 강자가 마구잡이로 약자를 짓밟고 괴롭히는 그와 같은 세상이 되어 버렸느니라.

25 이를 어찌한단 말이더냐?

26 이와 같이 강자가 세상을 지배하는 맛을 알았으며, 강자가 군림하는 것을 알았으며, 마구잡이로 짓밟는 그와 같은 맛이요, 그 단맛을 알았으니, 이 세상은 변화될 수 없는 것이 오늘의 형국이 아니더냐?

27 사랑하는 나의 백성들아! 너희들이 말하는 지능도 낮으며 생각도 낮은 짐승들이 하늘의 뜻에 순종하며 살아가는 그와 같은 것도 모르며, 그들만큼도 지키지 못하니,

28 어찌하여 그 높은 지혜요, 판단력을 준 너희들이 그리 살아간단 말이더냐?

29 밀림에 사는 짐승들이 강한 자들이 약한 자들을 마구잡이로 잡아먹고 잡아 죽인다 하면 과연 그 결과가 어찌 되겠는가?

30 결론은 약자가 존재하지 못하니, 강자도 존재하지 못하는 그와 같은 세상이 되지 않는가?

31 지금의 모든 종교 집단 지도자 너희들이 그와 같은 형국으로 가고 있느니라.

32 그리하여 나에게 오를 자가 하나도 없다 함을 알겠느냐?

33 짐승이 먹이로 제 배를 채우고 나면 그것으로 끝인 그 짐승의 지혜로움을 어찌하여 모르더냐?

34 그들이 눈에 보이는 약자를 마구잡이로 힘이 있다 하여 잡아 죽이는 참혹한 세상이 이루어졌다면,

35 결국 나약한 짐승들은 살 수 없으며 결국엔 강한 짐승도 죽음이니, 오늘의 믿음의 길을 가는 백성 너희들이 그와 같이 되었느니라.

36 마구잡이로 끌어들이며 마구잡이로 그저 나의 백성들을 유린하고 그저 그들을 현혹하여 지옥으로 이끌어 가는 그와 같은 형국이 되어 있는 오늘의 현실을 보라.

37 그러니 그 백성들도 죽으며 결국 지도자 너희들도 같이 죽음이니라.

38 그리하여 이를 바로잡고 이를 깨우치기 위하여 여기에 제동을 걸기 위하여 내가 나의 아들을 통하여 새로운 성경을 세상에 내려보낸 이 위대한 역사를 사탄이요, 이단이라 핍박하는 어리석은 행위를 하지 말도록 그리하라, 사랑하는 나의 아들딸들아!

39 어찌하여 너희들이 지능지수가 낮다는 짐승이 자연의 순리에 순응하며 내 뜻을 거역하지 아니하고 살아가는 그들만큼도 지혜가 없단 말이더냐?

40 강자가 마구잡이로 짓밟는 이와 같은

험악한 세상이 되었으며, 종교 지도자
요, 가장 낮은 자가 모두를 다 지배하
며 강자로 둔갑되어 갖은 악행을 다하
고 있음이니,
41 힘 있는 짐승이 마구잡이로 약자를 잡
아 죽이는 그와 같은 형국이 오늘의
종교 집단의 지도자들이 해 온 일이
며 너희들이 뿌리를 내린 결과이니,
42 이를 바로잡고 바로 다스리기 위해 나
의 아들딸들이 얼마나 힘이 들고 어려
운 길을 가는가?
43 그리하여 선택된 나의 아들딸들이 힘
들고 어려운 길을 가게 됨이니 그리
알라.

11,923 번째 하나님 말씀

2004년 7월 1일 08시 20분

1 사랑하는 나의 아들아!
2 "네, 아버님! 말씀하옵소서."
3 자신의 본능보다, 그리고 너희들의 천
성보다 무서우리만큼 난폭한 것이 무
엇인 줄 알겠느냐?
4 가장 높은 지혜를 가졌으며 판단력과
생각할 수 있는 모두를 가지고 있는
인간 너희들이 그와 같은 형국이 되었
음이니라.
5 인간의 본능보다도 본성보다도 더 악
하고 난폭한 것, 그리고 사악한 것이
인간 너희들이니라.
6 내가 나의 아들을 통하여 너희들에게
뭐라 말하였느냐?
7 강한 짐승이라 하여 마구잡이로 약한
짐승들을 죽이고 잡아먹는다면 그들
이 어떠하겠느냐?
8 그러나 그들은 그와 같은 삶을 살지
않지 않는가?
9 그 지혜가 어디서 나오는 것이더냐?
10 그러니 너희들처럼 난폭하며 무자비
한 동물이 이 세상에 없음이니라.
11 너희들로 하여금 이 세상이 모두 다
파괴되었으며 질서를 무너트렸음이
니라.
12 바닷속에 사는 그 물고기들의 지혜가
어떠하던가?
13 힘 있는 물고기라 하여 그저 약한 것
을 마구잡이로 잡아 죽이고 먹는다면
결국 그들은 어찌 되겠는가?
14 저희들이 육지에 나와서 힘이 있다 하
여 육지의 동물이요, 미물을 잡아먹고
살 수 있는가?
15 그들은 알지 못하나, 그들은 천리요,
순리를 알며 하늘의 뜻을 지키고 살아
가는 것이니, 그들보다도 못한 것이
너희들이니라.
16 물고기의 지혜가 얼마나 되는가?
17 물고 돌아서면 또 무는 그 지혜 낮은
짐승들도 순리를 거역하지 아니하며
그와 같이 현명한 삶을 살아가는 것을
너희들은 어찌하여 모른단 말이더냐?
18 하늘을 나는 독수리가 보이는 대로 그
저 잡아먹고 죽인다면, 밀림의 모든
짐승들이 그와 같이 살아간다면 어찌
되겠는가?
19 그러나 그들은 그와 같이 살아가지 아
니하니, 그 지혜보다도 더 높고 깊은
생각을 가지고 있는 너희들이 어찌하
여 그와 같이 험악한 짓을 하며, 하늘
의 뜻이요, 순리를 모르고 그리 살아
간단 말이더냐?

20 오늘에 하늘의 순리를 외면하고 사는
것은 바로 너희들뿐이니라.
21 너희들은 보지 않았느냐?
22 장마 때가 오면 아무것도 모르는 미미
한 개미도 장마를 대비하고 준비하는
그와 같은 지혜가 있는 것을,
23 너희들이 그들의 지혜와 그들만큼 판
단이 없으며 생각하는 것이 없단 말이
더냐?
24 너희들의 지혜는 그들보다 상상할 수
없이 몇천 배 높으니라.
25 그러나 너희들은 탐욕스러운 욕심으
로써 채워져 있으며 그 탐욕을 채우기
위하여 쌓아 놓고 거둬들이는 그와 같
은 삶을 사는 백성이 되었으며, 아름
다운 자연의 순리에 벗어난 탐욕스러
운 인간으로 되었기 때문이니라.
26 너희 곳간에 쌓아 놓고자 지금도 나에
게 기도하는 자들이 아니더냐?
27 너희 곳간에 무엇을 더 쌓아 놓고자
나에게 매달리는 그와 같은 기도를 하
는 어리석은 백성이 너희들이니라.
28 또 그리 가르치는 종교 지도자가 세상
에 존재하는 한, 개미와 같이 장마를
대비할 수 있는 지혜보다도 더 높은
지혜를 갖고 있어도 그를 쓰지 못하며
활용하지 못함이니라.
29 아름답고 고운 곳에 쓰지 못하며 악한
곳에만 모든 지혜를 쓰는 어리석은 삶
을 살며 그쪽으로만 발달되는 기현상
이 되었음을 너희들은 알겠느냐?
30 사랑하는 나의 아들딸들아!
31 지금의 종교 집단의 지도자 밑에서 너
희들이 거듭날 수 없으니 그 모두를
벗어던지고,
32 새로운 길이요, 나의 새로운 성경을
스스로 읽고 깨우쳐 하늘에 오르는 진
리요, 길을 보도록 그리하라.
33 그리하지 아니하면 아니 됨이니, 내
마음이 아프고 답답하여 기록하고 또
기록하여 너희들에게 전함을 알라.

11,924 번째 하나님 말씀

2004년 7월 1일 08시 23분

1 사랑하는 나의 아들아!
2 "네, 아버님! 말씀하옵소서."
3 사탄들이 이 세상을 지배하고 있으며
그들이 이 세상을 막 파괴하고자 하는
것이 그들의 계획이며 계책이니라.
4 그리고 온갖 것을 다 동원하여 파괴하
고자 하는 것이 그들이니라.
5 이제 너희들이 존재함으로써 그들이
설 자리가 없으며 견딜 수 없다는 것
을 그들은 잘 알고 있느니라.
6 새로운 성경 160권이 세상에 나와 만
백성이 이를 깨우치고 돌아서기 시작
할 때, 저희들에게 남을 자가 없다는
것을 그들은 잘 알기에,
7 새로운 성경 160권이 세상에 나오기
전에 세상을 파괴하며 세상을 지배하
려고 모든 것을 다 동원하여 발악을
하고 있는 형국임을 너희들은 모르나
나만이 알고 있느니라.
8 너희들은 그와 같은 것을 깨달아야 될
것이니라.
9 그리하여 이 세상이 이렇게 험악하여
졌으며, 인간을 인간으로 보지 못하는
이와 같은 슬픈 세상이 되었느니라.
10 하늘에서 이루어진 것같이 이 땅에서

이루어지기를 바라는 것이 너희들이
아니더냐?
11 그러나 그들로 하여금 결코 그와 같이
이루어지지 못하는 오늘의 형국이 되
었음을 알라.
12 사랑하는 나의 아들딸들아, 그러나 너
희들은 들으라.
13 사탄이 이 세상을 파괴하고 제 소유로
만들어 지배하려 하나, 결코 그는 역
사할 수 없음이니라.
14 이미 나의 새로운 성경이 세상에 나와
100권을 넘었으며 이제 160권이 세상
에 나올 날이 머지않았음이니,
15 나의 새로운 성경이 세상에 내려오며
너희들이 세상에 존재하는 한, 사탄들
이 아무리 간교한 방법으로써 어떠한
방법을 동원한다 해도 세상을 파괴하
지 못할 것이며 무너트리지 못할 것이
니 그리 알라.
16 사랑하는 나의 아들딸들아!
17 너희들이 성장하고 성장함으로 그들
은 존재할 땅이 없게 될 것은 당연한
사실이니,
18 오늘의 너희들이 흔들리지 말며, 굳게
뭉쳐 하나가 되어 새로운 성경을 만들
어 내는 데 최선을 다하며, 네 이웃에
이를 전하는 데 최선을 다하도록 하라.
19 네 이웃서부터 모두 전해져야 새로운
역사가 이루어지기 때문이니라, 사랑
하는 나의 아들딸들아!

11,925 번째 하나님 말씀

2004년 7월 1일 08시 30분

1 사랑하는 나의 아들아!
2 "네, 아버님! 말씀하옵소서."
3 사랑하는 나의 아들을 따르는 제자들
과 새로운 성경을 읽고 깨우친 만백성
너희들은 들어야 될 것이니라.
4 모든 믿음의 길을 가는 백성들이 뭐라
하든, 그리고 읽지 않는 백성들이 뭐
라 하든, 너희들은 나 여호와의 뜻을
따르고 그대로 행하면 되는 것이니라.
5 인간 세상에서 왕이 불러 쓰는 것이
너희들의 영광이요, 축복이라 그리하
지 아니하였더냐?
6 창조주 나 여호와가 너희들이 말하는
전지전능한 유일한 아버지요, 세상 모
두를 다 역사한 아버지라 하지 않더냐?
7 나 여호와가 모두를 너희들에게 역사
했으며 너희들을 구원하고 구원하지
못하는 그 모두도 나 여호와의 주관하
에 내가 심판할 때, 그 모두가 결정 난
다 하지 아니하였더냐?
8 그렇다면 전지전능한 아버지요, 이 세
상을 창조한 유일한 너희들의 아버지
라 하면,
9 그와 같이 말하는 백성 너희들의 오늘
의 삶에서 가장 영광되고 축복된 것은
무엇이더냐?
10 너희들은 말하지 아니하여도 바로 알
것이니라.
11 나의 아들아! 너는 과연 너희들이 이
세상에서 살면서 가장 큰 영광이요,
축복인 것이 무엇이라 말할 수 있겠느
냐?
12 "네, 아버님! 그렇사옵나이다.
13 인간 세상에 살아가며 왕이 부르는
것도 가문의 영광이요, 축복이라 그리
말하는 백성들이,

14 창조주인 아버지께서 선택하여 아버
지가 쓰고자 부르는 것이 얼마나 위대
하고 영광인 것인지를 그들은 모르고
있사옵나이다.
15 그러니 저희들이 얼마나 어리석은 백
성인가를 모르니,
16 오로지 아버님께서 부르면 갈 수 있도
록, 아버님께서 쓰고자 부르는 그와
같은 영광을 받기 위하여 스스로 마음
을 다스리며 몸을 다스리며 기다리는
그와 같은 삶을 사는 것이 저희들이
해야 할 일이며 가야 할 길이라 저는
그리 생각하옵나이다."
17 사랑하는 나의 아들아!
18 인간의 왕이 부르는 것도 가문의 영광
이라 하니, 창조주 나 여호와가 쓰기
위해서 너희들을 부른다면 그보다 더
큰 영광이요, 은혜가 없지 않더냐?
19 네 말이 맞느니라.
20 그렇다면 내가 너희들을 쓰기 위하여
부르는 것을 바랄 것이며, 부를 수 있
는 자가 될 수 있도록 모든 준비를 하
는 것이 너희들의 가장 큰 소임이 아
니더냐?
21 그러니 내가 불러 쓸 수 있도록, 불러
쓰기를 바라는 것이 너희들의 간절한
마음이요, 바라는 마음이요, 기다리는
마음이요, 기도하는 마음이요, 너희들
의 자세가 아니더냐?
22 그것만이 너희들이 나에게 할 수 있는
길이요, 그 이상의 어떤 것도 너희들
이 할 수가 없을 것이니라.
23 그렇다면 내가 너희들을 불러 쓰는 그
부름을 받는 것이 얼마나 영광인가?
24 그리고 내가 쓰기 위해서 불러 줄 때
까지 기다리는 것이 너희들의 마음이
니라.
25 그러나 오늘의 종교 집단의 지도자들
이 가는 형국이 어떠하더냐?
26 너희들은 무엇을 달라, 무엇을 이루어
달라 그 기도를 함이니, 너희들이 얼
마나 하늘의 법도를 모르며, 욕심이
요, 탐욕에 젖어 있는 자들이요, 세상
이치를 모르는 백성들이란 말이더냐?
27 이제 나의 아들을 통하여 너희들에게
전함이니, 나의 아들을 따르는 백성
너희들은 내가 너희들을 불러 주기를
바라며 불러 쓰기를 바라는 그와 같은
겸허한 자세로써 만반의 준비를 하는
데 최선을 다할 것이며,
28 '아버지여! 정녕 부족하고 쓸모없는
저라 해도 아버지께서 저를 선택하여
써 주옵소서.' 하는 애절한 눈물의 기
도를 드려도 너희들이 기도할 것이 끝
이 없을 것이니라.
29 그러하거늘 지금 모든 종교 집단이요,
그들이 살아가는 것이 무엇이더냐?
30 조용히 나 여호와가 불러 쓰는 것이
가장 큰 은혜요, 영광이니, 불러 써 주
기를 바라는 것이 아니요,
31 무엇을 이루어 달라, 제 소원을 이루
어 달라 온갖 것을 다 붙여 대어 나에
게 달라 부르짖으니,
32 너희들이 얼마나 탐욕스러운 백성이
요, 얼마나 믿음의 길을 잘못 가며 얼
마나 잘못 가르치는 자들이더냐?
33 아무것도 모르는 자들이 가르치기 때
문에 이와 같은 형국이 되었음이니라.
34 사랑하는 나의 아들딸 너희들은 들으
라.

35 내가 새로운 성경에 기록하는 이 내용
을 너희 가슴에 심어야 될 것이니라.
36 모든 백성 너희들은 내가 너희들을 불
러 주기를 바라며 불러 써 주기를 바
라는 간곡한 기도요, 간절한 바람, 그
것 외에는 너희들은 무엇을 할 자격도
없으며 무엇을 해서도 아니 되는 것이
니라.
37 그러니 거기에 너희들이 기다리는 자
세요, 불러 쓰기를 바라며 겸허히 기
다리고 기도하는 자세가 아니라, 무엇
을 이루고자 역사하고자 울고불고 광
란의 짓을 함이니,
38 그것이 나와 관계없으며 추하고 더러
운 짓이요, 파도 소리만도 못하며 강
아지 울음소리만도 못하며 짖어 대는
개구리 울음소리만도 못한 짓을 하고
있다는 그 뜻을 알겠느냐?
39 이제 선택된 나의 아들딸 너희들은 들
으라.
40 모든 백성들이 조용히 기다리도록 그
리하라 전하라.
41 내가 쓸 자를 불러 쓰는 영광을 얻기
위하여 부르고 쓰는 자의 눈에 띄도
록, 그가 부를 수 있도록, 나 여호와가
찾을 수 있도록 모두를 다 준비하고
다스리는 것이 너희들이 오로지 할 일
이지,
42 저를 써 달라, 저를 끌어 달라, 저를
쓰지 아니하면 아니 된다, 저를 쓰지
아니하면 멸망할 것이요, 저를 쓰지
아니하면 은혜를 입을 수 없으며 내가
역사할 수 없을 것이며 가는 길을 갈
수 없다 하여 너희들이 나에게 치받는
험악한 행위를 하지 말라 그리 전하라.
43 너희들이 나로부터 선택되기를 기다
리며, 나에게 선택되어 쓰임을 받을
수 있는 기회를 얻기 위하여 기도를
드리며, 그 눈물의 기도가 진정한 기
도가 되어야 될 것이거늘,
44 어찌하여 선택권이 없는 자들이 나에
게 그리 압박을 하며 나에게 그와 같
은 행위를 하는가?
45 아무런 가치가 없는 자들이 쓰라, 받
으라 하면 내가 받을 수 있겠느냐?
46 선택될 수 있도록, 내가 쓸 수 있도록
기다려 주며 묵묵히 가는 그 백성들을
내가 골라 그에게 책임을 줄 것이니라.
47 울고불고 욕심에 그득 찬 너희들은 아
무것도 볼 수 없으며 아무것도 들을
수 없으니, 오늘서부터 너희들이 눈물
의 기도를 하라.
48 '아버지여! 정녕 부족하지만 저를 써
주옵소서, 아버지가 써 주시는 것이
가장 큰 영광이요, 축복이옵나이다.'
믿음의 길을 가는 종교 집단 지도자들
은 너희들은 그리 기도하라.
49 선택된 백성 너희들은 나에게 '아버
님! 저의 죄를 용서하여 주옵소서, 아
버님 뜻대로 하옵소서.' 그와 같은 기
도를 하라.
50 너희들의 기도는 지금의 종교 집단이
요, 모든 백성들이 기도하는 것과 달
라야 될 것이니 그리 전하라.

11,926 번째 하나님 말씀

2004년 7월 1일 08시 34분

1 사랑하는 나의 아들아!
2 "네, 아버님! 말씀하옵소서."

3 너의 제자들에게 물으라, 그리고 나의
새로운 성경을 읽고 깨우친 만백성 너
희들은 스스로 답을 구하도록 그리하
라.
4 내가 너희들에게 뭐라 말하였느냐?
5 나 여호와가 너희들을 불러 쓰는 것,
너희들이 나로부터 부름을 받아 쓰임
을 받는 것이 가장 큰 영광이요, 은혜
요, 그보다 더한 축복이 없다 하였음
이니라.
6 그러니 너희들이 스스로 불러 쓰이는
자가 될 수 있도록 모든 것을 다스리
고 가꾸는 것만이 너희들이 할 일이요,
7 나에게 달라, 이루어 달라 소원하며
울고불고하는 것이 얼마나 잘못된 것
인지 내가 나의 새로운 성경에 전한
그 의미를 깊이 깨닫고 깨우쳐야 될
것이니라.
8 또한, 나와 더불어 역사할 수 있는 선
택된 그 은혜요, 영광이 얼마나 위대
한 것이며, 이 세상에 무엇과도 바꿀
수 없다는 나 여호와의 뜻을 아느냐?
9 그러니 세상에 더한 것을 가진 것이
없으며 더한 것을 가질 수 없는 모든
것을 가진 너희들이기에,
10 재물을 잃으며 명예를 잃으며 인간 세
속에 있는 모두를 다 잃는다 하여도
그것이 잃는 것이 아니요,
11 너희들이 남에게 주는 것이요, 남이
관리하고 쓰도록 하는 것이라 마음을
그리 다스리고 살아가라 하지 아니하
였더냐?
12 그와 같은 마음 자세로써 거듭나지 아
니하면 아니 되는 것이 너희들이 가야
할 길이니라.
13 사랑하는 나의 아들딸들아!
14 이제 160권의 새로운 성경이 세상에
나올 날이 머지않았으니, 너희들이 나
의 아들을 통하여 강론을 들었으며 깨
달음을 얻었으며 얼마나 많은 것을 듣
고 깨우쳤는가?
15 그러니 그것을 하나하나 기억하고 상
기하여 그를 네 것으로 만들어 거듭나
는 삶을 살도록 그리하라.
16 너희들이 거듭나는 것이 무엇인 줄 알
겠느냐?
17 내가 나의 아들을 통하여 내린 새로운
성경에 기록된 그 내용들을 하나하나
기록해서 너희들의 삶과 대비하여 그
대로 살지 아니하거든, 그를 모두 고
치고 다스리며 그대로 살아가는 삶을
살라.
18 그것이 바로 너희들이 육의 세상에서
거듭나는 것이요, 새로 나는 영광을
얻는 것이니라.
19 모두는 육의 세상에서 이루어진다는
그 무서운 뜻을 너희들은 명심하고 또
명심하도록 그리하라.
20 그를 잠시라도 너희들이 잊어버려서
는 아니 됨이니라.
21 그러니 그와 같은 걸 잊지 않고 사는
백성의 삶을 살라.
22 그리하여 너희들이 나로부터 받은 모
든 은혜요, 영광을 그대로 받고 누릴
수 있는 거듭나는 세상에 그와 같은
영광을 잊지 말도록 그리하라, 사랑하
는 나의 아들딸들아!

11,927 번째 하나님 말씀

2004년 7월 1일 08시 37분

1 사랑하는 나의 아들아!
2 "네, 아버님! 말씀하옵소서."
3 어떠한 책이요, 어떠한 예언이요, 어떠한 역사가 기록된 것, 미래를 말하고 과거를 말하며 현재를 말하는 그와 같은 모든 책들이 세상에 나와 너희들을 혼란케 함이니라.
4 그러나 그 모두는 부분적인 것이라 하지 않았느냐?
5 완전한 것이 세상에 나올 때 진리의 모든 작은 것들은 고개 숙이며 그 모두는 중단하며 포기된다 하지 않았더냐?
6 그리하여 완벽한 것에 너희들이 흡수되어 그 모든 역사를 이룸이니,
7 지금까지 나와 있는 모든 책에 기록되어 있는 예언에 이제 현혹되지 말도록 그리하라.
8 그 모든 작고 큰 뜻들이 나의 160권의 새로운 성경 속에 모두 다 들어 있으며,
9 문제가 있으면 거기에 푸는 방법이 있으며, 거기서 정답을 얻을 수 있도록 되어 있는 것이 나의 새로운 성경이니,
10 그리하여 이것이 하늘의 뜻이요, 나 여호와의 진리라는 것을 너희들은 알아야 될 것이니라.
11 이제 160권이라는 나의 새로운 성경을 읽고 또 읽어 중요한 것을 너희 것으로 만들어 행한다면, 너희들은 바로 나에게 오를 수 있는 길이요, 거듭나는 영광을 얻게 됨이니라.
12 너희들이 행해야 될 것, 겪어야 될 것, 어렵고 힘든 좁은 관문을 통과하는 그 내용들, 인간으로서 생각하고 지키기에는 너무 힘들고 어려울 것이니라.
13 그러나 인간이기 때문에 너희들이 지키고 행할 수 있다는 것을 절대 잊지 말라.
14 너희들이 인간으로서 태어나지 아니하였으며, 나의 아들딸로 태어나 나의 유업이요, 나의 모두를 계승하는 그와 같은 백성이 아니라면, 너희들이 어렵고 힘든 그 좁은 길을 갈 필요가 없느니라.
15 배고프면 먹을 것을 취하면 될 것이요, 잠이 오면 그저 잠을 자는 그와 같은 세상으로 살아가면 될 것이니라.
16 그러나 너희들은 높은 지혜를 가지고 나의 유업을 계승할 자요, 나의 유언에 따라 모두를 역사하는 그와 같은 삶을 살아가는 길을 가야 되기 때문이니라.
17 그리하여 내가 너희들에게 좁은 길을 갈 수 있는 방법이요, 그리고 좁은 길에서 살아남는 방법이요, 그곳에서 등돌리지 아니하고 견디는 강도 높은 훈련을 지금 나의 아들을 통하여 그 제자들에게 시키고 있음을 너희들은 알아야 될 것이니라.
18 이 훈련을 통과하고 넘는 자만이 나에게 오를 수 있으며 구원의 은혜를 입을 수 있기 때문이라는 것을 절대 잊지 말라.

11,928 번째 하나님 말씀

2004년 7월 1일 18시 49분

1 "너는 나 외에는 다른 신들을 네게 있
게 말지니라.
2 너를 위하여 새긴 우상을 만들지 말
고, 또 위로 하늘에 있는 것이나 아래
로 땅에 있는 것이나 땅 아래 물속에
있는 것의 아무 형상이든지 만들지 말
며, 그것들에게 절하지 말며 그것들을
섬기지 말라.
3 너는 너의 하나님 여호와의 이름을 망
령되이 일컫지 말라.
4 안식일을 기억하여 거룩히 지키라.
5 네 부모를 공경하라.
6 살인하지 말지니라.
7 간음하지 말지니라.
8 도적질하지 말지니라.
9 네 이웃에 대하여 거짓 증거하지 말지
니라.
10 네 이웃의 집을 탐내지 말지니라.
11 나 여호와가 존재함을 믿는 그 자체가
구원의 길에 들어서는 기본이요 근본
이며, 나의 법전을 가슴에 안고 정독
하는 자, 반석 위에 서서 하늘에 오르
는 찬란한 빛을 보게 되는 영광을 얻
게 됨이니라."
12 사랑하는 나의 아들아!
13 "네, 아버님! 말씀하옵소서."
14 너희들이 이 세상을 살아가면서 작은
선한 일이라 하여 중단하며, 작은 악
이라 하여 행하는 그와 같은 삶을 살
지 말라 내가 그리 전했느니라.
15 너희들이 세상에 살아가면서 아무리
작다 하여 선한 일을 행하지 아니하
며, 아무리 작다 하여 악을 행하는 삶
을 산다면,
16 결국 그것이 모두를 잃게 되는 것이
며, 모두가 다 무너진다는 것을 알아
야 될 것이니라.
17 더욱이 나의 아들을 따르는 제자 너희
들은 모든 백성들이 너희들의 머리카
락까지 모두를 헤쳐 볼 것이며, 너희
들의 삶의 하나서부터 열까지 다 그들
이 뒤지고 헤칠 것이니라.
18 그러니 저희 종교 집단의 지도자가 황
소 같은 것을 잘못했고, 너희들은 그
저 작은 하나의 실수가 있다 하여도,
그 작은 실수도 용서치 아니하려는 것
이 그들이니라.
19 저희들은 황소 같은 큰 잘못이요, 죄
를 범해도, 종교 집단의 지도자요, 그
신도들은 자기들끼리 다 이해하나,
20 너희들은 그 황소에 붙어 있는 털 한
가닥만큼만 실수했을 때도 절대 용서
하지 아니하며, 그것을 가지고 물고
늘어지는 그와 같은 형국이 벌어질 것
이니라.
21 그리하여 너희들이 그들이 무섭고 두
려워서가 아니라 너희들이 살아가는
그 삶이 그러하니라.
22 그러니 너희들을 다스리는 길이요, 너
희들이 나에게 오르는 그 길을 올 수
있는 삶은, 아주 작은 악한 것을 행하
며 작은 선한 일을 행하지 아니하면
그는 아니 되니, 이를 명심하고 또 명
심하여 삶을 살도록 그리하라.

11,929 번째 하나님 말씀

2004년 7월 1일 18시 54분

1 사랑하는 나의 아들아!
2 "네, 아버님! 말씀하옵소서."
3 사랑하는 나의 아들을 따르는 제자들
이요, 그리고 깨우침을 얻은 백성 너
희들은 들으라.
4 너희들은 어찌하여 스스로 부족하며
자신에 대하여 그리 용기를 갖지 못하
며 부족한 자라 괴로워하는가?
5 그리고 너희들이 나 여호와의 뜻을 역
사할 수 없다 그리 생각한다면, 이는
나 여호와가 모든 것을 이룰 수 없는
것을 이루라 한다 하며 진정한 나 여
호와의 뜻이라 생각하지 아니하는 그
와 같은 무서운 죄를 짓고 있음을 알
겠느냐?
6 내가 이룰 수 있다 하며 내가 부르고
선택한 백성 너희들은 부족하다 하여
자신에 대하여 두려워하며 괴로워하
지 말라.
7 그 모두는 나 여호와가 역사함을 너희
들이 어찌 모르는가?
8 믿지 못하는 그 마음에서 그와 같은
생각을 할 수 있음이니라.
9 너희는 모두 역사할 수 있으며 행할
수 있음이니라.
10 사랑하는 나의 아들딸들아! 지금 이
세상에 선하고자 하며 나눠 주고자 하
며 사랑을 베풀고자 하는 그와 같은
삶을 사는 백성들이 모두 역사한다 해
도, 네 이웃이 그와 같은 마음을 가지
고 산다 해도,
11 지금의 너희들이 사랑을 실천하며 아
름다운 세상으로 바꾸기는 어려운 형
국에 와 있지 않더냐?
12 그리고 너희들이 선한 일이요, 참진리
요, 그와 같은 것이 퍼져 나가는 것이
아니 되는 세상이 이미 되었음이니라.
13 그와 같은 참진리요, 선한 일이 퍼지
고 또 퍼져 이 세상을 다 덮어서 거듭
나는 세상을 만든다 해도,
14 너희들이 지금 나에게 오를 수 있을까
오르지 못할까 하는 그와 같은 지금
형국이 되어 있으니, 이 세상이 어찌
되었느냐?
15 선한 것, 참진리는 퍼져 나가지 못하
며 악과 비진리요, 그리고 인간이 만
든 종교 집단이요, 그 교리가 지금 세
상에 전염병처럼 퍼져 나가고 있지 않
더냐?
16 치료할 약이 없는 전염병이 번지는 것
처럼 그리 번져 나가고 있는 것이 오
늘의 이 현실이니라.
17 그와 같이 전염병이 번져 가는 집단이
요, 그 세상에 살아가는 백성들의 삶
이 어떻더냐?
18 인간이 그토록 잔악하고 악독하며 인
간의 정이 없는 자들이요, 그리고 아
래위가 없으며 사랑이 없는 백성이라
는 것을 너희들이 지금 살아가면서 스
스로 경악을 금치 못할 것이니라.
19 자식과 부모 간에 재물이요, 그것 때
문에 울고불고 죽고 사는 그와 같은
형국이 되지 않았는가?
20 너희들은 부모가 자식을 버리며 또 자
식이 부모를 버리는 험악한 세상이 되
었느니라.
21 재물과 금전을 거둬들여 편안하게 사

는 삶을 위해서는 어떠한 것과도 타협
하며, 물불을 가리지 아니하고 오로지
저 자신의 안락한 생활을 위하여 그저
도전하는 그와 같은 삶을 살아가는 세
상이 되어 버렸으니, 이를 어찌한단
말이더냐?
22 더욱이 나의 백성 너희들을 그저 무너
트리기 위하여 사탄들이 호시탐탐 노
리고 있으며, 그들이 노리고 있는 그
위험 앞에 너희들이 지금 서 있다는
것을 알고 있지 아니하면 아니 될 것
이니라.
23 그러니 나의 새로운 성경을 읽고 깨우
쳤으며, 하늘의 진리가 무엇이며, 나
여호와가 역사하는 것이 무엇인지를
알고 있는 너희들로 하여금 이 세상을
바로잡고자 하며 이 세상의 잘못된 것
을 모두 다스려 바로 세우고자 하는
것이 나 여호와의 뜻이며 내가 역사하
는 것이니,
24 너희들이 용기를 잃고 포기를 하면 아
니 된다는 것이 거기에 있느니라.
25 사랑하는 나의 아들딸들아! 너희들은
이루어야 될 것이니라.
26 누구도 감내하기 어려운 고통이요, 시
련의 길이요, 그리고 누구도 행할 수
없는 위대한 사랑을 실천함으로써 너
희들이 만백성을 구하는 지도자로서
직분을 다할 때, 나의 백성들이 구원
의 길을 얻을 것이니라.
27 잔악한 그 죄악상에 경악을 금치 못하
는 험악한 세상으로 만든 잘못된 모든
종교 집단의 지도자들, 그들의 뿌리를
뽑아 유황불에 던져,
28 하늘의 진리를 알며 눈이 뜨이며 귀가
열리는 그와 같은 백성들로서 새로운
세상을 역사하고자 함이니,
29 아무리 오늘이 두렵고 무섭다 하여,
너희들이 미진하다 하여, 부족하다 하
여도 주저하지 말며 용기 잃지 말도록
그리하라.
30 그리되면 모두가 역사할 수 없음이니
라.

11,930 번째 하나님 말씀

2004년 7월 1일 18시 57분

1 사랑하는 나의 아들아!
2 "네, 아버님! 말씀하옵소서."
3 너희들이 뭐라 말하느냐?
4 사탄도 나와 같이 똑같은 형국을 한다
그리 말하고 있지 않으냐?
5 그러니 오늘의 종교 집단의 지도자,
잘못된 너희들은 이미 나를 버리고 떠
난 자요, 사탄의 종이 되어 나를 배척
하고 배신하는 데 지금 얼마나 완벽하
게 가고자 하느냐?
6 나를 배신하고 나를 욕되게 하는 그와
같은 행위를 나의 피조물 만백성들이
알 수 없으며 깨달을 수 없을 정도로
나를 기만하며 나의 피조물 만백성을
속이며,
7 완벽에 가까울 정도로 나의 피조물 만
백성을 유혹하고 지금 이끌어 가고 있
느니라.
8 너희들이 나를 배척하고 나를 배신하
고 속임에 있어서 그 누구도 알 수 없
도록 위장술이요, 그 행위를 하며
9 나의 피조물 만백성이 알지 못하게 완
벽할 정도로 나의 피조물을 속이고 있

으며, 나를 배척하여 그들을 이끌어
가는 형국이 되었음이니라.
10 그리하니 나의 백성들이 그를 알지 못
하며 저희들 스스로 무너지며 지옥의
나락이요, 벼랑으로 떨어지는 것도 알
지 못하는 나의 백성들이니라.
11 그러하기에 자신도 모르게 지금 사탄
에 이끌려 지옥으로 끌려가면서도 그
를 모른다 하는 것이 나 여호와의 뜻
이니라.
12 사랑하는 나의 아들딸들아! 아무리
저희들이 나를 배척하고 배신하고 기
만하는 데 완벽하다 해도, 거기는 허
점이 있음이니라.
13 참진리요, 하늘의 뜻이 아니기에 허점
이 있음이니, 너희들은 나의 새로운
성경을 읽고 지금 구약과 신약의 성서
를 정독한다면,
14 오늘의 종교 집단 지도자들이 나를 배
신하며 나를 능멸하는 그와 같은 행위
가, 완벽하게 너희들을 속여 가고 있
는 그와 같은 행위가 모두 드러날 것
이니,
15 그리하면 너희들이 그들을 단죄하는
것이 무엇이며 어찌 단죄하는 것인지
그 길을 알며, 그들을 어찌 다스려야
할 것인가를 모든 백성 너희들이 알게
될 것이니라.
16 그러니 너희들이 우선 내가 나의 아들
을 통하여 내리는 새로운 성경을 가슴
에 안고 정독하고 또 정독하도록 그리
하라.
17 그리고 너희들이 성서의 뚜껑을 열면
거기에 인봉된 비밀이요, 감춰진 모든
성서의 비밀을 알게 될 것이니라.

11,931 번째 하나님 말씀

2004년 7월 1일 19시 02분

1 사랑하는 나의 아들아!
2 "네, 아버님! 말씀하옵소서."
3 지금 종교 집단과 지도자, 그리고 광
분하는 신도들, 너희들이 믿음의 길을
가는 것이요, 너희들이 지은 죄를 회
개하며 나의 아들 예수를 믿기만 하면
구원을 받는다는 착각에서 깨어나라
내가 너희들에게 수없이 전했느니라.
4 내가 너희들에게 명하느니라.
5 너희들이 지금까지 지은 죄를 정녕 회
개하고 거듭나는 백성으로서 살려거
든, 피로써 회개하는 고통의 회개가
아니고는 아니 될 것이며,
6 피로써 참진리를 따르며 변화되는 그
길을 따라 선을 행하며 한 점의 부끄
럼이 없는 삶을 살지 아니하면 너희들
은 견딜 수 없으며 이룰 수 없다는 것
을 알라.
7 피로써 회개하며 피로써 참진리의 길
을 따르라.
8 그렇지 아니하고 오늘의 방법으로써
회개하며 나의 아들 예수의 보혈로써
죄를 면죄 받았으며 찾기만 하며 재
물을 바치기만 하면 하늘에 오른다는
그와 같은 간단한 방법으로써 너희들
이 구원받을 수 없음이니,
9 피로써 맹세를 하며 또 맹세를 하고
회개하고 기도하라.
10 그렇지 않으면 너희들이 견딜 수 없는
고통 속에 살아갈 것이며, 그 속에서
영원히 구제하지 못한다는 것을 너희
들은 알라.

11 나 여호와는 너희들을 위하여 그 기회를 주었음이니라.

12 모든 백성들에게 2천 년의 그 길고도 긴 세월을 회개할 수 있는 기한을 주었으며 나는 말없이 기다렸느니라.

13 그러나 너희들은 거듭나지 아니하였으며, 나의 뜻을 거역하는 잘못된 종교 집단의 지도자 그들에게 힘을 실어 주었으며, 그들이 이 세상을 지배할 수 있도록 너희들이 사탄의 버팀목이 되었다는 것을 알라.

14 모든 백성들, 구원을 받았으며 하늘에 올 수 있는 자격을 가지고 있다고 광분하는 신도 너희들의 죄가 더 무거움을 알라.

15 사랑하는 나의 아들딸들아! 너희들이 지금 피로써 기도하는 그러한 마음으로 거듭나지 아니하면 아니 될 것이니라.

16 이제 내가 마지막 제3의 시대를 열어 내가 구원할 자와 버릴 자를 지금 구분하고 있는 무서운 이 세상의 심판이 시작되었으며 그리 행하고 있는 것을 너희들은 모르고 있음이니라.

17 사랑하는 나의 아들딸들아! 내가 너희들에게 뭐라 했느냐?

18 새로운 성경이 심판의 기준이라 하였음이니, 내가 심판의 기준이 바로 나의 새로운 성경이라 한 말을 너희들은 알지 않느냐?

19 그러니 너희들이 나의 새로운 성경을 정독하지 아니하며 이 이치를 깨달아 이 길을 가지 아니하면 절대 아니 됨이니라.

20 너희들이 시험을 보고 합격 점수를 받음에 있어서 공부하지 아니하며 방향도 모르고 놀고먹다가 과연 너희들이 합격의 점수를 받을 수 있단 말이더냐?

21 너희들이 어리석고 몰라 제대로 공부하지 아니하여 합격의 점수를 받을 수 없는 그와 같은 형국이 되기에,

22 내가 나의 아들을 통하여 너희들이 합격의 점수를 받을 수 있는 모든 정답을 지금 내려보내 줌이니라.

23 내가 정답을 내려 주는 것을 거부하고 이를 받지 아니하고 너희들이 이를 얻고 공부하지 아니하고 어찌하여 합격의 점수를 받을 수 있다 생각하느냐?

24 결코 너희들은 그 점수를 받을 수 없다는 것을 알라.

25 내가 너희들에게 명하느니라.

26 이제 너희들은 어린아이처럼 순수하고 소박한 마음으로써 거듭나지 아니하면 결코 아니 되느니라.

27 내가 모든 악을 불태워 버리고 나의 나라를 건설하기 위하여 지금 시작되었음이니 너희들은 무서움을 알라.

28 어린아이처럼 순수한 마음, 천사와 같은 마음으로 너희들이 거듭나지 아니하면, 모두를 내가 뽑아 불태워 버리는 그 역사가 시작하고 있음을 알라 전하느니라.

11,932 번째 하나님 말씀

2004년 7월 1일 23시 58분

1 사랑하는 나의 아들아!

2 "네, 아버님! 말씀하옵소서."

3 너희들이 앞으로 전진하지 않는 자는 나아갈 수가 없음이니라.

4 너희들의 오늘의 깨달음이요, 변하는 것도 계속적인 노력과 변하고자 하는 인내에 의하여 모두가 다 이루어지고 역사한다는 걸 알아야 될 것이니라.

5 너희들은 하루아침에 무엇이 다 역사하며 하루아침에 무엇인가 역사하려는 그와 같은 생각을 하지 말라.

6 하나를 깨닫고 둘을 깨닫는 그와 같은 속에서 모두가 다 역사함을 너희들은 알아야 될 것이니라.

7 내가 너희들에게 뭐라 전하였느냐?

8 너희들이 나 여호와로부터 받은 그 은혜요, 그 모든 것에 감사하는 마음, 그리고 나로부터 부름을 받아 나로부터 쓰임을 받는 백성, 그것이 얼마나 축복이요, 영광이라 내가 그리하였더냐?

9 너희들은 무엇을 이루고자 하는 기도가 아니라, 나로부터 부름을 받아 쓰일 수 있도록 선택을 기다리는 조용한 마음으로써 나의 뜻에 따라 부름을 받도록 그와 같은 준비를 하는 것이 도리이니,

10 너희들은 인간의 욕심을 충족하는 기도를 하지 말라 하였음이니라.

11 이제 내가 나의 아들을 따르는 제자들이요, 그리고 나의 새로운 성경을 읽는 백성 너희들에게 묻느니라.

12 과연 지금 새로운 성경을 누구를 통하여 내가 내리며, '하늘에 오르는 길'이요, '하나님! 말씀하옵소서.' 이 성경이 누구를 위하여 이루어지는가?

13 이는 곧 나의 아들을 통하여 이 모두가 세상에 내려오며, 나의 아들이 너희들에게 내림이니,

14 그를 가지고 너희들이 새로운 성경을 만들며 만백성을 구하는 그 역사를 이루지 않는가?

15 너희들이 나의 아들과 더불어 가는 것이요, 한 시대에 같이 감을 과연 너희들은 무엇이라 생각하는가?

16 그보다 더 큰 축복이요, 또한 영광이 어디 있겠는가?

17 내가 나의 아들을 통하여 역사하는 것, 그리고 내가 새로운 성경으로써 너희들에게 내리는 것을 보고 깨우쳐 하늘에 오르는 길이요, 변화의 역사가 있는가 없는가, 그것으로써 너희들이 나의 뜻인지 아닌지 알 것이니라.

18 너희들이 나의 아들의 작은 실수요, 인간의 실수를 가지고 모두를 평가하며 점수를 매기려 하지 말라.

19 너희들은 나의 아들을 통하여 내리는 성령이요, 새로운 성경을 만들어 전하며, 주옥같은 나의 뜻을 들어 너희 것으로 만드는 그 공이요, 은혜요, 그 상이 얼마나 큰 것인지 알겠느냐?

20 그와 같은 은혜를 받고 가는 자요, 나의 아들을 통하여 얻을 수 없는 것, 들을 수 없는 것, 볼 수 없는 세상의 모두를 너희들이 보면서,

21 나의 아들의 작은 실수로 하여 너희들이 나를 원망하며 나의 새로운 성경을 던져 버리고 등을 돌리고 떠나는 어리석은 짓을 하지 말라.

22 너희들은 과연 얼마나 완벽하던가, 너희들도 서서히 변하지 않더냐?

23 앞으로 가고자 전진하는 자는 변할 수 있으며 앞으로 갈 수 있다 하였음이니라.

24 나의 아들도 너희들이 모르는 피나는

노력을 하며 스스로 변하고자 노력하
니, 나의 아들이 점점 변화되던가 아
니면 오만하며 교만하여 잘못 가더냐?
25 나의 아들이 변해 가는 그와 같은 삶
이요, 변하고자 노력한다면, 너희들이
그와 같이 변하는 것을 볼 수 있을 것
이니라.
26 너희들 자신은 완벽한 자며 나의 아들
은 완벽하지 못한 것 같은 그 착각 속
에서 너무 그를 그리 달구지 말며, 그
마음을 그리 동요하게 하지 말라.
27 서로 변하며 같이 가게 되어 있으며
같이 깨우쳐 가는 것이 나의 아들이
요, 또한 너희들이 나의 아들이 아니
더냐, 그리고 나의 딸이 아니더냐?
28 그러니 너희들은 나의 아들로부터 내
가 그를 통하여 내리는 새로운 성경을
접하는 것, 그를 만드는 것, 그리고 그
를 보고 깨우치는 것, 강론을 듣고 깨
우치는 것에 감사한 것이요, 그 은혜
에 고마운 마음으로써 너희들에게 내
려 주는 그 모두를 경건한 마음으로
받아들이고 그리 생각할 수는 없는가?
29 내가 너희들에게 이와 같은 뜻을 전하
는 것은 내가 나의 아들을 사랑하며
아들을 변호하기 위한 것이 아니라,
30 너희들의 마음이요, 생각을 내가 다시
다스리지 아니하면 아니 되기에 내가
너희들에게 이와 같은 뜻을 기록하여
전하는 의미를 알라.

11,933 번째 하나님 말씀

2004년 7월 2일 0시 05분

1 사랑하는 나의 아들아!
2 "네, 아버님! 말씀하옵소서."
3 나 여호와가 지상의 왕국을 건설하고
자 하며, 하늘에서 이루어진 것같이
지상의 천국을 이루고자 함이니라.
4 나의 새로운 성경이 그를 위하여 지금
내려오는 것이 아니더냐?
5 나의 아들을 통하여 160권이라는 대
장정의 새로운 성경을 내가 내려보내
고 있음이니, 너희들은 이를 알아야
될 것이니라.
6 모든 백성 너희들은 마지막 시대에 너
희들을 심판하는 것이요, 지상 낙원을
이루기 위하여 내가 내려보내는 새로
운 성경을 영접하고 읽고 깨우쳐 변화
되는 삶을 살면 되는 것이거늘,
7 어찌하여 이를 거부하며 이를 사탄이
요, 이단이요, 마귀라 그리 말하는가?
8 이게 바로 너희들이 나에게 오를 수
있는 길이 아니요, 나의 새로운 왕국
을 이루는 것을 방해하는 자들이요,
그와 같은 죄를 짓고 있음을 알아야
될 것이니라.
9 지금 나의 아들을 통하여 지상의 거점
인 나의 새로운 성전을 통하여 내가
나의 백성들을 구원하고자 지금 새로
운 성경을 내렸건만, 너희들이 어찌
이것을 모르며 이 귀하고 소중한 나의
뜻을 모른단 말이더냐?
10 내가 너희들에게 말하지 아니하였더
냐?
11 나는 모세를 통하여 세상을 이루고자
하였으며, 나의 아들 예수를 통하여
세상을 이루고자 하였으며, 제3의 시
대 또한 나의 아들을 통하여 모두를
역사하고 이루고자 함이니라.

12 이와 같이 한 사람을 통하여 모든 것
을 역사한다는 사실을 너희들은 알아
야 될 것이니라.
13 너희들이 지금이라도 나의 아들을 통
하여 내리는 이 새로운 성경을 접하고
깨우치는 것이 하늘에 오르는 길이요,
진리를 깨달을 수 있는 길이라 하여
여기에 몸을 던져 모두를 다 같이 가
는 백성들은 나로부터 구원을 받을 것
이니라.
14 그러나 그와 같은 뜻을 저버리는 백성
너희들은 결코 나에게 오를 수 없으며
구원을 받을 수 없다는 것을 먼저 알
도록 그리하라.
15 사랑하는 나의 아들딸들아! 새로운
성경의 모든 역사를 이루고자 한다면
너희들은 어찌하겠는가?
16 내가 너희들에게 명하느니라.
17 내가 나의 아들을 통하여 지금 내리는
160권의 이 새로운 성경을 너희들이
읽고 깨우쳐 하늘에 오르는 길을 보라
함은 무엇인 줄 알겠느냐?
18 이는 천사와 같은 삶을 살라 하는 것
이요, 티 없이 맑은 아이들과 같은 마
음으로 변하라 함이니라.
19 세상에 갓 태어난 아기의 아름다운 마
음처럼, 너희들이 맑고 티 없는 어린
이들의 마음으로써 돌아가라 함이니
라.
20 그리하면 너희들의 그 마음속에 나의
새로운 성경이 심어질 것이며, 너희들
의 마음이 열려 내가 새로운 성경을
너희들에게 내릴 때 너희들은 세상의
이치요, 하늘의 이치까지 모두를 다
알 수 있음이니라.
21 그러나 지금의 모든 종교 집단이요,
그 신도들, 너희들이 마음을 열며 사
랑의 마음으로 살아간다 하나, 내가
보는 너희들의 마음은 문이 닫혀 있으
며 열려 있지 아니함이니라.
22 너희들의 마음의 문이 열려 있지 아니
함이니, 너희들은 귀가 있어도 듣지
못하는 것이요, 눈이 있어도 보지 못
하는 그와 같은 형국이 되었음이니라.
23 그러니 귀가 있어도 듣지 못하며 눈이
있어도 보지 못하니, 그러한 너희들이
과연 무엇하겠느냐?
24 있으나 마나 하며 차라리 없느니만 못
한 것이 아니더냐?
25 그렇지 아니하면 어찌하여 오늘과 같
이 험악한 세상이요, 도둑이 들끓는
세상이요, 너희들이 스스로 말세라는
그와 같은 말을 하는 세상이 되었겠는
가?
26 너희들이 그리 말하도록 세상이 얼마
나 지금 포악해졌으며 세상이 얼마나
불안한가?
27 불 앞에 화약이 있는 것같이 지금의
세상이 그러하니라.
28 그저 기회만 되면 터질 것 같으며 기
회만 닿으면 모두가 다 폭발할 것같이
불 앞에 화약을 놓아둔 것처럼,
29 불이 서서히 달아올라 화약을 향하여
흘러오는 그 불길처럼 오늘의 이 세상
에 살아감이 그와 같은 곳에 있음이
니, 그와 같은 공포요, 불안을 느끼는
것이 무엇이더냐?
30 너희들이 지금 바로 그와 같은 역사를
하는 것이며 그리 만들어 온 결과라는
것을 알아야 될 것이니라.

31 이는 눈이 있어도 보지 못하며 귀가
있어도 듣지 못하는, 그와 같이 마음
의 문을 닫아 놓은 자들이 이 세상에
존재하며 그를 통제하는 세상이 되었
기에 이와 같이 위험하고 위험한 형국
이 되었음이니라.
32 너희들은 들어야 될 것이니라.
33 너희들은 다시 봐야 되며 다시 생각해
야 되며, 나의 뜻이 무엇인가를 깨우
치지 아니하면 절대 아니 됨이니라.
34 사랑하는 나의 아들딸들아! 지금의
이 세상을 너희들이 어떠한 마음으로
살고 어떠한 마음으로 살아야 된다 하
였느냐?
35 진실된 사랑이요, 진실된 나눔을 가지
고 살지 아니하면 아니 된다 하였음이
니라.
36 그러니 내가 새로운 성경을 내려보내
는 것이 바로 그것이니라.
37 진실된 사랑으로써 너희들이 모두를
역사하도록 내가 지금 새로운 성경을
너희들에게 내려보내니,
38 너희들은 이를 읽고 깨우쳐 그대로 행
하는 삶을 살면, 스스로 언젠가는 나
에게 구원을 받으며 거듭나는 영광을
얻을 수 있으며, 너희들이 나의 뜻에
의하여 모두를 역사하는 그와 같은 삶
을 살게 됨이니,
39 내가 너희들을 받아들이는 그와 같은
내 기쁨이 있거늘, 어찌하여 너희들이
그와 같은 삶을 살지 않으며 새로운
성경을 던져 버리며 태워 버리며 찢어
버리며 사탄의 것이라 그리 말하는가?
40 사랑하는 나의 아들딸들아! 너희들이
어린아이의 마음이요, 진실한 사랑의
실천을 하기 위해서는 너희들이 나의
새로운 성경을 접하고 공부하며 정독
하지 아니하면 그리 변할 수 없음이니
라.
41 이 세상에 어떠한 책도 어떠한 강론도
나의 새로운 성경처럼 너희들을 변화
시킬 수 없으며, 거듭나는 길을 안내
하고 가르칠 수 있는 정답이 없다는
것을 명심하도록 그리하라.

11,934 번째 하나님 말씀

2004년 7월 2일 0시 10분

1 사랑하는 나의 아들아!
2 "네, 아버님! 말씀하옵소서."
3 너희가 지금의 새로운 성경을 접하여
읽고 깨우치지 아니하면, 이 세상에서
평화요, 행복이요, 나로부터 받아서
누릴 수 있는 그 모두를 지키고 누리
는 삶을 살 수가 없음이니라.
4 그러니 너희들이 새로운 성경을 접하
여 변하는 삶을 살지 아니하면, 너희
들은 누릴 것을 누릴 수도 없으며, 취
할 것을 취할 수도 없으며, 이 세상에
나의 피조물 만백성 너희들에게 평화
와 행복이라는 것은 있을 수가 없음이
니라.
5 다만, 고통과 시련이요, 어둠만이 너
희들에게 존재하는 것이며, 그것이 너
희들이 미래에 접할 것이며 너희들의
미래라는 것을 알라 그리 전하라.
6 사랑하는 나의 아들딸들아! 지금의
세상이 얼마나 무너졌으며 타락되었
는가?
7 지금은 나의 새로운 성경을 접하고 이

를 가지고 깨우치고 공부하지 아니하
고는 너희들이 아무것도 이룰 수 없다
는 것을 알아야 될 것이니라.
8 나는 너희들에게 말하였느니라.
9 새로운 성경을 접하여 가슴에 안고 정
독하여 이를 보고 깨우치는 그와 같은
삶을 살지 않는 자는 나와 아무런 관
계가 없다 내가 너희들에게 보여 주었
으며 그리 전했음이니라.
10 너희는 알라. 지금 너희들이 육의 세
상의 선을 넘을 때 과연 너희들은 무
엇으로써 내가 증표를 하며 무엇으로
써 근거한다 하였느냐?
11 내가 나의 아들을 통하여 너희들에게
그리했느니라.
12 육의 세상의 삶을 살고 이제 죽음의
종착역에서 너희들이 육의 세상을 떠
나 하늘에 와서 심판을 받을 때,
13 심판대에 오를 수 있는 것은 너희들이
육의 세상과 하늘의 세상의 그 선을
넘을 때,
14 그 증표는 바로 나의 새로운 성경을
얼마나 가슴에 안고 있으며 얼마나 이
를 보고 깨우쳤느냐 하는 것으로써 증
거한다 하였음이니라.
15 그러니 이를 읽지 아니하고 공부하지
아니하며, 비방하고 저주하는 그와 같
은 너희들이 과연 나에게 오를 수 있
단 말이더냐?
16 너희들이 나의 아들을 통하여 내리는
새로운 성경이 사탄의 것이요, 나의
아들 또한 사탄이라 말하는 자, 너희
들은 죽어 나에게 왔을 때, 활활 타는
불바다에 일단 던져지는 것이 너희들
의 운명이라는 것을 절대 잊지 말라
그리 전하라.
17 오늘의 나의 새로운 성경이 아무런 의
미가 없으며 귀한 것이 없으며 가치가
없는 것 같으나, 이것이 너희들을 심
판하는 기준이요, 이를 읽고 깨우치지
아니하면 너희들이 하늘에 오르는 정
답을 절대 알 수 없음이니,
18 너희들이 나의 새로운 성경을 무의미
하게 보나, 너희들이 죽음으로써 심판
을 받을 때는 얼마나 위대한 것이며
얼마나 귀하고 소중한 것인가를 알게
될 것이니라.
19 그러나 그때는 너희들에게 기회가 없
으며 때가 늦음이니라.

11,935 번째 하나님 말씀

2004년 7월 2일 0시 12분

1 사랑하는 나의 아들아!
2 "네, 아버님! 말씀하옵소서."
3 너를 따르는 제자들이요, 그리고 나의
새로운 성경을 읽고 깨우치고자 하는
백성 너희들은 들으라.
4 너희들은 새로운 성경을 믿고 이를 따
르라.
5 그리고 이에 기록된 내용대로 너희들
이 지키고 사는 것에 모두를 바치며
최선을 다하도록 하라.
6 너희들이 이를 읽고 깨우쳐 너희 것으
로써 만들어 다른 삶을 살며 구원의
길을 보기 전에, 나의 새로운 성경을
먼저 읽는 그와 같은 확고한 마음을
가져야 될 것이니라.
7 곧 이를 믿고 인정하며 이를 가지고
공부하는 그와 같은 마음 자세만이 모

두를 다 이룰 수 있기 때문임을 너희
들은 알아야 될 것이니라.
8 사랑하는 나의 아들딸 너희들은 들으
라.
9 나의 새로운 성경을 믿으며 내가 나의
아들을 통하여 내리는 강론이요, 이
모든 역사하는 것을 믿으라.
10 그리고 그저 믿는 것으로 그치는 것이
아니요, 너희들의 몸과 마음이요, 그
모두를 다 바쳐 구원의 길을 볼 수 있
도록 그 길에 올 수 있는 영광을 얻도
록 그리하라, 사랑하는 나의 아들딸들
아!
11 내가 너희들에게 이와 같이 간곡히 전
하는 내 마음의 뜻을 모르겠는가?
12 새로운 성경을 믿고 공부하는 자는 구
원의 길을 볼 수 있으며 나에게 구원
을 얻을 수 있으며, 내가 너희들을 기
억한다는 것, 그러기에 너희들이 이
길을 위하여 모두를 바쳐 충성을 다하
고 정성을 다하라는 나 여호와의 뜻을
깊이 깨우치라.
13 이것만이 가장 큰 상이요, 가장 중요
한 것이요, 너희들의 삶을 여기에 맞
춰 살아가야 된다는 것을 절대 잊지
말라.
14 그렇지 않은 자는 모두를 다 잃게 된
다는 것을 명심하고 또 명심하도록 그
리하라.

11,936 번째 하나님 말씀

2004년 7월 2일 0시 16분

1 사랑하는 나의 아들아!
2 "네, 아버님! 말씀하옵소서."
3 나 여호와가 너희들에게 간곡히 부탁
하며 간곡히 너희들에게 바람이니라.
4 너희들은 하늘의 지혜를 얻으라 함이
니라.
5 하늘의 지혜를 얻는 삶을 살라 하였음
이니, 하늘의 지혜를 얻는 것이 무엇
인 줄 알겠느냐, 사랑하는 나의 아들
딸들아!
6 하늘의 지혜를 얻는 자는 인간 세상에
서 지혜로운 삶을 살 수 있는 것이니
라.
7 그리고 너희들이 오늘의 삶을 남에게
뒤지지 아니하며 남에게 부끄럽지 않
은 삶을 살 수 있으며, 저 자신을 완벽
하게 다스려 갈 수 있는 것이 하늘의
지혜를 얻는 것이니라.
8 그리하여 하늘의 지혜를 얻는 데 모두
를 매달리며 최선을 다하는 삶을 살라
내가 너희들에게 그리 전함이니라.
9 지혜로운 사람은 다음 세상의 삶을 위
해서 육의 세상의 삶이 아니라, 다음
세상의 삶을 위하여 생각할 줄 알며
그를 대비할 수 있는 그와 같은 백성
이 하늘의 지혜를 얻은 백성이니라.
10 하늘의 지혜를 얻은 백성은 너희들이
육의 세상의 종착역에 도착하는 것을
생각하고 살며, 그때를 대비하여 삶을
사는 것이 하늘의 지혜를 얻은 백성이
라 그리 말하지 아니하였더냐?
11 이 의미를 너희들이 깊이 새기도록 그
리하라.
12 하늘의 지혜를 얻은 백성들은 오늘의
육의 세상에서 작은 것에 자기 자신을
팔지 않느니라.
13 가볍게 작은 것에 자신을 팔며 함부로

말을 하며 말로써 모든 공덕을 다 무
너트리는 그와 같은 삶을 지혜로운 백
성은 절대 살지 아니함을 너희들은 알
아야 될 것이니라.
14 사랑하는 나의 아들딸들아! 하늘의
지혜로써 임하는 자, 그 사람만이 세
상에 돌아가는 모든 오묘함을 알며,
나 여호와가 창조한 위대함을 알며,
나 여호와가 얼마나 정교하게 이 세상
의 모두를 존재하게 했는가를 알며,
15 나를 믿지 아니하는 자도 나를 찾을
수 있는 그와 같은 이 세상의 이치요,
그 모두가 다 얽히고설켜 돌아가는 세
상임을 너희들은 알라.
16 그러니 지혜로운 백성은 그것을 알 수
있으며 그것을 접할 수 있으며, 그 모
두를 제 것으로 만들어 가는 현명한
삶을 살 수 있는 것이니라, 사랑하는
나의 아들딸들아!
17 세상의 모두를 볼 수 있는 눈이 뜨이
게 되며, 모든 아름다운 말을 들을 수
있는 귀가 열리며, 너희들이 이 세상
에 나와 사는 데 누리고 살 수 있는 그
많은 것, 그리고 행복한 것, 그 모두를
느끼고 접하는 삶을 살게 될 것이니라.
18 이는 곧 너희들이 육의 세상에서 거듭
나는 길을 가는 자요, 거듭나는 은혜
를 받을 수 있는 백성이기 때문에 그
와 같이 눈도 귀도 마음도 모두 다 변
하게 됨이니라.

11,937 번째 하나님 말씀

2004년 7월 2일 0시 23분

1 사랑하는 나의 아들아!
2 "네, 아버님! 말씀하옵소서."
3 나 여호와는 너에게 모두를 다 주었으
며 내려 주고 있음이니라.
4 그러니 네가 어찌하여 불안한 마음이
요, 너 자신을 다스리지 못하는가?
5 네가 지금 모든 욕심을 버렸으며 정녕
욕심이 없다면, 160권의 새로운 성경
을 쓰면서 욕심을 버리는 것, 너를 버
리는 것, 모두를 지우는 것이 하늘에
오르는 길이라 내가 그리하였음이니,
6 네가 어찌하여 그 모두를 다 받고 얻
으면서도 기쁨이요, 행복함을 모르며
은혜를 생각하지 못하며 불안한 마음
으로 사는가?
7 불안하고 초조한 마음을 네가 가지고
있는 것은 절대 나를 믿지 못하며 신
뢰하지 못하는 삶이 아니던가?
8 나는 너에게 모두를 다 주었다 하였음
이니라.
9 사랑하는 나의 아들아! 내가 너에게
주지 아니하는 것이 무엇이 있으며 네
가 역사하지 못하도록 한 것이 무엇이
있느냐?
10 다만, 네가 마음이 변하며 깨달은 만
큼 내가 너에게 상을 내린다 하지 아
니하였더냐?
11 네가 오늘의 잠자리가 없던가, 네가
먹고살 것이 없던가, 네가 지금 입을
것이 없던가, 네가 무엇이 부족하다
한단 말이더냐?
12 나의 아들 예수도 너와 같은 삶을 살
지 못했으며 어렵고 힘든 삶을 살았느
니라.
13 지금 내가 너에게 모두를 다 주었으며
네가 행할 수 있도록 모두를 다 준 것,

그것이 내가 너희 것을 다 준 것이 아
니더냐?
14 이 세상의 모두가 다 너희 것이요, 이
세상에 너희 것이 아닌 것이 없다 내
가 그리 말하지 아니하였더냐?
15 그러니 초조한 마음이요, 불안한 마음
을 너부터 제거하라.
16 그리고 모두를 다 지워 버리라.
17 너는 이 순간부터 작은 것이라도 그와
같은 마음을 가져서는 아니 될 것이니
라.
18 네가 마음속에 불안한 마음이요, 초조
한 마음을 가지고 감추고 있다 해도
제자들이 그를 다 알며 보고 있음이니
라.
19 그러니 네가 정녕 나 여호와의 뜻에
따라 살아가고자 하며, 진심으로 네가
나를 믿으며 한 점의 흔들림이 없다면,
20 과연 네가 오늘에 이와 같은 초조하고
불안한 마음을 가지고 있을 수 있는가?
21 내가 모두를 다 준 그와 같은 은혜를
입은 네가 지금도 흔들려서는 아니 됨
이니라.
22 지금도 네가 어떠한 부분이든 자신이
없으면 아니 되며 용기를 잃어서는 아
니 되는 것이니 그리 알라.
23 네가 하나를 잃을 때, 너의 제자들이
열 개를 잃게 됨이니라.
24 그러니 너는 나의 성령을 받아 기록한
대로, 그리고 듣는 대로, 내가 명한 대
로 너는 그리 충실히 가기만 하면 될
것이니라.
25 160권이라는 새로운 성경을 만들어
세상에 전하는 그 기간이 길고 길어
네가 지치고 흔들리고 넘어지는 것은
나 여호와도 알고 있음이니라.
26 그러나 네가 가면 갈수록 더 높아지며
더 다져지지 아니하고, 네가 인간 세
상의 계산법처럼 몇 년이라는 그 세월
동안에 160권의 새로운 성경을 만들
면서 지친 모습이요, 힘든 모습으로
비치고 그리 가서는 아니 됨이니라.
27 그것이 바로 네가 믿음이 약한 것이
요, 나를 경배하는 마음이 약하며 네
가 나를 아버지로서 받드는 마음이 약
해짐이니라.
28 아무리 세월이 40년이요, 100년이 걸
린다 해도 너는 흔들려서는 아니 되
며, 지루한 마음을 가져서도 아니 되
며, 고통스러운 마음을 가져서도 아니
되느니라.
29 며칠이면 갈 수 있는 그 광야를 40년
이 넘도록 그들이 방황하고 간 그 의
미를 모르는가?
30 네가 어찌하여 그와 같은 길을 역사하
고자 한단 말이더냐?
31 너는 아무리 해도 흔들려서는 아니 되
느니라.
32 아무리 오랜 세월 동안 네가 나의 새
로운 성경을 받아 기록하며 그것이 지
치고 또 지쳤으며,
33 그리고 내가 내린 것을 또 내려 반복
하여 너희들에게 심어 준다 하여, 십
계명을 암송하고 암송하라 하여 내가
그리 명한다 해서,
34 네가 지친 모습이요, 흔들리는 모습은
네가 진정 모두를 바쳐 나의 뜻에 따
라 역사하지 못하고 허점이 있는 것임
을 너는 알라 내가 그리 전하며, 너를
따르는 제자들 또한 그들도 그러하니

라.
35 그들의 마음이 과연 어떠한 것인가 스스로 점검해 보고 점수를 매겨 보도록 하라 그리 전하라.
36 그들도 지금 너처럼 흔들릴 것이며, 너처럼 인내하기 어려운 그 속에서 마음의 갈등이 있을 것이니라.
37 그 갈등을 버리지 아니하면 아니 되느니라.
38 너희들이 여기가 아니고는 어떠한 곳에서도 나에게 오르는 길을 볼 수 없으며 그 길의 가르침을 들을 수 없기 때문이라는 걸 명심하라.

11,938 번째 하나님 말씀

2004년 7월 2일 0시 25분

1 사랑하는 나의 아들아!
2 "네, 아버님! 말씀하옵소서."
3 너희들이 이 세상을 살아가면서 나 여호와가 가장 미워하는 것이 두마음을 가지고 살아가는 백성이라 하지 아니하였더냐?
4 겉과 속이 다른 백성을 내가 용서하지 못한다 그리하였으며, 그들을 나 여호와가 가장 반기지 아니한다 하였음이니라.
5 너희들이 나에게 기도하며 경배하는 그 순간에 그 마음 외에 다른 생각을 잠시라도 한다면 바로 무엇이더냐?
6 너희들은 두마음을 가진 자요, 우상을 섬기는 그와 같은 백성이 됨을 알아야 될 것이니라.
7 너희들이 이제는 살아가는 그 생활 속에서 내 뜻대로 살아가지 아니하며 내 뜻을 거역하는 삶을 사는 것이 바로 너희들이 두마음을 가진 삶이요, 우상을 섬기는 삶이라는 것을 명심하고 또 명심하도록 그리하라.
8 너희들이 나 여호와에게 기도하면서 무엇을 달라, 무엇을 이루어 달라 소원을 하는 것은 개구리 소리만도 못하다 하였음이니,
9 너희들이 나에게 기도하는 정성이 아니요, 온갖 것을 바쳐 피보다 진한 땀을 흘리며 기도하는 자세가 아니라,
10 너희들이 무엇을 얻고자, 구하고자 기도하는 그것이 바로 우상을 섬기는 것이요, 나를 능멸하는 것이요, 다른 신을 섬기는 것이라는 그 의미를 알라.
11 그리하여 내가 그들과는 차별화하는 나의 아들이요, 너를 따르는 제자들은 모두 흔들리는 마음이 있어서는 아니 되며,
12 너희들이 기도할 때 정성을 다해서 기도하며, 나의 새로운 성경을 읽을 때 정성을 다해서 읽으며, 나의 아들을 통하여 내리는 그 강론을 정성을 다해서 한마음으로 듣지 아니하면 아니 됨이니라.
13 너희들은 마음이 흔들리며 그 흔들림은 두마음이요, 나 여호와가 가장 용서하지 않는 마음이요, 그리고 다른 우상을 섬기는 타락한 백성의 삶이라는 것을,
14 내가 지금 나의 아들을 통하여 내리는 이 깊은 뜻을 음미하고 너희 것으로 만들어 한번 깨우쳐 보고 연구해 보라.
15 그러면 너희들이 무슨 의미인가 알게 될 것이니라.

11,939 번째 하나님 말씀

2004년 7월 2일 0시 29분

1 사랑하는 나의 아들아!
2 "네, 아버님! 말씀하옵소서."
3 너희들이 출발을 하지 아니하면 아무
것도 이룰 수 없지 않더냐?
4 그러니 출발하는 사람만이 어떠한 결
과든 얻을 것은 얻고 잃을 것은 잃는
삶을 살지 않느냐?
5 그러니 출발하는 그 삶만이 변화될 수
있는 삶을 사는 것이니라.
6 지금 나의 아들을 따르는 너희들이 바
로 무엇이더냐?
7 너희들은 새로운 성경을 위하여, 새로
운 길을 위하여, 나에게 오르는 그 길
을 위하여 지금 출발한 백성들이니,
8 너희들보다 더 행복하고 축복받은 백
성이 없다 함이 여기 있음을 알라, 사
랑하는 나의 아들딸들아!
9 그러니 너희들의 오늘의 삶 또한 그러
하니라.
10 너희들은 항상 다시 시작하는 것, 새
로 시작하는 마음 자세를 가지고 살
며, 너희들은 항상 출발하는 사람이
되도록 그리하라, 사랑하는 나의 아들
딸들아!
11 그와 같은 마음을 갖고 살지 아니하며
그와 같은 마음을 가지고 다스리고 살
지 아니하면 스스로 넘어지는 그와 같
은 형국이 되기 때문이니라.
12 모든 사탄이요, 마귀들이 너희들이 허
점이 있을 때, 너희들이 흔들리는 그
와 같은 마음의 여유가 보일 때, 그리
고 두마음을 갖고자 하는 그와 같은
행동을 할 때,
13 사탄들은 가차없이 너희들을 지옥의
벼랑으로 끌어가기 위하여 대기하고
기다린다는 것을 알아야 될 것이니라.
14 사랑하는 나의 아들딸들아! 너희들이
시작하여 출발함이니, 이와 같이 160
권의 새로운 성경이 나옴이니라.
15 그러니 누가 뭐라 해도 너희들은 희망
이 있는 백성들이요, 내일의 승자라는
것을 절대 잊지 말도록 그리하라.
16 희망이 있으며 내일의 승자라는 것이
얼마나 위대하고 귀한 상이던가?
17 그와 같은 것을 위하여 모든 백성들이
오늘의 이 어렵고 힘든 길을 가며, 평
생 헌금을 바치며 각종 재물을 바치며
가는 그와 같은 삶이 아니더냐?
18 그들은 그래도 지금 그 길을 알지 못
하며 너희들이 오르는 길을 보지 못함
이니,
19 지금 그들은 오리무중의 캄캄한 밤에
허덕이는 것이요, 내 뜻을 거역하는
삶을 살아감이니,
20 그들은 내일의 희망이 없으며 내일의
영광이 없음을 모르고 있음이니라.
21 그러니 그들과 너희들이 나로부터 선
택되고 선택되지 아니한 그 차이가 여
기에 있음이니 그리 알라.

11,940 번째 하나님 말씀

2004년 7월 2일 0시 33분

1 사랑하는 나의 아들아!
2 "네, 아버님! 말씀하옵소서."
3 너희들에게 뭐라 말하였느냐?
4 너희들이 이 세상에서 마음을 비우고

안 비우는 것, 그리고 너희들이 바로
살고 살지 못하는 것, 그리고 너희들
이 가지고 있는 잘못된 악습이요, 그
모두를 버리고 안 버리는 것은 모두
너희들에게 달렸다 그리하였음이니
라.
5 그러니 너희들이 잘못 살아가며 하늘
을 향하여 부끄러운 삶을 사는 것, 그
리고 아름다운 삶을 사는 것은 너희들
보다 너희 자신을 더 잘 아는 사람이
없으며 그보다 명확히 알고 있는 사람
이 없음이니라, 사랑하는 나의 아들딸
들아!
6 그러니 너희 자신을 다스리며 새로 거
듭나는 역사를 너희 스스로 모두 이루
지 아니하면 아니 됨이니라, 사랑하는
나의 아들딸들아!
7 그러니 모두는 다 너희들 자신에게서
찾아야 될 것이며 너희들 자신에게서
모두를 구하는 그와 같은 삶을 살아야
될 것이니라.
8 너희들이 하늘을 향하여 한 점의 부끄
럼이 없는 그와 같은 삶을 사는 것도
무엇이더냐?
9 너희들이 남으로부터 듣고 배우는 것
은 참고가 될 것이며 길 안내는 되나,
결코 너희들이 거듭나는 것은 아니 되
느니라.
10 그러니 너희들 자신의 요구요, 자기
자신의 모든 것을 너무나 잘 알기 때
문에 너희들 스스로 다스려 나가는 사
람이 되며 자신이 모두를 역사한다는
것을 내가 기록한 대로 절대 잊지 말
라.
11 그렇지 아니하면 아무것도 이룰 수 없
으며 얻을 수 없다는 것을 너희들은
알아야 될 것이니라.
12 사랑하는 나의 아들딸들아! 모두는
너희 자신이 잘 알듯이, 너 자신이 거
듭나고 못 나는 것도 모두 너희들 자
신에게 달렸다는 것을 절대 잊지 말라.
13 다만, 너희들이 자신의 욕구를 위하
여, 자신의 그 목표를 위하여 무엇인
가 인간의 생각이요, 인간의 계획대로
세워 놓고 그걸 이루고 그것에 맞추어
성공하겠다는 그와 같은 마음으로써
살아가기 때문에 다음의 세상을 모르
며,
14 정녕 고쳐야 될 악습이요, 버려야 될
습관을 모두 너희 자신이 싸워서 스스
로 버리고 선함을 얻는 그와 같은 어
렵고 힘든 그 삶은 접어 두고 잊어버
리고 사니,
15 그것이 너희들이 육의 세상의 목표를
세워 놓고 가는 것보다 더 귀하고 소
중하다는 걸 알라 전하라.

11,941 번째 하나님 말씀

2004년 7월 2일 0시 37분

1 사랑하는 나의 아들아!
2 **"네, 아버님! 말씀하옵소서."**
3 지금 나의 아들을 통하여 새로운 성경
을 내려보냄이니, 모든 백성들이 이것
을 사탄이요, 이단이라 그리 말하느니
라.
4 그러거든 그들에게 시시비비할 것 없
이 너희들은 그들에게 조용히 깨우쳐
주라.
5 창조주 아버지께서는 어떤 것을 행하

고 역사하시기 전에 반드시 그 선택된
백성을 통하여 그 뜻을 알려 주며 그
비밀을 알려 주며 어찌 행해야 하는
것인지 전해 줌이니,
6 사전에 알려 주지 아니하고 너희들에
게 그와 같은 고통이요, 재앙이요, 시
련을 내리지 않는 것이 나 여호와의
뜻이라 그들에게 깨우쳐 주라.
7 그러니 내가 예수가 오는 것도 모두를
통하여 알려 주었으며, 또한 지금 나
의 아들이요, 그를 통하여 내가 새로
운 성경이요, 그리고 내가 새로운 성
령을 모두 내려보내 너희들을 구원하
고자 하는 것, '하늘에 오르는 길'이요,
'하나님! 말씀하옵소서.' 그것이 무엇
이더냐?
8 내가 너희들에게 마지막 시대에 심판
을 시작함이니, 심판을 시작한다는 것
을 알려 주는 것이요,
9 더욱이 너희들에게 마지막 시대이기
때문에 심판을 받기 위해서 너희들이
어떠한 준비를 해야 되며, 그 준비를
하지 않았을 때 어떠한 결과에 이른다
는 것을 모두 상세하게 나의 아들을
통하여 너희들에게 전함이니라.
10 지금까지는 내가 나의 아들이요, 선택
된 자를 통하여 무엇이 올 것이요, 무
엇이 이루어질 것이라는 것을 미리 예
언하여 너희들에게 전해 주었으며, 그
리고 너희들이 그리 행하지 아니하면
아니 된다는 것을 내가 내려보냈음이
니라.
11 그러나 지금 나의 아들을 통하여 내리
는 이 새로운 성경에 기록되는 모든
내용은 과거·현재·미래의 모두가 다
들어 있듯이,
12 너희들이 하늘에 오르는 길은 어찌 와
야 되며, 하늘에 오르는 백성은 어떠
한 백성이 오며, 하늘에 와 사는 백성
은 어떠한 백성들인가,
13 그리고 너희들이 스스로 어찌 다스려
야만 하늘에 올 수 있는가,
14 그 모든 답이 상세하게 거기에 있는
것이니라.
15 내가 미리 알려 주는 것, 그리고 나 여
호와가 역사하기 위하여 모든 비밀이
요, 너희들이 준비할 수 있는 것을 알
려 주는 것은 지금 160권 새로운 성경
보다 더 철저하게 준비된 것이 없느니
라.
16 이는 무엇인 줄 알겠느냐?
17 마지막 시대에 이를 접하고 따르지 아
니하는 자들을 가라지를 뽑아 유황불
에 던지듯이 다 그 불바다에 던지는
그와 같은 형국이 이루어지는 것을 내
가 미리 너희들에게 예고하는 것이며
알려 주고 전함을 알라.
18 그러니 너희들은 그 말만 하라.
19 새로운 160권의 이 성경은, 예수가 올
때 미리 와서 알려 준 자가 있듯이,
20 지금 모두를 내가 시행하고 심판하기
에, 너희들에게 반드시 어떠한 것이
올 것이며 어찌 역사한다는 것을 알려
주는 것이요, 내 비밀을 내려보내는
것이 그 의미이니,
21 그를 보고 너희들이 깨달으라 그리 전
하라, 사랑하는 나의 아들딸들아!

11,942 번째 하나님 말씀

2004년 7월 2일 0시 40분

1 사랑하는 나의 아들아!

2 "네, 아버님! 말씀하옵소서."

3 구약 시대에 역사했던 그 모두도 다 너희들이 어찌하여 내 뜻대로 이루지 못하며 우상을 만들어 광란의 짓을 했는지 알겠느냐?

4 너희들이 인간적인 생각으로써 모두를 들여다보며, 또 인간의 생각이요, 인간의 뜻으로써 모두를 붙들어 매려 하며 인간의 믿음으로써 옴이니,

5 그것도 스스로 너희들이 알지 못하는 사이에 그와 같이 흘러가게 되었음이니라.

6 인간의 생각으로 합의하여 너희들이 모든 것을 이루려 하기 때문에 이룰 수 없으며 역사할 수 없는 오늘과 같이 험악한 세상이 되었음이니라.

7 이제 나의 아들을 따르는 백성 너희들은 나 여호와의 뜻에 의하여 사는 백성이요, 내가 구약과 신약과 새로운 성경을 내려보내는 것은 내가 너희들에게 약속하는 것이며 깨우쳐 주는 것이니라.

8 그러니 이것이 아니며 이를 통하지 아니하고 너희들은 변할 수 없으며 하늘에 올 수 없는 것을,

9 나 여호와가 너희들에게 내리는 그 약속은 무시해 버리며 인간적인 생각에 붙들려 지금 믿음의 길을 가고 있으며,

10 인간적인 모든 것과 타협하며 합의하는 그와 같은 삶을 살아가기 때문에 모두가 무너졌으며 나를 볼 수 없으며,

11 나에게 올 수 있는 길이 아니라 나에게 올 수 없는 그 길을 가고 있는 오늘의 믿음이요, 삶이라 전함이 여기 있음이니라.

12 인간 생각에 붙들려 믿음의 길을 가지 말라.

13 그리고 인간 세상의 모두와 합의하여 그저 반죽하는 식으로 모두를 만들어 너희 임의대로 그리 가지 말라, 사랑하는 나의 아들딸들아!

11,943 번째 하나님 말씀

2004년 7월 2일 06시 41분

1 사랑하는 나의 아들아!

2 "네, 아버님! 말씀하옵소서."

3 나로부터 가장 높은 지혜요, 판단력과 생각을 가지고 세상에 나간 나의 백성 너희들이 가장 어리석은 자요, 어리석은 삶을 산다 그리하지 아니하였던가?

4 세상 모두는 다 나로부터 은혜를 받아 세상에 나간 것을 감사하며, 그 은혜를 갚을 길이 없다는 마음을 가지고 존재하고 살아간다 하지 아니하였더냐?

5 그리고 그들은 내가 저희들에게 내린 그 한계를 벗어나지 아니하며, 내가 명한 그 선을 넘지 아니하고 살아가는 것이 이 세상의 모든 동식물들이 살아가는 형국이라 그리 말하였느니라.

6 그러나 나의 피조물 만백성 너희들만이 그 모두를 파괴하며 지키지 아니하는 그와 같은 형국으로 살아감이니라.

7 내가 너에게 일찍이 말하기를, 강한 짐승이 약한 짐승을 마구잡이로 잡아

먹는다면 그들이 존재하지 못하며, 결
국은 저희들의 죽음을 초래하는 것이
라 그리하였느니라.
8 바로 지금 나의 피조물 만백성 너희들
이 살아가는 형국이요, 너희들이 살아
감이 그러하니라.
9 너희들은 질서도 없으며 사랑도 없으
며, 그리고 미래를 위하여 살아가는
그와 같은 지혜 있는 삶도 살지 않는
것이 오늘의 나의 피조물 만백성 너희
들이 살아가는 모습이라 내가 함이니
라.
10 가장 현명하며 판단력이 있으며, 생각
이 있으며, 지혜가 있는 나의 백성들
이 어찌하여 그와 같이 무질서하고 무
자비한 성격으로 변하여 오늘의 이 세
상을 이리 험악하게 만들었는가?
11 그 모두는 다 자기 중심으로 이기주의
의 마음을 너희들에게 심어 준 오늘의
종교 지도자들에게 모든 책임이 있음
을 알아야 될 것이니라.
12 나는 너희들을 세상에 내보낼 때 어린
아이와 같은 티 없이 맑은 마음으로
세상에 내려보냈거늘, 너희들이 어찌
하여 이와 같이 험악한 형국으로 변했
단 말이더냐?
13 너희들의 모형을 찾을 수 없으며 너희
들의 모습을 찾을 수 없으며, 인간으
로서 내가 내려보낸 최초의 그 형태를
찾아볼 수 없을 만큼 그리 무너지고
일그러진 것이 너희들이라 함이니라.
14 그러니 당연히 너희들이 나의 아들딸
의 그 모습으로써 존재하지 못하며,
누가 봐도 흉악한 형국으로 변해져 있
는 것이 나의 피조물 만백성 너희들이
살아가는 모습이라면 과연 너희들은
이를 믿겠는가?
15 너희들의 오늘의 모습이 그러함이니
라.
16 그리하여 내가 나의 새로운 성경을 보
내 너희들의 마음을 다스리고 행동을
다스리고 모든 생각을 다스려,
17 너희들을 티 없는 어린아이와 같은 원
래의 모습으로 돌리고자 하며, 그와
같은 형태로 너희들이 돌아오라 하는
것이 나 여호와의 뜻이니라.
18 그러니 그와 같이 너희들이 돌아올 수
있는 길이요, 근본의 모두를 다 기록
하여 전하는 새로운 160권의 성경을,
너희들의 그 포악하고 사악하고 간교
한 마음에 의하여, 이는 하늘의 뜻이
아니며 이는 인간이 만든 것이요, 그
리고 사탄이요, 마귀가 너희들을 무너
트리기 위해서 만든 것이라 하며,
19 그리 뒤집어씌우고 그와 같이 선전 선
동을 하고 있는 것이 나의 피조물 만
백성 너희들의 종교 집단의 지도자요,
너희들이 지금 하고 있는 행위가 아니
더냐?
20 그러니 이를 보지 아니하고 깨우치지
아니하면 너희들이 나에게 오를 수 없
는 것이라 내가 나의 새로운 성경에
기록하여 전했음이니,
21 과연 너희들이 이를 보지 아니하고 이
를 읽지 않고 깨우치지 아니하고 나에
게 올 수 있느냐?
22 그는 결국 없다는 것을 너희들은 알아
야 될 것이며, 그는 이루어질 수 없는
사실이라는 것을 너희들은 알아야 될
것이니라.

23 이제 사랑하는 나의 아들딸 너희들에
게 내가 명하노니, 너희들이 이 세상
에 존재하는 그 모두는 다 나의 주관
하에 이루어지지 아니하는 것이 없다
함이니,
24 너희들이 나의 새로운 성경도 이단이
요, 사탄이라 그리 말하지 말며, 이 대
장정의 새로운 성경을 읽고 깨우치도
록 그리하라.
25 그렇지 않으면 너희들이 나를 볼 수
없으며, 오늘의 인간의 형태로써 가장
험악하고 험악한 형태인 너희들의 그
모습이 원래의 모습으로 돌아올 수 없
음을 알라 그리 전하라.

11,944 번째 하나님 말씀

2004년 7월 2일 06시 48분

1 사랑하는 나의 아들아!
2 "네, 아버님! 말씀하옵소서."
3 나의 피조물 만백성 너희들이 세속의
삶을 삶이니, 너희들은 우선순위가 있
음을 알아야 될 것이니라.
4 모든 백성들이 다 각자의 삶에 있어서
먼저 처리할 것, 먼저 겪어야 될 것,
그리고 먼저 진행해야 될 그와 같은
우선순위가 사람에 따라서 모두 다름
을 알아야 될 것이니라.
5 지금 나의 아들을 따르는 제자들이요,
그리고 나의 새로운 성경을 읽고 깨우
친 백성 너희들은 모든 삶의 우선순위
가 새로운 성경을 만들어 세상에 전하
는 것, 그리고 모든 백성들에게 이를
전하는 그와 같은 것이 가장 우선순위
의 삶임을 알아야 될 것이니라.
6 지금 너를 따르는 제자들이요, 또한
이를 읽고 깨우친 백성 너희들이 나로
부터 강론을 들으며 새로운 성경을 접
하면서도,
7 과연 너희들이 이 모두를 위하여, 이
것을 먼저 세상에 역사해야 된다는 것
을 생활의 우선순위로 생각하는 사람
이 얼마나 있는가?
8 너희들이 그와 같은 마음으로써 모두
가 하나가 되지 아니하면 너희들은 어
떠한 것도 그리 역사할 수 없음이니라.
9 너희들이 나의 새로운 성경을 만들어
내는 것을 우선순위로 하며 너희 삶과
생활의 전부라 그리 생각하여 그와 같
이 하나의 끈으로 엮어지지 아니하면,
10 너희들은 인간의 생각이요, 인간의 욕
심이 먼저 앞에 있는 백성들이기에,
너희들 앞에 그 무엇도 이루어질 수
없으며 역사할 수 없다는 것을 알아야
될 것이니라.
11 이제 너의 제자들에게 이를 전해야 될
것이니라.
12 너희들이 새로운 성경을 만들어 만백
성에게 전하는 것이 제일 우선이요,
제일 먼저라는 것,
13 너희들이 이로써 하나로 결속되어 이
를 역사할 때, 내가 너희들에게 상을
내릴 것이니라.
14 너희들이 하나로 엮어지지 아니하며
하나로써 단결하지 아니하는 것은 각
자 인간의 생각이요, 인간의 계산을
가지고 있음이니,
15 이는 너희들이 우선순위를 잊어버리
고 사는 백성들이니, 그를 깨우칠 때
까지 너희들에게 시련과 고통이 계속

됨을 알아야 될 것이니라.
16 그러니 이제 나의 아들 너는 너의 제
자들에게 전하라.
17 너희들이 나의 새로운 성경 160권을
만드는 데 모두를 다 바치도록 결심하
고 결의를 할 때, 그와 같은 각오로써
거듭나는 삶을 살 때, 너희들은 모든
것을 얻을 것이요,
18 그렇지 아니하면 너희들이 얻을 것도
얻지 못하는 그와 같은 운명이 너희들
이라는 것을 전하라.
19 우선순위가 있음이니, 가야 할 길이
있는 것이니라.
20 그러니 그것을 저버리고 너희들이 다
른 길을 간다는 것은 내 뜻을 거역하
는 자요, 책임을 다하지 못하는 자이
니,
21 너희들에게 내가 무엇으로써 그 수고
로움을 덜어 주며 너희들이 원하는 길
을 열어 줄 수 있겠는가?
22 너희들이 그와 같은 마음으로 하나가
되지 못하는 것은 인간의 생각이요,
인간의 욕심으로써 각자 나의 성전을
찾으며 나의 새로운 성경을 접하기 때
문이니,
23 이 마음의 뿌리를 뽑아 버리도록 하라
그리 전하라.

11,945 번째 하나님 말씀

2004년 7월 2일 06시 53분

1 사랑하는 나의 아들아!
2 "네, 아버님! 말씀하옵소서."
3 모든 백성 너희들은 인간 세상에 살면
서 누구보다도 풍요로운 생활을 살고
싶어 하며 그와 같은 삶을 살고 싶어
하느니라.
4 그러면서 또한 네 이름이요, 네 업적
이요, 인간의 역사가 오래오래 보존되
며 가치 있는 삶을 살기 위하여 노력
하는 것이 너희들의 오늘의 삶이니라.
5 그러나 사랑하는 나의 아들을 따르는
제자 너희들은 들으라.
6 너희들은 그 모두를 얻은 자요, 그 모
든 축복을 받은 백성들이 아니더냐?
7 너희들이 인간 생활의 풍요로움을 원
하니 육적인 재물이요, 부귀영화요,
그것을 가지고 너희들이 풍요로운 삶
을 살고 싶어 하나, 정녕 풍요로운 마
음이란 무엇이더냐?
8 모두를 사랑하며 세상에 내가 내린 자
연의 아름다움이요, 그와 같은 것을
느끼고 사는 자, 그리고 스스로 마음
을 비우며 욕심을 지우고 살아가는 백
성이 재물을 가지고 있는 인간 세상의
풍요로움보다도 더 풍요로우며 그것
이 소중함이니라.
9 그 풍요로움이라는 것은 너희들이 나
에게 와 상을 받을 수 있으며 영원히
너희들에게 풍요로움을 제공해 주는
것이니 그리 알라.
10 그리고 너희들이 이 세상에 매일매일
살아감에 있어서 너 자신의 역사를 만
들기 위하여, 그리고 아름다운 삶이
요, 가치 있는 삶을 오래오래 무엇인
가 남기고자 하는 것이 너희들의 생각
이 아니더냐?
11 그러니 너희들이 나의 160권의 새로
운 성경에 기록되며 너희들의 삶의 역
사가 남아 있으니, 그것보다 더 위대

한 역사를 남기는 백성이 어디 있겠느
냐?
12 그러니 나의 아들을 따르는 제자 너희
들이야말로 인간이 원하는 가장 큰 욕
심이요, 원하지 않는 그 마음의 모두
를 충족시키며 모두를 벗고 살아가는
백성들이 너희들이라는 것을 어찌하
여 모른단 말이더냐?
13 그 모든 은혜를 받은 것이 너희들임을
알라.
14 그러니 너희들은 내가 원하는 만백성
을 구하는 길, 새로운 성경을 만들어
내는 것에 하나가 되어 모두를 역사하
라 함이니,
15 내가 나의 아들을 통하여 너희들에게
그리 말하였느니라.
16 나의 아들을 따르며 어렵고 힘들게 가
는 그 백성 너희들은 그만큼 내가 이
미 상을 주었으며 받을 것을 다 받았
다 하지 않았더냐?
17 그 의미를 한번 되새겨 보면, 너희들
이 오늘 어떠한 삶을 살아야 될 것이
며, 너희들이 나로부터 은혜를 받았는
지 안 받았는지 그를 알 수 있을 것이
니 그리 알라 전하라.

11,946 번째 하나님 말씀

2004년 7월 2일 09시 27분

1 사랑하는 나의 아들아!
2 "네, 아버님! 말씀하옵소서."
3 나 여호와가 너희들이 세상에 살아감
에 모두를 다 주었다 하지 아니하였더
냐?
4 내가 너희들에게 생명을 주었으며, 너
희들이 세상에 태어남이니, 이 세상의
모두를 관리하고 살아갈 수 있는 그
모두를 주었음이니라.
5 너희들이 질병이요, 가난에서 벗어나
는 것, 그리고 너희들이 오래 살고 못
사는 그 모든 권한까지도 나는 개인
너희들에게 모두를 다 주었으며, 너희
들에게 달렸다 함을 어찌하여 그 의미
를 깨닫지 못한단 말이더냐?
6 나 여호와가 모두를 다 주었으며 내가
너희들에게 모두를 내려 주었음이니
라.
7 너희가 그렇게 무서워하며 두려워하
는 가난과 질병이요, 죽고 사는 모든
것도 다 나는 너희들에게 그 권한을
주었음을 알아야 될 것이니라.
8 너희들이 무서워하는 그 질병에 한 번
걸리는 자, 너 자신의 모두를 다 포기
하며 너희들의 모두를 다 저버리는 그
질병, 이것도 또한 너희들이 다 치료
할 수 있으며 다 다스릴 수 있거늘,
9 너희들은 그 질병에 걸리니 나를 원망
하며 그것이 너희들의 운명이요, 신세
라 한탄의 소리요, 넋두리를 늘어놓으
며, 너희들이 고통스럽고 괴로울 때마
다 나를 원망하느니라.
10 차라리 이와 같은 질병의 고통을 주려
거든 거둬 가시지, 어찌하여 내 생명
을 거둬 가지 아니하느냐?
11 정녕 하나님은, 창조주는 계시는지 안
계시는지 있으면 대답을 해 달라 너희
들은 별별 소리를 다 하느니라.
12 그러나 너희들이 무엇이더냐?
13 너희들은 그 모두를 막을 수 있으며
이길 수 있는 것이니라.

14 그 방법과 그 모두를 내가 너희들에게
다 주었거늘, 너희들이 진리를 따르지
않으며 순리에 거역하는 행위를 함으
로 그와 같은 질병에 쓰러지며 거기에
무너지는 삶을 살지 않느냐?
15 모두를 다 포기하며 모두를 잃는 그와
같은 패자의 자세로 가는 것이 질병에
걸려 허덕이는 자들이 아니더냐?
16 그러니 음식에 대한 욕심이요, 과욕이
요, 그리고 정욕에 대한 욕심이요, 욕
정을 다스리지 못하며, 너희들이 가지
고 있는 모든 마음의 욕심이요, 마음
을 비우지 못하는 근본에서 이루어지
는 것이요,
17 또한 그보다 더 중요하고 너희들이 그
모두를 이길 수 있는 것이 무엇이더냐?
18 너희들이 하루를 살아가면서 그 무섭
고 두려운 질병에 대한 준비를 얼마나
하며 거기에 대한 대비를 과연 얼마나
하는가?
19 과욕과 욕정이요, 욕망이요, 그 모두
를 그득히 짊어진 자들이 그 속에 허
덕이면서 그 무서운 질병에서 벗어나
고자 하루에 단 한 시간씩이라도 질병
퇴치를 위하여 운동을 하며 노력을 하
며 너희 자신을 움직이며 준비를 했는
가?
20 너희들이 살아가면서 하루에 한 시간
씩만 질병을 퇴치하도록 움직이고 노
력하는 시간을 가지고 운동을 하며,
몸을 다스리는 시간을 단 한 시간씩만
매일같이 거기에 투자하고 노력했다
해도 너희들은 질병을 퇴치했을 것이
며,
21 그 질병이 너희들에게 도전할 수 있는
기회가 없으며, 절대 도전하지 못하지
않겠느냐?
22 그러니 너희들은 하루에 단 한 시간도
꾸준히 노력하지 아니하였으며, 질병
을 퇴치하기 위하여 그를 미연에 방지
하기 위한 노력을 하지 아니하는 자들
이요,
23 욕심이요, 욕망이요, 그 모두에 너희
들이 차 있으며, 과식이요, 과욕을 버
리지 못하기 때문에 너희들이 그 질병
에 무너지며 쓰러지는 것이 당연한 것
이 아니더냐?
24 너희들이 그 모두를 다스리지 아니하
고 활용하지 아니하고 쓰지 않는 것은
내가 다 내려 준 것을 너희들이 사용
하지 않기 때문이니라.
25 모두가 다 마음을 비우지 못하는 것에
서 일어나는 것이 아니더냐?
26 정말 너희들이 싫어하는 가난이요, 그
리고 죽기보다 싫다는 빈곤이라는 것
은 또 무엇이더냐?
27 이 또한 내가 너희들에게 그를 면할
수 있으며 그를 벗어날 수 있는 모두
를 다 주었으나, 너희들이 노력하지
아니하고 찾지 아니하기 때문이니라.
28 게으른 삶을 너희들이 벗어나지 못하
며, 하나의 일을 하되 권태로움에서
벗어나지 못하고 그 권태로움에 손을
놓고 무너져 주저앉는 그와 같은 삶을
살기 때문이 아니더냐?
29 너희들이 노력하고 노력한다면 못 이
룰 것이 없으며 이루지 못할 것이 없
으며, 가난과 빈곤이라는 것은 남의
일이지, 너희들의 일이 아님을 알 것
이니라.

30 노력하지 아니하고 연구하지 아니하
며 게으르고 권태로움에 빠진 자가 가
난과 빈곤의 그 굴레를 벗어던지지 못
하며 가난과 빈곤의 노예가 되어 버리
는 것이 아니더냐?
31 나 여호와는 너희들에게 모두를 다 주
었음이니라.
32 그 무섭고 두려운 질병을 퇴치하는 것
도 너희들이 노력하기에 달렸으며, 부
지런함에 달렸으며,
33 가난과 빈곤도 어찌 노력하느냐 안 하
느냐에 모두가 달렸으니, 너희들의 삶
을 한번 들여다보라.
34 그러면 모두를 너희들이 면할 수 있거
늘, 너희들 자신이 잘못되었으며, 너
희들의 자유의지로 모두 역사하는 것
을 무너지고 실패하는 것, 병이 걸리
는 것, 가난과 빈곤의 길을 찾아가며
그 길을 선택하는 삶을 살기에 그들의
노예가 되어 벗어나지 못하는 운명인
것을,
35 나를 원망하지 말며, 하늘을 원망하지
말며, 너희들의 운명을 탓하지 말며,
네 신세 한탄을 하고 넋두리를 하며
소중한 시간을 낭비하지 않는 백성이
되도록 그리하라 전하라.

11,947 번째 하나님 말씀

2004년 7월 2일 09시 31분

1 사랑하는 나의 아들아!
2 "네, 아버님! 말씀하옵소서."
3 너희들이 한 번 걸리면 일어나지 못하
고 쓰러지며 패자가 되는 질병과 가난
과 그 모든 고통과 시련은 너희들의
손에 달렸으며, 너희들의 노력 여하에
달렸다 내가 말하지 아니하였더냐?
4 이 뜻을 너희들이 깊이 깨우쳐 자신을
들여다보는 그와 같은 삶을 살라.
5 너희들이 너희 자신의 욕심을 버려야
하거늘, 그를 버리지 못하며 너희들이
모두를 대비하는 노력을 하지 아니하
며 계획성 없는 삶을 살기에 너희들이
모두가 무너지는 것이니라.
6 사랑하는 나의 아들딸들아! 너희들이
말하는 그 명이라는 것, 오래 살고 못
사는 너희들의 수명 또한 무엇에 있는
지 아느냐?
7 너희들의 욕심에 달렸느니라.
8 욕심이 그득히 차 있는 자, 그 욕심을
위하여 인간 세상의 삶에 마음의 아름
다움을 모르며, 자연의 위대함과 아름
다움을 모르고 살아가는 자, 결국 그
욕심에 의하여 스스로 무너지고 넘어
짐이니라.
9 그리하여 고생과 고생 끝에 너희들이
살 만하면 모두 넘어지고 실패하며 질
병에 허덕여 이루지도 못하며 만져 보
지도 못하며 써 보지도 못하며 그대로
무너지는 백성이 얼마나 많이 있더냐?
10 이것이 다 너희들이 욕심에만 매달렸
으며 저 자신을 다스리지 못하였기 때
문이며, 저 자신을 위한 준비를 하지
못한 삶을 사는 어리석은 백성들의 말
로임을 알라.
11 그 모두를 알면서 지금도 다스리지 아
니하고 그를 행하지 아니하며 사는 것
이 너희들이니라.
12 그러니 게으른 자요, 권태로운 자요,
노력하지 아니하는 자, 너희들이 어찌

그와 같은 것에서 벗어날 수 있는가?
13 질병으로부터 가난과 빈곤에서 벗어
날 수가 없음이니라.
14 그 이유는 다 모두가 거기에 있음이니
라.
15 사랑하는 나의 아들딸들아! 그러니
나의 백성 너희들은 새로운 희망과 거
듭날 수 있는 모든 것을 내가 나의 아
들을 통하여 160권이라는 새로운 성
경을 내려보내며 여기에 기록하여 전
한 의미를 알겠느냐?
16 사랑하는 나의 아들딸들아! 너희들은
내가 나의 아들을 통하여 내리는 160
권의 새로운 성경을 읽고 깨우쳐, 귀
중하고 귀한 그 생명이요, 너희들의
삶을 그저 쉽게 일찍 막을 내려 버리
는 그와 같은 삶을 살지 말라.
17 무대에 있는 배우가 제가 가지고 있는
역량을 다 발휘하지 못하고 막을 내리
며, 그를 행하지 아니한 웃지 못할 형
국이 되는 것이 바로 너희들의 오늘의
삶이니라.
18 네 인생에 너희들이 배우요, 네 인생
의 연극 배우니라.
19 그러니 너희들이 네 인생이요, 귀중한
삶을 그저 쉽게 결정하여 네 인생의
막을 쉽게 내려 버린다면,
20 무대에서 연습한 것을 보이지 아니하
고 다 하지도 못하며 쓰러지는 배우와
무엇이 다르단 말이더냐?
21 너희들의 삶의 막을 함부로 그렇게 쉽
게 내리는 데 동조하지 말며, 거기에
이끌려 가는 삶을 살지 말도록 그리하
라.
22 너희들이 오랜 세월 속에서 네 인생의
막을 내리도록 하며, 오래오래 지탱하
고 살며, 배우고 연습한 것을 무대에
서 충분히 다 발휘한 다음에 무대에서
내려오고 막을 내려도 됨이니,
23 너희들의 삶을 완벽하게 모두 소화하
고 내려오는 무대처럼, 너희들의 인생
의 막을 그리 내리도록 하라, 사랑하
는 나의 아들딸들아!
24 모두는 다 너희들이 그리하려는 노력
에 달렸음이니라.
25 그 노력의 대가로 관중은 너희들에게
박수를 칠 것이며, 너희들이 그 무대
에서 마지막까지 연기를 다할 수 있도
록 그들은 환호할 것이니라.
26 노력하지 아니하고 연구하지 아니한
자, 그 관중이 떠나고 너희들은 중도
에 막을 내림이니,
27 바로 너희들의 인생의 삶을 그리 쉽게
막을 내리는 삶을 살지 말도록 그리
전하라.

11,948 번째 하나님 말씀

2004년 7월 2일 09시 39분

1 사랑하는 나의 아들아!
2 "네, 아버님! 말씀하옵소서."
3 지금의 종교 집단에 속해 있는 지도자
요, 그리고 광분하는 신도요, 감히 구
원을 받았다 말하는 그 백성들에게,
4 나 여호와는 제 소임을 다하고 흐르는
개울물에 떨어져 그저 힘없이 흘러가
는 낙엽과 풀잎 같은 것이 오늘의 종
교 집단의 지도자 너희들이 가는 형국
이라 그리 말함이니, 그와 같은 모습
으로 그들이 지금 가고 있음이니라.

5 아무런 능력이 없으며 저항할 힘이 없
이 그저 떨어진 낙엽이요, 풀잎이 개
울에 흐르는 물에 따라 그저 흘러내려
가는 대로 흘러가니,
6 그와 같은 형국이 오늘의 종교 집단의
지도자요, 믿음의 길을 가는 자들이
요, 광분하는 그 신도들의 삶이라 내
가 그리 말하느니라.
7 사랑하는 나의 아들아!
8 "네, 아버님! 말씀하옵소서."
9 개울물에 떨어진 낙엽이요, 풀잎처럼
꽃잎처럼 흘러가는 것이 오늘의 종교
집단의 지도자의 믿음이라 말하는 그
의미를 너는 알겠느냐?
10 "네, 아버님! 제가 아버님께서 하문하
시는 그 뜻을 깊이는 모르겠사오나,
그와 같이 말씀하시는 것이 저는 이와
같은 생각이라 그리 생각되옵이나이
다.
11 아버님! 낙엽이요, 그리고 소임을 다
하고 떨어진 꽃잎이요, 풀잎이 흐르는
개울물에 따라 거부하지 못하며 흐르
는 대로 그대로 맡기며 그저 쓸쓸히
흘러내려 가는 것이 곧 죽은 자의 운
명이요, 죽은 자가 가는 것이라 그리
생각하며,
12 생명이 없는 자는 어찌할 수 없이 흐
르는 개울물에 모두를 다 띄워 놓고
그냥 흘러가는 떨어진 낙엽이요, 꽃잎
이요, 풀잎과 같은 운명이요, 종교 집
단들이 그와 같이 가고 있다는 것을
말씀하시는 것으로 알고 있사옵나이
다.
13 세뇌되고 세뇌되어 그저 흐르는 대로
끄는 대로 그저 끌려가는 것, 그리고
살아 있는 생동력 있는 삶을 알지 못
하는 자, 삶의 본질을 보지 못하는 자,
14 살아 있음으로 움직이며 제 소신껏 역
사할 수 있는 그 모두를 다 포기해 버
리고,
15 그리하여 제 소임을 다하고 떨어지는
꽃잎이요, 낙엽이요, 풀잎이 흐르는
개울물에 의지하여 그저 거역하지 못
하고 흐르는 대로 어디로 가는지 모
르고 흘러가는 그들과 똑같은 것이 오
늘의 종교 집단이라 하시는 말씀이라
그리 생각되옵나이다, 아버님!"
16 사랑하는 나의 아들아! 그러함이니라.
17 생명이 있고 살아 있다면 그들이 과연
그와 같이 흘러가는 대로 가겠느냐?
18 그들은 살아나기 위해서, 먹고살기 위
해서 그 물을 역류하며 힘차게 힘을
다하여 벗어나며 먹이를 찾아 활동할
것이니라.
19 그러나 오늘의 종교 집단의 지도자들
에게 세뇌되어서 떨어진 꽃잎이요, 낙
엽이 흐르는 물을 따라 흘러가듯이,
20 저 자신을 가누지 못하며 제가 어찌
가는지도 모르는 무능력한 인간이요,
그와 같은 사람으로 되어 버렸음이니
라.
21 그러하니 종교 집단의 지도자들이 끌
고 가는 대로 끌려가면서 그것이 하늘
에 오르는 길이요, 구원의 길이요, 축
복을 받았다 울고불고 광란의 짓을 하
며 맹종 맹신하는 그 백성들이,
22 아무리 저희들이 살았다 눈물을 흘리
며 날뛰고 울고불고 나를 위해서 소리
지르고 찬송해도,
23 그 모두의 실체를 들여다보면, 제 소

임을 다하여 그저 때가 되어 떨어지는
낙엽이요, 꽃잎이요, 풀잎이 개울물에
흘러가듯이 세뇌되어 그냥 흘러가는
그들만도 못한 것이 그들의 모형이요,
오늘의 삶이라 함이니라, 사랑하는 나
의 아들딸들아!
24 너는 들으라. 그 모든 죽은 자요, 생명
이 없는 그와 같은 자들이 무엇을 이
루며 무슨 역사를 이루겠느냐?
25 그저 코가 꿰어 이리 흔들면 이리 흔
들리고, 저리 가면 저리 가는 대로 아
무런 힘이 없이 바람이 불면 부는 대
로 물결에 따라 흘러가는 그 낙엽만도
못한 것이 오늘의 백성들이요, 구원을
받았다 감히 말하는 자들이니라.
26 지금의 나의 백성 너희들은 살아서 역
류하고 먹이를 찾아 활동하는 살아 있
는 생명체라 볼 수 없으며, 그와 같은
것은 찾아볼 수가 없음이니라.
27 너희가 거듭나지 아니하면 아니 됨이
니라.
28 그리하여 산 자로서 산 삶을 살지 아
니하면 아니 되는 것이 너희들이라 하
는 것을 알라.
29 사랑하는 나의 아들딸들아!
30 너희들이 살아가는 것이요, 나에게 존
재하는 백성들이 가장 위대한 것이 무
엇인 줄 알겠느냐?
31 이 세상의 자유로움이요, 행복함이요,
그 신비함을 모두 느끼며 감사하며 그
속에서 가장 편안하게 사는 것, 그리
고 희망이 있는 삶이요, 평화와 사랑
이 있는, 평화와 사랑이 공존해 살아
가는 그와 같은 것이 너희들의 삶인
것이니라.
32 지금처럼 너희들이 물이 흐르는 대로
흘러가는 떨어진 낙엽처럼 흘러가는
그와 같은 믿음의 길을 가는 백성이
산 자의 삶이 아니니,
33 산 자에게는 숨 쉬는 것이 있으며, 움
직이는 것이 있으며, 가장 편안한 것
이며 행복을 느끼며, 희망을 위하여
노력하며, 평화와 사랑이 같이하는 그
와 같이 사는 삶을 사는 것이 나의 뜻
에 의하여 사는 길이요, 하늘에 오르
는 백성들이니라.
34 지금처럼 다 죽은 자가 되어 흐르는
물 위에 그저 흘러가는 낙엽만도 못한
그와 같은 것이 나의 백성이 아니요,
나의 아들딸이 아니요,
35 살아 있는 자가 아니요, 구원을 받는
자가 아니요, 하늘에 오를 수 있는 영
광을 얻는 백성이 아니라는 이 무서운
사실을 그들의 손에 쥐여 주어 깨우쳐
주도록 그리하라, 나의 아들딸들아!

11,949 번째 하나님 말씀

2004년 7월 2일 09시 45분

1 사랑하는 나의 아들아!
2 **"네, 아버님! 말씀하옵소서."**
3 너희들이 인간 세상에 살아가는 데 어
떤 생각과 마음을 가지고 하루하루 삶
을 살아가느냐에 따라서 무한한 차이
가 이루어지며, 너희들이 얻을 수 있
는 것을 잃게 되는 그와 같은 삶을 살
게 되는 것이니라.
4 너희들이 지금 이 세상에서 어떠한 생
각이요, 어떠한 마음의 자세로써 살아
가느냐?

5 거기에 따라서 너희들은 그와 같은 삶
을 살게 되어 있기 때문에, 그 차이는
하늘과 땅보다도 더 멀어지는 것이요,
이 세상의 삶을 사는 자가 천국을 모
르는 것처럼 그 차이가 그리 무서우니
라.
6 사랑하는 나의 아들딸들아! 지금의
종교 집단의 지도자, 그리고 광분하는
그 신도들, 그들이 가는 믿음의 길이
어떠한 길인 줄 알겠느냐?
7 저희들이 어렵고 힘든 길을 마다하지
아니하며, 성서에 저희들에게 어렵고
불리한 것을 제 것으로 만들어 해석
하여 그와 같은 길을 가야 되는 것이
거늘,
8 그들은 힘들고 어려운 길이요, 힘든
것이요, 지키고 가야 한다는 것을 지
키지 아니하며 그와 같은 행위를 하지
않는 것이 그들이니라.
9 그러니 그들은 나의 뜻과는 관계없는
흘러가는 삶을 살며 그 길을 가고 있
음이니라.
10 그러니 거기에는 구원이 없으며 거듭
남이 없으며 나에게 오르는 영광이 없
는 것이니라.
11 '하나를 보면 열을 안다.'는 인간 세상
에 너희들의 생활 속에 하는 말이 있
으니,
12 내가 친필로 써 내려 이는 꼭 지키라
는 십계명을 지키지 못한다 하는 마음
으로 너희들이 살아가지 않더냐?
13 꼭 지켜야 된다는 나의 십계명을 너희
들은 지키지 못하는 쪽으로 생각하며
그와 같은 마음을 가지고 살아가니,
14 결국은 지키지 아니해도 되는 것이 정
답이요, 지키지 아니하는 것이 하늘에
오르는 길이요, 하늘에 오르는 것에
지장이 없는 것처럼 그리 흘러가며 그
와 같은 삶으로써 모두가 흘러감이니
라.
15 그것이 당연하다고 너희들은 생각하
느니라.
16 그러나 너희들은 여기서 들어야 될 것
이니라.
17 내가 친필로 써 내린 나의 십계명을
너희들이 인간이기 때문에 지킬 수 없
으며, 그를 지키지 아니하고 사는 것
이 당연한 것이며, 지키지 아니하여도
하늘에 오르는 길에는 큰 지장이 없으
며 문제가 없다 그리 생각하는 것이
오늘의 너희들의 믿음이 아니더냐?
18 이제는 너희들이 깨우쳐야 될 것이니
라.
19 사랑하는 나의 백성 너희들은 그와 같
은 생각으로써 살면 아니 되느니라.
20 너희들이 하늘에 오르는 길이요, 나의
관문을 통과하는 데 가장 중요하며
가장 귀한 것이 바로 십계명인 것을,
21 그것을 지키고 살고 안 사는 것은 나
에게 오르는 데 문제가 되지 않는다
그리 생각하니, 너희들은 나와 관계없
는 백성이요, 결코 너희들은 구원을
받을 수 없는 백성이라는 그 의미가
여기 있음을 알라, 나의 아들딸들아!
22 어떠한 생각을 갖고 사느냐에 따라
중요한 것처럼, 너희들이 오늘의 믿음
의 길을 가는 것, 나에게 오르겠다는
백성들, 너희들이 어떠한 믿음을 가지
고 어찌 살아가는가, 그와 같은 것을
한번 들여다보도록 그리하라.

23 너희들이 어떤 생각을 가지고 살며 어
떠한 마음으로써 살아가느냐에 따라
서 너희들은 참진리를 볼 수 있으며
보지 못하는 그와 같은 형국이 됨이니,
24 진리를 보고 오는 길과 진리를 보지
못하고 비진리의 길을 따라가는 것은
너희들이 상상할 수 없으며 돌이킬 수
없는, 그리고 너희들이 하나가 될 수
없는 멀고도 먼 길로 벌어진다는 것,
25 그 둘 중의 하나는 선택하게 되어 있
음이니, 너희들이 나의 뜻을 행하여
나에게 오는 그와 같은 진정한 믿음의
길을 가는 백성이 구원을 받는 것이
요, 내가 그들을 반기는 것은 당연한
것이라는 것을 알라.
26 그러니 너희들이 어떤 생각이요, 어떤
마음으로 사느냐, 그 마음과 생각대로
살게 되며 그대로 이루어진다는 것,
그리 역사한다는 걸 잊지 말라.
27 그러니 나의 계명을 지키지 아니해도
나에게 와 심판을 받을 때 지장이 없
는 것처럼 착각 속에 헤매는 백성, 너
희들은 진정한 믿음이 아니요, 바른
믿음이 아니니,
28 진정한 믿음을 찾도록 그리하라 전함
이니라.

11,950 번째 하나님 말씀

2004년 7월 2일 10시 16분

1 사랑하는 나의 아들아!
2 "네, 아버님! 말씀하옵소서."
3 나의 아들과 지금 나의 아들을 따르는
너희들은 어떠한 삶을 살아가느냐 하
는 것이 가장 중요함이니라.
4 나의 모든 백성들이요, 지금의 믿음의
길을 가는 그 백성들, 너희들은 죽어
서 흙으로 되며 영원히 관리할 수 없
는 그 모두를 위하여 그를 지키려 하
는 삶이요, 그를 지키기 위하여 몸부
림치는 그와 같은 삶을 살아가고 있다
함을 너희들은 알아야 될 것이니라.
5 영원히 관리하고 간직할 수 없는 것,
그것을 위해서 너희들이 그를 간직하
며 그를 보관하여 제 것으로 만들기
위하여 온갖 것을 다 바치고 살아가는
삶이니, 그 삶이 잘못되었으며 어리석
은 삶이라 함이니라.
6 그를 지키기 위한 삶으로써 나의 사랑
하는 백성들을 이끌어 가며 그리 지도
하는 것이 종교 집단의 지도자이기에,
7 너희들이 구원을 받았다 광분하며 나
에게 올라와 상 받을 것이 있다는 그
와 같은 것이 모두가 다 부질없는 것
이요, 잘못되었다 함이니라.
8 영원히 존재할 수 없으며 간직할 수
없는 그것을 위해서 너희들의 모두를
다 바치고 살아감이니,
9 그들은 때가 되면 다 무너지며, 때가
되면 다 지워지며, 때가 되면 흙으로
돌아가는 것이 아니더냐?
10 그러니 아무것도 남지 않는 것을 위해
서 살아가는 어리석은 삶을 살기에,
그와 같은 삶을 살지 말라는 것이 나
여호와의 뜻이니라, 사랑하는 나의 아
들딸들아!
11 누가 뭐라 말해도 나의 아들을 따르
는 제자들이요, 이 새로운 성경을 읽
고 깨우친 백성 너희들은 영원히 존재
하며 너희들과 같이할 수 있는 그를

위하여,
12 그리고 나에게 와 심판을 받을 때, 그
심판의 기준이 되며 너희들이 어찌 지
키고 잘못 쓰느냐에 따라서 지옥이요,
천국이요, 그와 같은 심판의 기준이
되는 그 모두를 위하여 살아가도록 그
리하라.
13 그것이 바로 무엇이더냐? 너희들의
마음이니라.
14 너희들이 선량하고 착한 생각을 하며
원심으로 그것을 지키려는 삶으로 살
아가는 그가 가장 현명한 백성이며,
그를 위하여 모두를 바치는 그와 같은
삶을 살아야 될 것이니라.
15 나로부터 너희들이 생명을 받아 나갈
때 나로부터 받아 나간 그 선량하고
착한 원심을 그대로 지키는 데 모두
를 다 바쳐야 될 것이니,
16 너희들이 죽어 흙으로 돌아가는 육이
요, 부귀와 영화요, 명예요, 너희들이
오래 간직할 수 없고 관리할 수 없는
것을 위하여 모두를 다 바치는 그와
같은 어리석은 마음을 가지고 살아서
는 아니 되느니라, 사랑하는 나의 아
들딸들아!
17 너희들이 그 마음 위에서 모두가 역사
하기 때문이니라.
18 구원을 받는 것, 너희들이 거듭나는
것, 이 지상에서 육의 삶에 대한 모든
것이요, 그리고 물질과 명예요, 남들
에게 부끄럽지 아니하게 살아갈 수 있
는 것,
19 죽어서 나에게 와 역사하는 것, 너희
들이 육의 세상에서 역사하는 것, 그
모두가 너희들의 마음속에 달렸기 때
문이니,
20 선량한 마음이요, 착한 마음을 지키는
데 너희들의 모두를 다 바쳐야 될 것
이지,
21 부귀와 영화요, 눈으로 보이는 것, 항
상 없어지고 지워질 수 있는 그를 위
하여 쫓아가며 그를 위하여 모두를 바
치는 그와 같은 어리석은 삶을 살지
말도록 그리하라.
22 너희들은 모든 물질과 명예를 지키려
는 데만 모든 것을 다 바치지 말며,
23 네 마음에 순박하고 아름다운 그 마
음을 간직하는 그와 같은 삶이요, 거
기서부터 시작해야 모든 것을 이룰
수 있기 때문이니라.
24 그러니 그러한 노력에서만이 아름다
운 마음이요, 고운 마음이요, 세상사
의 모두를 다 비울 수 있는 마음이 됨
이니,
25 너희들의 생명을 거기에 걸고, 그를
지키도록 노력하는 삶을 살도록 그리
하라 전하라.

11,951 번째 하나님 말씀

2004년 7월 2일 10시 21분

1 사랑하는 나의 아들아!
2 "네, 아버님! 말씀하옵소서."
3 인간인 너희들은 서로 의지하며 협력
하며 살아가도록 그리되어 있음이니
라.
4 서로가 받침목의 역할을 하며 살아가
는 것이 인간의 삶이 아니더냐?
5 그러니 너희 자신의 가장 훌륭한 거
울은 바로 무엇인 줄 알겠느냐?

6 너희들이 협력하고 의지하며 사랑하
며 더불어 살아가는 네 이웃이요, 네
친지요, 그와 같은 자들이 너희들에게
가장 훌륭한 거울임을 알라.
7 그들의 삶에서 얻으며 그들의 삶을 보
고 너희 자신을 비춰 볼 수 있는 그와
같은 것이기에, 가장 훌륭한 너희들의
거울은 네 이웃이요, 형제라는 걸 잊
지 말라.
8 그들의 삶이 곧 너희들의 거울이니라.
9 종교 집단의 지도자들이 네 것을 보
고 너희들을 평가하고 지금 다스리며,
너희들이 가장 위대한 백성이라는 그
와 같은 착각 속에 살아가고 있는 것
이 아니더냐?
10 그러니 가장 훌륭한 거울은 너희들과
더불어 가는 형제요, 너희들과 더불어
역사하는 인간을 통하여 볼 수 있는
것이라 하였거늘,
11 가장 훌륭한 거울에 비춰 보지 못하
는 어리석은 백성들이 너희들임을 알
아야 될 것이니라.
12 너희 신도들까지 보지 못하게 하는
것이 오늘의 종교 집단 너희들이니라.
13 그러니 너희들이 무너지며 바로 설 수
없는 것은 당연한 것이 아니더냐?
14 너희들은 저 자신의 모두를 다 안다
하며, 너를 볼 수 있는 가장 위대한 거
울을 소홀히 하며, 그 거울에 비쳐서
너를 보려 하지 아니하며 네가 보이고
다 알 수 있다 그리 말하니,
15 그것이 오늘의 너희들이 잘못된 것이
며, 잘못 가는 종교 집단의 가장 큰 병
폐이니라.
16 그러니 그와 같이 아무것도 모르는 백
성, 성경의 진리요, 숨겨져 있는 비밀
도 모르고 끌고 가는 백성 너희들,
17 이제는 너희 자신의 죄를 고백하고 회
개하며 나의 사랑하는 백성들을 더 이
상 고통 속에 끌고 가지 말며 풀어 줄
때가 되었음이니라.
18 그들을 풀어 주지 아니하고 그들을 해
방시키지 아니하고는 결코 너희들이
용서받을 수 없음이니라.
19 이 세상의 모든 사람과 모든 것이 너
희들의 거울이니, 너 자신과 네가 가
고 있는 길, 그리고 네가 갖고 있는
것, 네가 역사하는 것을 모두를 다 너
희들의 이웃 사람이라는 그 거울에 비
춰 볼 수 있도록 하는 것이요, 보도록
되어 있으니, 그를 보고 깨우치도록
그리하라, 사랑하는 나의 아들딸들아!
20 그리되면 너희 자신을 알게 될 것이니
라.
21 너희들은 남에 의하여 저를 비춰 보면
모두를 알 수 있거늘, 어찌하여 너희
들이 그와 같은 지혜를 갖지 아니하
며, 그와 같은 깨달음을 갖지 아니하
며,
22 오로지 제 것이요, 그저 저만이 위대
한 것이라 생각하여 저 자신을 비춰
보지 못하며,
23 제가 어떠한 형국이요, 제가 어찌 무
너져 있으며, 제 모습이 어떠한 것이
며, 제가 가고 있는 마음이 어떠한 것
이며, 제가 가고 있는 길이 어떠한 길
인가를 어찌하여 그를 이웃의 거울에
비춰 보지 못하는 어리석은 삶을 사느
냐?
24 비춰 보지 아니하기 때문에 너희들이

너희 자신을 알 수 없으며 꿈속에서
헤매는 어리석은 백성들이 되어 있음
이니라.

11,952 번째 하나님 말씀

2004년 7월 2일 11시 13분

1 사랑하는 나의 아들아!
2 **"네, 아버님! 말씀하옵소서."**
3 인간인 너희들이 뭐라 해도, 지금의
종교 집단이요, 너희들이 살아가는 그
잘못된 심보로는 나의 백성을 구원할
수 없으며, 너희들도 변화될 수 없으
며, 너희 자신도 절대 구원받지 못한
다는 것을 알아야 될 것이니라.
4 나의 피조물 만백성 너희들이 지금 세
상에 나와 살아가면서 지금의 종교 집
단의 지도자들이 나의 백성들의 심보
를 뒤틀리게 해 놓았으며, 그 심보를
꼬이게 해 놓은 것이 바로 너희들이
그 원흉임을 알라.
5 그러기에 나의 사랑하는 백성들의 심
보를 뒤틀리고 꼬이게 해 놓은 너희들
이, 너희 자신이 구원받지 못하는 것
은 당연한 것이며, 나의 사랑하는 백
성들까지도 구원을 받지 못하게 하는
것이 너희들임을 알아야 될 것이니라.
6 나의 성령이 임해야만 너희들의 그
심보가 바뀌게 되어 있으며, 너희들의
꼬이고 비틀어진 그 심보를 그래도 바
로잡을 수 있는 것이니라.
7 그러니 내가 뭐라 말하느냐?
8 나의 새로운 성경을 읽고 깨우치지 아
니하면 너희들은 결코 그와 같은 것이
바뀔 수 없다 내가 그리 말함이니라.
9 너희가 나의 성령이 임할 수 있는 기
초요, 그 준비를 중요시하지 아니하면
결코 너희들의 그 심보는 바뀔 수 없
는 것임을 알아야 될 것이니라.
10 너희들이 그 길을 가는 것은 힘들고
어려운 길이니라.
11 그러나 너희들이 그와 같은 길을 가지
아니하면 아니 됨이니라.
12 모든 종교 집단의 지도자들이 그리
말하느니라.
13 나 여호와의 성령이 너희들에게 임하
지 아니하면, 내가 너희들에게 역사하
지 아니하면 너희들은 결코 변화될 수
없으며 거듭날 수 없는 것이라 그리하
느니라.
14 그러니 인간의 힘으로써는 절대 할 수
없으며, 인간의 힘으로는 이룰 수 없
다, 그러니 나 여호와가 역사해 줄 때
만이 너희들이 변할 수 있으며, 인간
의 능력으로써는 어떤 것도 할 수 없
다 그리 말하며, 무너진다 말하느니라.
15 그러나 너희들이 그와 같이 말하는
것, 나 여호와가 역사하며 내가 너희
들을 이끌어 줘야, 그리고 내가 너희
들과 같이해야만 모두를 이룰 수 있
다는 것,
16 인간으로서 너희들이 존재할 수 없다
는 것, 인간은 무너지고 쓰러지기 때
문에 너희들이 할 수 없다는 것, 너희
들의 그 말이 맞느니라, 그리고 그 뜻
도 맞느니라.
17 그러나 너희들은 여기서 들어야 될 것
이니라.
18 바로 내가 역사하며 내가 이끌어 주지
아니하면 아니 된다는 것이 무엇이더

냐?
19 이는 곧 나의 성령이 임하지 아니하면
아니 된다는 것이니라.
20 그러니 나의 성령으로써 임하는 것만
이 변화될 수 있으며, 내가 성령으로
임하여야 너희들이 거듭나는 백성으
로 될 수 있으며, 인간의 힘으로써는
바르고 곧고 한 점의 부끄럼이 없는
삶을 살 수 없다 너희들이 그리 말함
이니,
21 이것이 바로 나의 아들과 너희들과의
그 차이이며, 나의 아들을 따르는 제
자들과 너희들 믿음의 길을 가는 백
성들과는 여기에 하늘과 땅의 차이가
있음을 알라.
22 너희들은 무조건 나 여호와의 성령이
임하여 내가 역사해서 너희들을 인도
하고 지도하는 그 무서운 변화가 이루
어지지 아니하면, 인간의 손으로써는
아무것도 이룰 수 없다 그리 말하느니
라.
23 그러나 여기서 나의 아들은 뭐라 너희
들에게 가르치느냐?
24 그 모두는 맞다 그리 말하느니라.
25 나 여호와가 역사하며 너희들을 바로
잡고 이끌어 줘야만 너희들이 변화된
다는 그 말이 맞다 함이니라.
26 다만, 나 여호와가 역사하는 것이 무
엇이더냐?
27 나의 성령이 너희들에게 임하고 역사
하는 것을 말하는 것이 아니더냐?
28 그러니 나의 아들이 너희들에게 가르
치고 전하는 말을 잘 들으라.
29 나의 아들은 너희들에게 성령이 임하
며 내가 역사하는 것의 그 기초를 너
희들이 다스려야 된다 하니,
30 내가 너희들에게 임할 수 있는 모두를
다 역사해 놓지 아니하면 내 성령이
임할 수 없다는 것을 너희들은 알라.
31 나의 아들이 만백성에게 전하는 그
메시지요, 내 뜻을 전하는 것을 너희
들은 알아야 될 것이며 그 의미를 알
아야 될 것이니라.
32 내가 역사하고 모두를 내가 지도하고
깨우쳐 주어야 변화된다는 것은 맞는
얘기라 하지 않더냐?
33 그러나 나의 아들이 거기에 하나를 너
희들에게 더 깨우쳐 줌이니라.
34 그대로 임할 수가 없으며 너희들이 비
워지지 아니한 것, 기초가 다져지지
않은 너희들에게 나의 성령이 임할 수
없으며 내가 역사할 수 없으며 내가
너희들과 같이할 수 없는 것이 하늘의
법도라 나의 아들이 그리 전하지 않느
냐?
35 그러면서 나의 아들이 너희들에게 성
령이 임할 수 있도록 기초를 다스려야
되며, 그 과정이 준비되어야 하며, 모
두가 갖춰지지 아니하면 나의 성령이
너희들에게 임할 수 없으니,
36 너희들이 무조건 나 여호와가 역사하
며 내가 이끌어 주면 된다는 그와 같
은 생각을 버리고,
37 너희들이 어렵고 힘든 그 기초와 성령
이 임할 수 있도록 갖춰야 할 것을 갖
춰야 된다는 나의 아들의 가르침의 그
무서움을 알라.
38 그것이 정답이며 하늘의 뜻이니라.
39 그러니 너희들과 내가 같이하는 것,
그리고 내가 역사하는 것, 그 모두가

너희들이 그리해야만 바로 서며 바로
간다는 그것은 맞느니라.
40 그러나 종교 집단의 지도자 너희들이
똑같은 말을 하나, 너희들은 그저 무
조건 내가 역사해 주며 내가 너희들과
같이하며 그저 내가 은혜로써 모두를
이루는 것이라 가장 편하고 쉽게 가르
침이니,
41 모든 백성들이 그 말이 '옳소, 믿습니
다.' 하며 아우성을 치느니라.
42 저희들의 노력으로써 갈 수 없으며
저희들의 행함으로써 갈 수 없다 느끼
기 때문이니라.
43 그러나 너희들은 내가 역사하는 것이
그냥 역사하는 것이 하나도 없다는 걸
알라.
44 나의 성령이 임할 수 있도록, 내가 너
희들에게 역사할 수 있도록 기초를 너
희들이 단단히 다스려야 되며, 모든
준비가 되어야 되며,
45 그 과정이 갖춰지지 아니하면 결코 내
가 너희들에게 임할 수 없다는 것,
46 너희들은 인간의 생각으로써 모두가
역사하면 무너지며 거듭날 수 없다는
것, 그리고 완전하지 못하다는 너희들
의 말이 맞느니라.
47 성령으로 임하여 내가 너희들과 같이
할 때 무너지지 않으며 너희들이 영원
히 존재함이니, 바로 그 성령이 임하
는 문제이니라.
48 모든 종교 집단이요, 믿음의 길을 가
는 자, 내가 그냥 임해 주며 나를 부르
고 찾기만 하면 임해 준다 생각하나,
49 그리해서는 나의 성령이 너희들 몸에
임할 수가 없으며 들어갈 수가 없음이
니라, 기름을 부어 줄 수가 없음이니
라.
50 욕심이요, 사악한 것으로 그득히 채웠
으니, 너희들의 그릇은 한계가 있어
그 그릇에 욕심이라는 것이 그득히 채
워져 있어 성령이요, 기름 부음을 할
수 없으며 내가 역사할 수 없음이니,
51 그 모두를 쫓아내고 다스리고 빈 그릇
으로서 서는 그와 같은 훈련을 하여
거듭나는 역사가 있을 때,
52 영원히 불변하고 변하지 않는 나의 성
령이요, 내 뜻이 거기에 임한다는 이
무서운 사실을 깨우쳐 너희들이 바로
가도록 그리 전하라.

11,953 번째 하나님 말씀

2004년 7월 2일 11시 18분

1 사랑하는 나의 아들아!
2 "네, 아버님! 말씀하옵소서."
3 지금의 모든 선구자요, 선지자요, 지
도자요, 그와 같은 자들이 끝까지 존
재하지 않으며 지키지 못함이 어디 있
는가?
4 나의 아들 예수를 따랐던 기적과 이적
이요, 그 은혜를 받은 제자들도 모두
다 무너진 것이 어디에 있는지 알겠느
냐?
5 지금 내가 깨우쳐 주며 지혜를 준 그
백성들 또한 다 무너지는 것이 무엇이
었느냐?
6 2천 년 동안 새로운 시대요, 새로운
성경이 역사하는 그 시대를 열어 오면
서 너희들이 다 무너지고 잘못된 것이
무엇이더냐?

7 너희들은 육을 죽이고 성령으로써 거
듭나지 아니하였기 때문이니라.
8 스스로 육의 생각을 모두 죽이고 성령
으로써 거듭나는 위대한 삶의 길을 선
택하지 못하였기 때문에,
9 나의 아들 예수를 따르는 그 제자들이
그를 팔았으며, 그에게 등을 돌렸으
며, 모든 종교 집단의 지도자들이 지
금 이와 같이 험악한 세상을 만들었으
며, 거듭날 수 없는 세상을 만들었음
을 너희들은 알아야 될 것이니라.
10 성령이 임함은 너희가 육을 완전히 지
워 버리지 아니하면 아니 되느니라.
11 지금의 모든 백성들이 육에 대해 모두
를 맞춰 살며 육에 대해 영원히 사는
것이요, 그보다 더 소중한 것이 없다
는 착각 속에 사니, 모든 믿음의 길을
가는 그 백성들이 육에 빠져 있느니라.
12 너희들은 그와 같이 살지 아니하며,
그와 같은 것은 너희들과 관계없으며,
오로지 나 여호와의 뜻이요, 하늘의
뜻에 의해 역사하고자 하는 그와 같은
진실된 믿음이요, 진실된 신앙이요,
진실된 찬송이요, 진정한 기도를 한다
그리하느니라.
13 그러나 내가 듣는 너희들의 그 소리를
뭐라 말하였느냐?
14 너희들의 기도 소리는 모두 벌레 울음
소리만도 못하다 내가 그리 말함이니,
15 나의 아들딸들이 나에게 울고불고하
는 것이 내가 만든 벌레 울음소리만도
못하다니, 얼마나 슬프고 괴로운 말이
더냐?
16 너희들만이 괴롭고 황당한 것이 아니
라, 나 여호와의 마음이 더 아프고 쓰
림이니라.
17 너희들이 육을 완전히 지우지 못했으
며, 육에 빠져 있으며, 거기서 헤어나
지 못하는 백성이라 함을 무엇으로 증
명하는 줄 알겠느냐?
18 너희들은 기도하고 울고불고하면서
뭐라 말하느냐?
19 '더 영광을 주옵소서, 더 건강을 주옵
소서, 더 행복을 주옵소서, 저의 아들
이 세상의 빛이 되게 하여 주옵소서,
그리고 제가 더 높은 자가 되게 하여
주옵소서, 제가 부귀영화를 누리게 해
주옵소서.' 그리 기도하고 울고불고하
는 그 모든 것이 바로 무엇이더냐?
20 너희들은 육에 완전히 빠진 자들이요,
육을 지워 버리지 못한 자들이니라.
21 너희들의 믿음이 무엇이며 재물을 바
치는 것이 무엇이더냐?
22 더 받고 열배 백배로 창고에 쌓아 준
다는 것 때문에 바치고 던지고 너희들
이 그와 같은 짓을 함이니,
23 그게 바로 육을 완전히 지우지 못하며
버리지 못한 육의 생활을 하기 때문에
나와 관계없는 것이며, 고통스럽게 너
희들이 바치고 전하는 것이 사탄을 위
하는 것이요, 마귀의 집단을 위하여
하는 행동이라는 이 무서운 사실을 너
희들은 알라.
24 이제 나의 아들을 따르는 제자들이요,
그리고 성경을 읽고 깨우치는 백성들,
그리고 지금 구약과 신약을 가지고 몸
부림치는 백성들, 너희들은 들으라.
25 육의 생각을 죽이지 아니하면 너희들
이 결코 아니 됨이니라.
26 모두가 육의 생각이요, 육의 판단에

지금 빠져 있음이니라.
27 누가 뭐라고 해도 너희들이 기도하는
소리, 원하는 소리, 너희들이 검은 성
경책을 들고 성당이요, 교회에 찾아가
는 그 모습들이 다 무엇인 줄 아느냐?
28 이기주의요, 육의 욕심이요, 육의 생
활에 빠져 있는 자들이니라.
29 그러니 너희들의 기도 소리가 다 바뀌
어야 되며, 생각하는 것이 달라야 되
며, 나에게 소원하는 것이 모두가 바
뀌지 않으면,
30 너희들은 육에서 결코 빠져나오지 못
하며 벗어나지 못한 그와 같은 신앙이
요, 믿음의 길을 가는 어리석은 백성
이라는 것을 잊지 말라 그리 전하라.

11,954 번째 하나님 말씀

2004년 7월 2일 11시 22분

1 사랑하는 나의 아들아!
2 "네, 아버님! 말씀하옵소서."
3 어떤 백성이요, 믿음의 길을 가는 방
대한 집단이요, 조직이요, 능력을 가
졌다 과시하는 그 백성들, 너희들이
어찌 살아가든 어찌 과시를 하든 그것
이 다 물거품만도 못한 것이니라.
4 그러니 너희들은 그와 같은 자들의 말
에 귀 기울이지 말며, 항상 창조주 나
여호와를 생각하며 모두를 그와 같은
것에 맞추어 이루고 역사하도록 그리
하라.
5 그리해야만 너희들이 완전하게 이루
어지며 완전한 완성품이 된다는 것을
잊지 말라.
6 너희들이 나의 일을 한다면서 지금 어
찌하고 있는지 아느냐?
7 너희 자신을 지키기 위하여 모두를 다
역사하는 그와 같은 삶을 살고 있음이
니라.
8 말로써는 나의 아들 예수를 경배하며
나 여호와를 위하여 일을 한다 그리하
느니라.
9 그러나 너희들은 너희 자신을 지키기
위하여 모두를 역사함을 알라.
10 이제 사랑하는 나의 아들딸 너희들은
들으라.
11 너희들 자신을 지키기 위한 어떠한 믿
음이요, 그 생활을 하지 말라.
12 너희들 자신을 보호하고 지키기 위한,
더 이루기 위한 신앙이요, 믿음의 생
활을 그리 가지 말라.
13 오로지 나 여호와를 위하여 일하는 백
성, 나 여호와를 위하여 기도하고 경
배하는 그와 같은 마음 자세로써 바뀐
삶을 살지 아니하면 결코 아니 됨이니
라.
14 너희들이 구하고자 하는 것, 역사하고
자 하는 것, 너를 위하여 그리고 나를
위하여 너희들이 가야 하는 그 길이
어떠한 길인가?
15 그것을 한번 너희들이 깨우쳐 돌이켜
보도록 하라.
16 모두가 다 너희 자신을 위하여 기도하
며 너희 자신을 위하여 가지 않느냐?
17 그러니 너희들은 창조주 나 여호와를
위하여 무엇을 하여야 될 것이며 무엇
을 하고 있는가 한번 돌이켜 보도록
그리하라.
18 사랑하는 나의 아들딸들아! 너희들이
가는 길이 잘못되었으며 역사함이 잘

못되었다는 것이 무엇인 줄 알겠느냐?
19 나로부터 받은 은혜요, 영광이요, 그
모두를 되돌려 주기에도 너희들이 끝
이 없는 것이니,
20 그렇다면 너희들이 나를 위한 삶을 사
는 것이 구원의 길이요, 하늘에 오르
는 길이 아니더냐?
21 그와 같은 길의 믿음으로 가야 하는
것이 너희들이니라.
22 그러나 너희들은 나 여호와요, 창조주
의 은혜에 감사하는 마음으로써 나를
위하여 기도하고 나를 위하여 경배하
는 그런 길을 가지 아니하며,
23 오로지 저 자신을 위하여, 제가 무엇
인가를 더 얻고자, 구하고자 하는 사
악한 마음으로써 나를 찾고 나를 부르
짖고 있음이니,
24 그리하여 너희들이 잘못된 자요, 나와
관계없는 자들이요, 욕심에 그득 찬
자요,
25 너희들이 죽어 나에게 왔을 때에는 사
탄이 쇠사슬로 너희들을 얽매어 지옥
으로 끌고 가는 그와 같은 것이 너희
들의 운명이라는 그 무서운 사실을 상
기하도록 그리하라.

11,955 번째 하나님 말씀

2004년 7월 2일 11시 40분

1 사랑하는 나의 아들아!
2 "네, 아버님! 말씀하옵소서."
3 나의 피조물 만백성이 이 세상을 살아
가면서 아름답고 고운 마음으로써 세
상을 보면 모두가 다 아름답고 귀하고
소중한 것이거늘, 너희들이 그를 보지
못하고 살아가는 백성들이니라.
4 이 모두는 무엇이더냐?
5 너희들이 사욕을 버리지 못하고 있기
때문이니라.
6 사욕을 버리지 못하고 모두를 행하고
역사하고 있기 때문에 너희들이 아무
것도 이룰 수 없으며 하늘의 뜻을 볼
수도 없는 것이니라.
7 너희들이 나의 뜻을 이루려 하며 나의
뜻에 의해 역사한다고 하지만, 너희들
이 사욕을 버리지 못하고 있기 때문에
나를 기만하는 행위를 하고 있다는 것
을 알아야 될 것이니라.
8 그러니 마음을 비우지 아니하는 자,
너희들이 믿음이요, 나를 찾는 것, 찬
송하며 경배한다는 그 모든 행위가 다
나를 기만하는 행위를 함이니라.
9 너희들이 나의 은혜를 알며 감사함을
알면 울고불고 무엇을 달라, 이루어
달라 그와 같은 말을 어찌할 수 있으
며,
10 세상에 태어난 은혜를 받은 것보다 더
큰 은혜가 없거늘, 작은 무엇인가가
이루어졌다 하여 그것이 나에게 은혜
요, 영광이라 너희들이 울고불고 그와
같은 행위를 하는 것,
11 그리고 너희들이 무엇인가를 더 갖고
자 하는 오늘의 믿음, 그것이 다 너희
들이 사욕을 버리지 못하고 가기 때문
에, 너희들이 가는 그 믿음이 다 나를
기만하는 짓만 하고 있음이니라.
12 그리하여 오늘의 종교 집단에 있는 너
희들이 기만하는 행위의 그 죄가 무거
우며, 오래된 자는 오래될수록 나를
기만하는 죄가 많다 함이니, 그 의미

를 알라 그리 전하라.

11,956 번째 하나님 말씀

2004년 7월 2일 11시 42분

1 사랑하는 나의 아들아!
2 "네, 아버님! 말씀하옵소서."
3 모든 백성들이 살아가는 그 삶이 무엇
이더냐?
4 너희들이 욕심을 버리지 못하여 물질
을 모으고자 함이니, 물질이라는 것은
무엇이더냐?
5 욕심에 의하여 너희들이 그 모두를 다
버리며 너희들의 생각을 흐리게 하며
판단을 흐리게 하는 그와 같은 짓을
하는 것이 바로 물질을 모으기 위한
그와 같은 삶이니라.
6 결국, 물질이라는 것이 너희들을 무너
트리며 바로 살지 못하게 하며 바로
살지 못하는 것이 아니더냐?
7 물질 때문에 너희들이 마음대로 살지
못하며, 물질 때문에 너희들이 마음대
로 행동하지 못하며, 물질 때문에 제
소신껏 역사하지 못하며, 제 아름다운
마음대로 살지 못하는 자,
8 그것이 바로 너희들이 그 물질로 하여
금 모두를 다 잃게 되는 행위라는 것
을 알라.
9 그러니 너희들이 모두를 다 죽이는 그
물질을 위하여 살아가고 있다는 것을
알아야 될 것이며,
10 그와 같은 삶에서 너희들이 헤어나지
아니하며 그와 같은 삶을 뿌리치지 못
하는 자, 영원히 나에게 오를 수 있는
길이요, 거듭나는 은혜까지도 너희들
이 물질을 모으고자 하는 그것 때문에
모두를 다 잃는다는 것을 그들에게 전
해 주도록 그리하라.

11,957 번째 하나님 말씀

2004년 7월 2일 11시 45분

1 사랑하는 나의 아들아!
2 "네, 아버님! 말씀하옵소서."
3 지금 사랑하는 나의 백성들, 그리고
나의 아들을 따르는 제자, 너희들은
알아야 될 것이니라.
4 모든 종교 집단의 지도자 너희들이 살
아가면서 영혼이 중요하며, 육의 삶은
중요하지 않다 그리 말하나,
5 너희들은 육이 중요하다, 영혼이 중요
하다는 그와 같은 시시비비를 하지 말
며, 그와 같이 구분하는 어리석은 백
성들과 시간을 낭비하지 말라.
6 너희들은 들어야 될 것이니라.
7 육과 영혼이 모두 다 중요하고 소중함
이니라.
8 육과 영혼이 곧고 바르게 자라지 못하
며 가지 못한다면, 너희들은 아무것도
이룰 수 없기 때문이니라.
9 그렇게 살지 못한다면 너희들은 어떤
것도 얻을 수 없으며 이룰 수 없으며
너희들은 모두 무너지며 깨지는 것만
알 수 있을 것이니라.
10 너희가 육과 영혼이 같이 반듯하지 못
하면, 너희들 마음속에 사심이라는 것
이 자리를 잡아 그 사심이 너희들을
지배하고 다스려 가기 때문이니라.
11 모든 예언자요, 나로부터 은사를 받은
자들이 이 세상에 수없이 내려왔으나,

그와 같은 은혜를 입고도 그들이 바로
서지 못하고 역사하지 못한 것은 무엇
이더냐?
12 그들이 사심을 버리지 못하고 역사했
기 때문이니라.
13 지금의 모든 종교 집단이요, 너희들이
나로부터 은혜를 받았으며 영광을 받
았으며 나로부터 모두를 이뤘다 그와
같이 말하는 백성, 너희들이 다 나로
부터 진정한 깨달음이요, 가르침을 받
은 것이 아니라,
14 사심으로써 모두를 생각하며 사심으
로써 모두를 만들어 낸 그와 같은 행
위를 하는 것이 오늘의 종교 집단의
지도자들이요, 그리고 깨우쳤다는 자
들의 그 무서운 현실을 너희들은 알아
야 될 것이니라.
15 그러니 너희들이 사심을 버리지 못하
여 모두 다 무너졌으며, 그 모두가 제
자리를 지키지 못하는 이와 같은 형국
이 되었음이니라.
16 그러니 나의 아들 예수가 사심을 버렸
기 때문에 그가 영원히 존재하는 것이
요,
17 지금의 나의 아들 또한 사심을 버리고
살아야 되며, 나의 아들을 따르는 제
자 너희들도 사심이라는 것이 있어서
는 절대 아니 됨이니,
18 그 모두를 지울 수 있는 방법이 바로
160권의 성경이니, 아직도 바로 서지
못하며 바로 깨우치지 못한 너희들은
새로운 성경을 정독하고 또 정독하여
변화되는 삶을 살지 아니하면 아니 됨
이라는 것을 알라.

11,958 번째 하나님 말씀

2004년 7월 2일 17시 59분

1 사랑하는 나의 아들아!
2 "네, 아버님! 말씀하옵소서."
3 나의 피조물 만백성 너희들이 살아가
며 믿음의 길을 가며 나에게 오르고자
하는 역사의 길을 가면서도 물질에 얽
매이면 절대 안 되느니라.
4 너희들이 물질에 얽매이며 물질에 마
음을 다 뺏기다 보면, 너희들은 결국
거기에서 무너지게 됨이니라.
5 너희들을 구속하고 무너트리는 것이
바로 물질에 대한 욕심이요, 물질에
얽매이는 그와 같은 형국의 삶을 살아
서는 절대 아니 됨을 너희들은 알아야
될 것이니라.
6 또한, 너희들이 물질에 얽매이는 것으
로써 끝나던가?
7 나의 피조물 만백성 너희들 모두를 썩
게 만드는 것이며, 사랑이 없게 만들
며, 마음을 메마르게 만들며, 너희들
이 이웃을 바라보지 못하는 그와 같은
마음으로 살게 만들며,
8 이기주의요, 제 밥상이요, 제 것을 먼
저 챙기고 제 것을 더 크게 놓으려는
마음을 만들게 하는 것이 바로 물질에
얽매이는 자요, 물질의 욕망에서 벗어
나지 못하는 백성들이니라.
9 그러니 너희들을 모두 구속하고 무너
트리는 그 물질에 무너지는 삶을 살지
아니하려거든 거기에 연연해서는 아
니 됨이니라.
10 그와 같이 가는 것이 나의 피조물 만
백성, 평범한 너희들이 가는 길이요,

그리고 이방인이라는 백성들도 물질
에 얽매이면 그들이 쓰러짐이니라.
11 그러니 종교 집단의 지도자들이야말
로 물질에 얽매이며 물질에 현혹되는
그와 같은 지도자가 되어서는 아니 되
거늘,
12 오늘의 믿음의 길을 가는 모든 종교
집단의 지도자들이 물질의 노예가 되
어 있는 자들이니라.
13 너희들이 설교요, 강론이요, 나의 뜻
을 전한다 하면서도 시종일관 재물에
대한 생각이요, 그리고 끝맺음을 재물
을 거둬들이는 것, 많이 바치도록 하
는 것에 모든 공을 들이며 거기에 대
해 연구하는 그와 같은 삶을 살고 있
으니,
14 너희들이 물질의 노예가 되어 다 썩은
자들이요, 바로 서는 자가 없으며, 바
로 가는 자가 없으며, 나의 진리를 가
르치는 자가 없어,
15 너희들과 내가 관계없는 그와 같은 사
이라는 것을 말하는 내 아픈 마음을
너희들이 들여다볼 줄 알아야 될 것이
니라.

11,959 번째 하나님 말씀

2004년 7월 2일 18시 02분

1 한 부모 밑에 태어난 형제도 부모가
똑같은 방법으로 똑같은 인성을 가지
고 가르치고 다스린다 해도, 그들이
각자가 다 다르지 않더냐?
2 한 스승 밑에서 배운 그 제자들 또한
다 똑같으냐? 그렇지 않으니라.
3 모두가 다 제 생각대로 제 뜻대로 각
자가 천태만상으로 다른 것이 아니더
냐?
4 그러니 이 세상 나의 백성 너희들이
다 다를 수밖에 없는 것이 당연한 것
이며, 너희들이 생각하는 것, 살아가
는 방법도 사람들마다 각자의 의지가
있으며 각자의 뜻이 있음을 알아야 될
것이니라.
5 그러나 여기에서 너희들은 똑같이 하
나가 되지 아니하면 아니 되는 것이
있음이니, 그것이 바로 하늘에 오르는
길이요, 진리의 길이니라.
6 모두가 다 다르고 다르다 하여도 다를
수가 없으며 변화될 수 없는 것이 진
리임을 알라.
7 너희들이 하늘에 오르는 것을 다 다르
게 가며 다르게 생각하기 때문에 오늘
에 이와 같이 혼돈된 세상이 되었음이
니라.
8 그리고 세상이 흔들림이니라.
9 그러니 흔들리는 이 세상 속에서 너희
들이 바른 판단을 할 수 없으며 바른
생각을 갖고 살 수가 없기에, 이와 같
이 오늘에 험악한 세상이 되었다는 것
을 너희들은 알아야 될 것이니라.
10 너희들이 흔들리는 세상에서 바른 판
단을 갖지 못하기 때문에 너희들의 삶
이 무너졌으며, 그 삶의 근본이 무너
졌으며, 그 근본 자체도 알지 못하고
살아가는 이와 같은 세상이 되었으니,
11 이 모두는 방대한 조직을 이끄는 종교
집단의 지도자 너희들이 나의 피조물
만백성들을 비진리로 가르쳤으며 사
랑이 없는 메마른 백성으로 가르쳤기
때문에,

12 오늘의 이 세상이 이와 같이 되었으며
이해관계에 따라서 움직이는 나의 백
성들이 되었음이니라.
13 그러니 이해관계에 따라서 오늘과 내
일의 마음이 달라지는 그와 같은 믿을
수 없는 백성이요, 흔들리는 삶을 살
아가니,
14 너희들이 참진리인들 지킬 수 있으며,
나 여호와의 뜻이라 너희들이 지키겠
는가?
15 그리하여 너희들이 그를 지키지 못하
며 어렵고 힘든 길을 선택하여 가지
못하며, 그저 편의에 따라 흔들리는
그와 같은 마음이요, 믿음도 그러니라.
16 그리고 신앙생활도 그와 같은 것이 너
희들이 아니더냐?
17 그러니 너희들은 아무것도 나의 뜻을
제대로 아는 것이 없으며, 그를 받아
들이지 못하며 듣지 못함이니,
18 그리하여 우왕좌왕 흔들리는 속에 그
저 판단 한 번 제대로 못하고 살다 나
에게 와 심판을 받음이니,
19 너희들이 갈 자리는 한 곳밖에 없으
니, 그는 곧 사탄들이 기다렸다가 너
희들을 낚아채는 지옥으로 가는 길밖
에 없음이라는 것을 명심하라.

11,960 번째 하나님 말씀

2004년 7월 2일 18시 08분

1 사랑하는 나의 아들아!
2 **"네, 아버님! 말씀하옵소서."**
3 지금의 모든 믿음의 길을 가는 백성들
이 저희들의 생각이 잘못되었어도 바
로잡으려 하지 아니하며 고치려 하지
아니하는 것이 오늘의 그들이니라.
4 그리고 저희들이 가는 삶이 잘못되었
다 해도 그를 인정하지 아니하며, 그
를 바로잡으려 하지 아니하며, 변명에
서 변명으로써 모두를 덮어 가려는 것
이 오늘의 종교 집단의 지도자들이니,
5 거기에 진실이 어디에 있으며 참진리
의 길이 어디 있단 말이더냐?
6 잘못을 시인하며 잘못된 것을 인정할
수 있는 그와 같은 마음으로써 너희들
이 살아갈 때, 잘못된 것을 고쳐 스스
로 거듭날 수 있으나,
7 모든 종교 집단의 지도자들이 우월주
의요, 제왕적인 병에 걸려 있기 때문
에, 저희들의 잘못된 생각도 고치려
하지 아니하며 그를 인정하지 아니하
려는 것이 그들이니라.
8 그러니 저희들이 지금 제왕적인 대우
를 받는 그 믿음이 잘못되었으며 그것
이 하늘의 뜻이 아니라는 것을 그들이
모르는 것이 아니라 알고 있느니라.
9 알고 있으며 저 자신이 아무것도 아니
라는 것, 저희 종교 집단의 지도자들
이 목자라 하여 설교하는 제 밑에서
배우고자 앉아 있는 그 신도요, 성도
만도 못한 자신이라는 걸, 제 주제 파
악을 그들이 잘 하고 있음이니라.
10 그리하여 그들은 '묻지 말라.' 하는 것
이며, 그리고 너희들에게 '질문하지
말라.' 하며, '오로지 하늘의 뜻이니 그
저 듣고 따르고 행하는 것으로써 모두
를 다하라,
11 나는 주의 종이니, 나를 잘 받들고 잘
모시는 것이 축복받는 것이요, 영광이
라' 하여 그리 뭉개고 짓이기고 가는

것이 오늘의 형국이니,
12 너희들의 믿음이 잘못된 것을 몰라서
고치지 않으려는 것이 아니요, 알면서
그를 따르면 제 육의 삶이 고달프며
저 자신이 제왕적인 대우를 받지 못하
는 것을 알기 때문에, 회개하고 반성
이라는 것을 하지 아니함이니라.
13 모든 믿음의 길을 가는 백성들이요,
종교 집단의 지도자 그 우두머리 너희
들은 들으라.
14 너희들이 회개하고 반성하는 것이 무
엇인 줄 알겠느냐?
15 너희들이 회개하고 반성하며 울고불
고하는 그것은 내가 듣지 않는다 하지
않더냐?
16 너희들이 회개요, 반성을 하려거든 너
희들이 오늘의 믿음을 잘못 이끌어 갔
으며, 잘못 가르쳤으며, 잘못 지도했
으며,
17 너희들이 나로부터 선택된 목자가 아
니요, 기름 부은 역사를 받지 않은 백
성이라는 것을 너희들이 알고,
18 잘못 가르치고 잘못 가는 그 모든 믿
음을 모든 백성들에게 너희들이 털어
놓고 용서를 비는 것,
19 그것이 회개요, 깨우침이라는 것을 잊
지 말라, 사랑하는 나의 아들딸들아!
20 지금 새로운 성경이 내려와 가르치고
전하는 이것이 바로 하늘의 뜻이요,
두렵고 무서운 것을 너희들이 알면서
도 그를 고치지 아니하려 하며 변화되
지 않은 고질병에 걸려 있는 자들이기
때문에,
21 어떠한 것도 받아들이지 않으며 어떠
한 것도 새로운 역사의 장을 열지 아
니하려는 그와 같은 중병에 걸려 있는
자들이기 때문에,
22 너희들로 하여금 구원을 받을 수 없
으며 변화를 시킬 수 없으며 새로이
역사를 할 수 없기에,
23 내가 나의 아들을 통하여 모두를 역사
하며 그 제자들을 통하여 내가 새로운
성경을 만들어 만백성을 구하는 그 역
사를 함이니라.
24 생각이 잘못되었어도 반성하지 아니
하며, 행동이 잘못되어도 반성하지 아
니하며, 너희들은 정녕 두려움과 무서
움을 모르느니라.
25 그 믿음이 잘못되었으며 가르치는 것
이 잘못되었으며 인도하는 것이 잘못
되었어도 너희들이 바로잡고 고치려
하지 아니하려 함이니,
26 성령을 훼방하는 자 그 죄가 무섭다
하였으니, 너희들처럼 성령을 훼방하
는 자가 없으며, 성령을 아예 짓뭉개
어 성령이라는 '성'자도 찾아볼 수 없
도록 지금 위장하고 가는 자들,
27 모두를 다 덮어씌운 자요, 성령을 거
역하는 가장 큰 죄를 짓는 것이 종교
집단의 우두머리요, 지도자요, 울고불
고 구원을 받았다 발버둥치는 자,
28 다른 백성들은 이방인이요, 그리하여
사탄이요, 마귀라 말하는 자, 바로 너
희들이 그와 같은 자들이요, 그를 면
치 못한다는 것을 알라 그리 전하라.

11,961 번째 하나님 말씀

2004년 7월 2일 18시 11분

1 사랑하는 나의 아들아!

2 "네, 아버님! 말씀하옵소서."
3 내가 너희들에게 그리 말하지 아니하
였더냐?
4 어떠한 사람이 어떠한 형태로 너희들
에게 손을 내밀 때, 그들이 어떠한 조
직에서 왔든, 어떠한 형태에서 왔든,
그들이 어디에 쓰든 그와 같은 것을
생각하지 말며, 너희들은 그냥 베풀어
주면 된다 하지 아니하였더냐?
5 그러니 너희들이 그와 같은 마음을 가
지고 살아가도록 그리하라.
6 어떠하든 너희들이 미워하든 돌이켜
보고 싶지 아니하며 거래하고 싶지 않
은 자, 그리고 줘도 그들이 회생할 수
없으며 줘도 고마운 줄을 모르는 그와
같은 백성이라 해도, 너희들은 그저
베풀기를 중단하지 말라.
7 그래도 그런대로 그들은 사람이 아니
더냐?
8 그런대로 그들이 사람이기에 나 여호
와의 아들딸이요, 나의 아들딸이니 그
들이 아무리 폐인이요, 잘못 쓰고 잘
못 가는 사람이라 하더라도, 너희들이
주는 뜻을 거역하는 자요, 감사함을
모른다 해도,
9 그들이 나의 아들딸이요, 사람이기 때
문에 내가 관심을 갖고 있다는 생각을
하도록 그리하라, 사랑하는 나의 아들
딸들아!
10 누가 뭐래도, 아무리 잘못 가고 잘못
되는 형태요, 너희들이 미워하고 저주
하는 사람이라도,
11 그는 사람이기에 동물들이요, 미물보
다는 내가 그들을 더 생각하며 내가
그들을 기억하고 있다 그리 생각하라,
사랑하는 나의 아들딸들아!
12 그래도 내가 지우지 못하고 있으며 버
리지 못하고 있는 것이 바로 너희들의
형제요, 사람으로서 태어난 너희들이
라 그리 생각하고 믿으라.
13 그러기에 내가 너희들에게 대접받을
수 없는 자, 대접하기 싫은 자, 베풂을
받을 자격이 없는 자라 그리 판단하지
말라 함이니라.
14 사람이기에 내가 관심을 가지고 있으
며, 나 여호와가 관심을 가지고 있는
사람이기에 너희들이 그래도 관심을
갖고 돕고 베풀도록 그리하는 것이 너
희들이 해야 할 길이며 가야 할 길이
니,
15 모두를 다 덮어 두며, 아무리 밉고 감
정이 앞에 있으며 도저히 도울 수 없
는 환경이요, 돕지 못하는 마음일지라
도,
16 내가 생각하고 있고 내가 기억한다는
것을 생각하여 돕고 베풀고 가는 마음
을 가지라, 사랑하는 나의 아들딸들아!
17 그러기에 너희들에게 베풀며 사랑하
며 나누며 가라, 원수도 사랑하라 하
며 미워하지 말라 함이 여기 있음이니
라.

11,962 번째 하나님 말씀

2004년 7월 2일 18시 19분

1 사랑하는 나의 아들아!
2 "네, 아버님! 말씀하옵소서."
3 모든 종교 집단이요, 너희들이 잘못된
것이며, 그리고 나의 피조물 만백성을
끌어모아 장삿속으로써 역사할 수 있

는 것이 무엇이더냐?
4 너희들이 인간이기 때문에 믿음이 중
요하며, 행위로써는 중요하지 아니하
다 그리 가르치는 자, 행위로써 지은
죄는 죄가 아니라 은근히 그와 같이
깨우쳐 주고 가르치며,
5 재물을 바치고 회개하면 된다 그리 가
르치는 것 때문에 오늘의 이 험악한
세상이 되었느니라.
6 행위로써는 그 누구도 완전하게 살 수
없으며 완전한 삶을 살 수 없다 너희
들이 그리 말하느니라.
7 그러기에 모든 백성은 행위 자체로써
는 부족하며, 행위 자체로써 완벽하여
구원을 받는다는 자는 사탄이요, 마귀
라 그리 몰아붙이는 자들이 아니더냐?
8 그러면서 너희들은 무엇하느냐?
9 다윗의 행위도 절대 완전하지 못하니,
인간이 하기 때문에 그와 같은 일이
있었으며, 그래서 인간은 제대로 완전
할 수가 없다 너희들이 그리 말하며,
너희 마음을 달래고 가는 것이 아니더
냐?
10 다윗이 어떠한 행위를 했던가?
11 자기 자신의 신하의 아내를 간음하였
으며 그 남편을 간접 살인한 그와 같
은 죄를 지었지 않더냐?
12 그 모두도 행위가 완전하지 못한 가운
데서 이루어졌기 때문에, 그것은 완전
하지 못한 자가 한 것이기 때문에, 인
간 세상에서 정신박약아요, 제대로 정
신이 들지 않은, 정신이 혼미한 백성
이 저질렀을 때 죄가 아니라 말하는
것처럼,
13 너희들이 인간은 완벽하지 못하며 완
전하지 못하기 때문에 죄를 짓는다는
것은 똑같은 말이 아니더냐?
14 너희들이 저능아요, 부족한 자요, 생
각이 모자란 자요, 그와 같은 자가 짓
는 죄는 정신박약아요, 깨닫지 못하기
때문에 죄가 아니라 그와 같이 인간
세상에도 그를 참작하듯이,
15 다윗이 지은 죄요, 또 너희들이 그와
같은 죄를 짓는 것도 모두 다 너희들
이 완벽한 인간이 아니기 때문에, 완
벽한 사람이 아니요, 정신박약아요,
생각이 모자란 사람들이기 때문에, 그
와 같은 행위를 하는 것은 살인이 아
니며 죄가 아니라 그와 같이 하지 않
느냐?
16 그러니 그와 같은 가운데 무엇이 이루
어지며 무엇이 역사한단 말이더냐?
17 그러면서 너희들이 그 모두는 진정한
믿음이요, 나의 품 안에서 살고 있으
며 내 품 안에서 모두를 역사했기 때
문에,
18 부족한 백성이 저지른 죄는 죄가 아니
기 때문에 너희들은 모든 죄를 용서받
았다 그리 말하며, 너희들은 깨끗한
자라 그리 말하며,
19 나로부터 구원을 받은 자들이요, 그러
니 너희들은 걱정할 것이 없으며 더
이상 불안할 것이 없다, 부족하고 미
완성인 미숙한 백성이 짓는 육의 죄는
죄가 아니라 그리 가르치고 전하는 것
이니,
20 오늘의 나의 피조물 만백성들이 구원
받는 자가 없으며, 모두가 다 지옥 불
로 가는 그와 같은 역사를 지금 너희
들이 계속하고 있으며, 쉬지 않고 그

길을 가기 위하여 지금 발버둥을 치고
있느니라.
21 사랑하는 나의 아들딸들아! 이 모두
는 저희들 자신이 죄인이기 때문에 저
희 스스로 위로하며 공포와 불안한 그
마음에서 벗어나고자 하는 종교 집단
의 지도자들이 간교한 방법으로써 인
간의 교리 속에서 연구하고 만든 방법
이니,
22 그것이 얼마나 사악한 행위요, 잔인한
행위요, 나의 피조물 만백성을 죽음으
로 이끄는 짓인지 알겠느냐?
23 너희들이 육의 삶을 떠나 나 여호와가
행하는 일을 완전히 믿으며 구원이 된
다는 것을 믿으면서 간다면,
24 그것이 나 여호와가 가장 기뻐하는 것
이요, 나에게 너희들이 모두를 다하는
것이요, 은혜에 보답하는 것이라 그리
하느니라.
25 인간은 완전하지 못하기에 실수할 수
있으니, 구원을 믿으며 나를 찾고 믿
는 것으로써 구원을 받는다는 그 믿음
하나만 가지면, 나 여호와가 기뻐하며
내가 너희들에게 내릴 수 있는 모든
상을 다 내린다 하니,
26 이것이 너희들의 가르침이 아니고 그
것이 무엇이더냐?
27 몇천 년 동안 흘러온 종교 집단의 골
격이 그것이며, 이것으로써 너희들이
나의 피조물 만백성을 쇠사슬로 이끌
고 왔으며, 너희들이 장삿속으로써 기
업으로써 번창시켜 놓은 원흉임을 알
라 그리 전하라.
28 강도짓이요, 살인하는 것, 하늘의 뜻
을 어기는 그와 같은 짓을 하면서도,
그 모두는 하늘의 뜻이요, 인간이 형
성한 뜻이 아니요,
29 제 맘대로 하는 것이 아니라 하여 나
에게 미루는 그와 같은 것이 오늘의
종교 집단 지도자 너희들이 행하고 여
기까지 역사한 것이 아니더냐?
30 그러면서 너희들은 '죄가 없다, 내 죄
는 깨끗이 씻어졌다, 예수가 나의 죄
를 담당해 주었다, 나는 표백된 백성
이요, 인간이기 때문에 나는 아무런
죄가 없다.' 그리 소리 지르고 악을 쓰
는 그와 같은 행위가 나를 기쁘게 하
며 나를 경배하는 것이라 그리 말하니,
31 그것은 나를 욕되게 하는 것이요, 너
희들이 나 여호와가 필요 없으며 '우
리는 사탄의 자식이기 때문에 사탄의
지옥의 벼랑으로 가겠다.' 악을 쓰는
자들임을 잊지 말라.
32 너희가 행하는 그 모두를 나 여호와는
하나도 잘못된 것을 용서해 주며 지워
주는 것이 없으며, 지워 주지 못한다
는 것을 알라.
33 나 여호와는 너희들이 잘못된 행위 하
나도 용서함이 없으며 너희들은 그 대
가를 반드시 치른다는 것을 알라.
34 그렇지 않으면 내가 어찌하여 전지전
능한 창조주 아버지요, 그리고 공의의
하나님이라 말할 수 있겠느냐?
35 너희들이 모든 죄를 짓는 것은 말로써
씻어지며, 인간은 지금 불완전하며 미
완성이요, 저능아와 같은 백성이 육의
세상에서 짓는 어떠한 죄도 그는 죄가
되지 아니한다 그리 말하나,
36 그 모두가 심판의 기준이라는 것을 잊
지 말라 전하고 또 전하도록 그리하라.

11,963 번째 하나님 말씀

2004년 7월 2일 18시 22분

1 사랑하는 나의 아들아!
2 "네, 아버님! 말씀하옵소서."
3 너희들이 지은 죄는 무조건 나 여호와
가 세상 죄를 다 담당하였으며, 그리
고 너희들의 죄를 모두 담당해 주는
것이 나 여호와이니,
4 내가 모든 죄를 담당해 주었으니 너희
들은 믿기만 하면 그 죄가 사해지며,
나 여호와가 너희들을 무조건 구원한
다는 것을 믿고, 죄의 온상에 가 재물
을 바치며 울고불고 그리 간다면, 너
희들의 죄는 모두 씻어지는 것이라,
5 죄의 온상인 교회요, 성당이요, 성막
이요, 회막에서 모든 종교 집단의 지
도자들이 그리 가르치지 않는가?
6 그러면서 너희들이 더 완벽하게 구원
을 받으며, 죽어 지옥의 그 고통을 면
제받으려면, 너희들이 가지고 있는 재
물을 많이 바치라, 그리하면 완벽하게
구원을 받는다 하여,
7 지금 몇천 년 동안 인간이 인간 앞에
사기극을 벌이며 인간이 인간 앞에 군
림하는 그와 같은 행위를 해 왔으니,
8 이제는 나의 새로운 성경이 세상에 나
가 만백성을 깨우치는 그 역사가 시작
되었음이니, 이를 너희들이 중단하지
아니하면 아니 될 것이니라.
9 너희들이 사기극을 벌이면 벌일수록
불쌍하고 가련한 나의 백성들만 지금
지옥 불로 가나, 그들이 결국 너희들
의 사기극이요, 위장 전술을 알 때가
머지아니하였음이니라.
10 나의 새로운 성경 160권이 세상에 나
와 세상을 덮을 때 그 모두를 아니,
11 너희들이 스스로 변하여 구원의 길이
요, 죄를 회개하고 용서받지 아니하고,
12 불쌍하고 가련한 길을 가는 억압받는
백성, 구속된 백성들의 그 삶에 불붙
어 그 화약고같이 터질 때, 그 모두는
감당할 수 없다는 것을 너희들은 알라.
13 믿는 것으로써 마음의 죄가 없다는 것
은 다 사탄들이요, 그것이 잘못된 자
들이니, 그들의 말에 속지 말라.
14 그들의 세 치 혓바닥에 현혹되어, 너
희들이 거듭나는 영광을 잃는 어리석
은 백성이 되지 말도록 그리하라.

11,964 번째 하나님 말씀

2004년 7월 2일 18시 31분

1 사랑하는 나의 아들아!
2 "네, 아버님! 말씀하옵소서."
3 구약의 시대의 백성이요, 믿음의 길을
가는 그 백성들도 신약의 시대에 새로
운 시대요, 새로운 장을 열어 간다는
종교 집단의 지도자 그들처럼 그리 거
둬들이고 갈취하지는 아니하였음을
너희들은 알아야 될 것이니라.
4 지금의 종교 집단이요, 신약의 시대의
구원의 길이요, 성서를 한 자도 고치
지도 더하지도 말며 그대로 가야 된다
는 그 백성들이 믿음의 길을 가는 신
도들이요, 그 백성들에게 뭐라 하느냐?
5 너희들이 어떤 사업이요, 장사를 하더
라도 밑천이 안 드는 장사가 어디 있
느냐,
6 장사라는 것은 밑천이 드는 것이니,

너희들이 구원을 받는 것이요, 하늘에
오르는 것도 밑천을 들여야만 제대로
믿으며 제대로 믿음의 길을 갈 수 있
는 것이라 그리 나의 피조물 만백성을
유도하지 않느냐?
7 그러면서 단상에 서 있는 자가 그리
말하느니라.
8 하늘에 계신 아버지요, 창조주요, 그
리고 피를 흘려 너희들의 모든 죄를
대속해 준 예수도 맨손으로 믿음의
길을 가는 백성보다는 한 보따리씩 싸
가지고 와 나의 아들 예수를 찾으며
나를 찾는 그 백성들을 내가 더 사랑
하며 나의 아들 예수가 너희들을 더
사랑하며, 나 여호와가 기뻐한다 그리
가르치고 공부하며,
9 단상에 서서 그와 같은 말을 하는 것
이 구약의 시대보다도 더 새로운 시대
를 열어 간다는 오늘의 신약의 시대
의 종교 집단의 지도자요, 울고불고
광란의 짓을 하는 신도들이니,
10 감히 너희들이 무엇이기에 하늘에 와
구원을 받았으며 하늘에 들어올 수 있
다 말하는가?
11 그게 바로 어리석은 백성들이 하고 있
는 짓이 아니고 무엇이더냐?
12 과연 나 여호와가 너희들이 보따리째
싸 들고 오는 것을 기뻐하겠는가,
13 그리고 너희들이 거짓 지도자들에게
바치는 것을 나 여호와가 하늘에 바치
는 것이라 하며 내가 그를 기뻐하겠
는가?
14 그들은 너희들에게 거둬들이면서, 하
늘에 쌓아 놓는 것이 축복이요, 영광
이라 하여 그를 받아들이지 않더냐?
15 이는 너희들이 알아야 될 것이니라.
16 인간인 지도자요, 잘못된 지도자들이
싸 들고 오는 것, 그리고 바리바리 들
고 오는 것을 받으며 기뻐하며 구원을
받았다 기도해 주며,
17 너희들은 영영 하늘에 완벽한 구원의
길이 있으며, 보물의 창고에 재물을
쌓아 놓으니, 너희들이 가면 그와 같
이 은혜를 받는다는 것은 모두 사기꾼
이요, 거짓 지도자들이니, 그게 바로
무엇이더냐?
18 양의 탈을 쓴 이리들이 하고 있는 짓
이니라.
19 너희들은 그와 같이 사탄이요, 사탄의
종에게 바치며 그들을 기쁘게 하고 즐
겁게 해 주며, 사탄이 역사를 하도록
모두를 받쳐 주는 자들이니,
20 너희들이 얼마나 나를 욕되게 하며 내
뜻을 거역하는 것이요, 그것이 과연
나에게 전해진다 생각하는가?
21 그들에게 바치는 것은 거기서 끝나는
것이요, 나에게 바칠 교통의 길이 없
으며 모두가 다 차단되며, 나는 그 더
럽고 추한 것을 바라보지도 아니하니,
22 너희들은 나의 창고에 쌓아 놓으며 하
늘에 쌓아 놓는다는 어리석은 말에 현
혹되지 말라.
23 나는 받을 것도 없으며 그와 같은 걸
받지도 아니하며 모두를 다 차단하였
으며,
24 인간의 삶을 살다 너희들이 나에게 왔
을 때 그 대가를 치르는 것, 그것만 내
가 안타깝게 생각하며, 그 고통스러움
을 저희들이 정녕 어찌 견딜 것인가
그것을 염려하고 걱정하는 나 여호와

이지,
25 그를 받아들이는 것도 없으며 내가 그
를 접수하는 것도 하나도 없으니, 나
와는 아무런 관계도 없다는 것을 알라.
26 나는 아무것도 거기에는 관계되지 아
니함이니라.
27 사랑하는 나의 아들딸들아! 너희들이
물질을 바치지 못하며, 물질을 많이
바치지 못하는 나의 백성들이 믿음의
가는 길을 중단하며,
28 그 믿음의 길을 가더라도 광란의 짓을
하는 그 신도들의 눈치를 보며, 재물
을 바치라, 밑천 없는 장사가 어디 있
느냐, 믿음에도 밑천이 드는 것이니
싸 들고 오는 것이 구원을 받는다는
종교 집단 지도자들의 그 눈치에 주눅
이 들어,
29 참진리요, 믿음의 가는 길을 공포요,
불안으로 가는 그 신도들, 그들이 얼
마나 불쌍하고 가련한 자들이더냐?
30 내가 그들을 구원하고자 함이니라.
31 사랑하는 나의 아들을 따르는 제자 너
희들은 들으라.
32 재물을 바치지 못하여 믿음의 가는 길
에 주눅이 들며 눈치를 보고 가는 것
이 진정한 믿음이요, 하늘에 오르는
길이요, 구원의 길이 아니라는 것을
알라.
33 참진리요, 하늘에 오르는 것은 그와
같은 방법이요, 추하고 더러운 그와
같은 것으로써 하늘에 오르고 구원을
받는다는 그 생각, 그것이 사탄이요,
마귀들이 하는 간교한 수법이요, 너희
들을 우롱하는 자들이요, 너희들의 고
혈을 빨아들이는 사기극을 벌이는 것
이 그들이라 함이니라.
34 내가 그리하여 나의 새로운 성경에 뭐
라 말하였느냐?
35 피를 빠는 거머리가 배불렀을 때 떨어
지는 것처럼, 너희들의 모두를 다 무
너트리고 너희들의 모두를 다 망가트
려서 너희들이 숨을 쉬지 못할 때까지
빨아들이는 것이 오늘의 그들이라는
걸 잊지 말라.

11,965 번째 하나님 말씀

2004년 7월 2일 21시 39분

1 사랑하는 나의 아들아!
2 "네, 아버님! 말씀하옵소서."
3 나 여호와가 너희들에게 말하여 전했
느니라.
4 너희들이 이 세상에 살아가면서 진정
한 믿음이요, 나의 뜻이요, 참진리에
의하여, 하늘의 뜻에 의하여 역사하고
가지 아니하는 것은 같은 뜻의 같은
말을 가지고 가르친다 하여도,
5 천사로서 가르치는 것은 하늘의 뜻이
요, 사탄으로서 가르치는 것은 하늘의
뜻이 아니라 내가 너희들에게 명하여
그리 전하였느니라.
6 그러니 너희들은 이 뜻을 알아야 될
것이며 이 의미를 깊이 깨우쳐야 될
것이니라.
7 바로 지금의 믿음의 길을 가는 백성,
너희들은 그 누구도 구원을 받을 자가
없으며 구제받을 자가 없으며, 바로
가는 믿음으로 가는 자가 하나도 없다
함이니라.
8 너희들이 첫 단추를 잘못 끼움이니,

너희들의 복장이 틀리며 네 모습이
틀리듯이,
9 너희들이 믿음을 시작할 때 첫 단추를
잘못 끼웠으며 처음에 시작하는 그 믿
음이 잘못되었기 때문에,
10 너희들은 나의 뜻이요, 내 뜻에 의해
역사한 믿음이 아니라, 인간 위주로
인간의 교리에 의해서 지금까지 믿음
의 길을 온 결과이니라.
11 이것이 잘못된 것이며 나의 뜻과 관계
없다 함이니라.
12 너희들이 진정한 믿음이요, 참진리에
의하여 역사한 것이 아니기 때문이니
라.
13 내가 나의 아들을 통하여 너희들에게
강론에 전하지 아니하였더냐?
14 부분적인 것이 와 세상에 역사하였으
나, 완전한 것이 왔을 때 모두를 철폐
하며 모두를 다 버려 버리고 모두를
다 지워 버린다 하지 않았더냐?
15 그것은 바로 무엇인 줄 알겠느냐?
16 너희들이 하늘의 뜻이요, 진리를 알았
으나, 인간적인 삶의 육의 욕심에 대
한 것을 버리고 가지 못하는 백성들이
기 때문에, 그리고 너희들이 그리 가
지 못하였기 때문에, 그 모두가 잘못
시작되었으며 잘못 가고 있는 것이니
라.
17 그러기에 너희들이 부르짖고 전하는
것이 한계가 있으며 끝이 있는 것이니
라.
18 그리하여 내가 나의 아들을 통하여 흔
들리지 아니하며 무너지지 아니하며,
하늘의 뜻을 그대로 전하며 그대로 행
하는 나의 아들을 통하여 내리는 완전
한 새로운 성경이 내려오는 것, 이는
모두를 지키고 갈 수 있으나,
19 너희들은 흔들리며 육의 세상에 마음
이 팔리며, 인간 세상의 교회에 야합
하며 합의하는 그와 같은 삶으로 살아
가기 때문에,
20 너희들이 부분적으로 알았던 것이 처
음에는 알았으나 세월이 흘러가며 퇴
색되고 변질되어 그 의의와 뜻을 잃어
가기 때문에,
21 그 모두는 다 완벽한 것이 왔을 때, 그
임무가 거기서 끝남이니, 모두를 다
철폐하고 덮으라는 뜻이 또한 여기 있
음을 너희들은 알아야 될 것이니라.

11,966 번째 하나님 말씀

2004년 7월 2일 21시 50분

1 사랑하는 나의 아들아!
2 "네, 아버님! 말씀하옵소서."
3 구약의 시대가 잘못되어 신약의 시대
를 열었으며, 나의 아들 예수가 세상
에 옴이니, 그 신약의 새로운 역사를
이루어 가는 너희들이 과연 어찌 왔는
지 알겠느냐?
4 그들의 믿음이요, 그들의 신앙이 얼마
나 잘못되었으며, 참진리를 접어 두고
비진리의 길에 모두를 바치고 살아왔
는지 아느냐?
5 너희들은 지금 그리 말하느니라.
6 종교 지도자가 단상에 서서 그 백성들
에게 말하기를, 나 여호와의 기쁨은
너희들의 행위가 아니요, 행위로써 하
는 선하고 아름답게 사는 그 모습이
나 여호와가 기뻐하는 것이 아니라,

7 그저 너희들은 믿음만 갖고 믿음으로
가면, 믿음이 강한 자를 내가 기뻐하
며 내가 그들을 반긴다 그리하느니라.
8 행함은 관계없이 믿음만 가지고 있으
면 기뻐한다 그리 지금 나의 피조물
만백성을 간단한 방법으로 하늘에 오
르는 것처럼 유혹하고 있음이니라.
9 너희들의 행위를 나는 보지 아니하고,
너희들이 나를 믿고 마음 그득히 나만
생각하는 것, 그것이 너희들이 모두가
다 나를 기쁘게 하는 것이며, 내가 역
사하는 것이요,
10 나를 믿기만 하고 나를 찾기만 하면
모두가 이루어지니 더 바랄 것이 없다
그리 말하느니라.
11 너희들이 눈물겹도록 나를 꼭 잡고 나
를 꼭 찾기만 하면 나 여호와가 가장
기뻐하며 내가 가장 행복하다 그리 가
르치니,
12 그것으로써 나의 피조물 만백성이 나
에게 기쁨을 다하며 은혜를 보답하며
하늘에 오르는 것이라 너희들이 그리
가르치니,
13 이것이 얼마나 허황된 것이며 얼마나
잘못된 믿음이더냐?
14 그러면서 너희들은 예수를 믿는 것으
로써 나 여호와가 더 이상 기쁨이 없
으며 나를 더 이상 행복하게 하는 것
이 없다 그리 말하면서 너희들은 한
술 더 떠 뭐라 말하느냐?
15 창조주 아버지는 영이시기 때문에 너
희들의 마음에 나를 믿고 섬기기만 하
면 내가 너희들을 사랑하고 기뻐하며,
16 너희들이 나를 찾는 것, 그것으로써
구원을 다 받으며 나에게 올 수 있다
그리 밀어붙이며,
17 그 말을 믿는 백성들이 '아멘, 할렐루
야!' 광분하는 백성들이요, 지금 맹종
맹신하는 자들로서 지금 형성되었음
이니라.
18 너희들은 들으라.
19 너희가 나를 믿고 찾으며 나를 찾는
것으로써 구원을 받는다 생각하지 말
라.
20 네 이웃을 사랑하며 천사와 같이 사는
백성을 내가 기억하겠는가, 인간 백정
처럼 살인하며 사악한 짓을 하며 사는
자를 내가 찾겠는가?
21 누구를 내가 찾겠는가?
22 너희들은 누구에게서 피비린내가 나
며 썩은 냄새가 난다 그리 생각하는가?
23 너희들은 들으라.
24 나 여호와가 너희들의 육의 삶을 천사
처럼 아름답게 살며 나를 믿고 가는
백성들은 버려두며,
25 못된 짓, 악한 짓을 하면서 말로만 나
를 찾는 자, 그리고 나를 믿는 자를 내
가 구원하는 것처럼 그리 가르치고 지
금 그리 인도하고 있음이니,
26 이것이 바로 너희들이 나의 피조물 만
백성들로부터 재물을 거둬들이며 그
들을 너희들이 쇠사슬로 묶어 두고자
하는 그와 같은 간교한 수법에서 나온
인간의 교리라는 걸 알라.
27 그리고 너희들을 보기를 기뻐하며 행
복해한다고 말하는데,
28 내가 과연 죄짓고 살아가면서 말로만
나를 믿는 자의 그 기도를 기뻐하며
너희들을 보기를 기뻐하고 행복해한
다 생각하느냐?

29 들짐승, 날짐승들이 다 차마 웃음을
참지 못하고 있으며, 들에 있는 황소
가 하늘을 보고 웃고 있는 그와 같은
형국임을 너희들은 어찌 모른단 말이
더냐?
30 믿음이 없이는 기쁨을 이룰 수 없다,
그리고 믿음만으로써 내가 모두를 기
뻐한다는 그 말을 너희들이 한번 생각
해 보라.
31 내가 믿음의 길을 가는 백성을 다 같
이 기뻐하는데, 착하게 살며 선하게
살며 그와 같이 선하게 살면서 믿음의
길을 가는 백성들은 내가 지옥 불에
던진다 하더냐, 그리고 내가 너희들을
버린다 했더냐?
32 그리하여 착한 일을 하며 나를 믿는
것과 못된 짓이요, 악한 짓을 하면서
나를 믿는 자,
33 착하고 선한 자는 내가 찾지 아니하며
악하게 살면서 나를 믿는 자만이 내가
찾고 구원하는 것처럼 너희들이 그리
가르치고 있음이니,
34 너희들이 지금 어떠한 행위를 하고 있
는지 아느냐?
35 너희들이 그와 같은 믿음의 길을 가는
자, 그와 같이 생각하는 자는 나와 관
계없음이니라.
36 나를 찾으며 나를 믿는 자, 선하고 천
사와 같은 자요, 그리고 나를 믿고 나
를 경배하기에 아름다운 모습으로 살
아가는 그 백성 너희들의 그 삶을 나
는 기뻐하며 그와 같은 자를 사랑함이
니, 너희들은 들어야 될 것이니라.
37 모든 종교 집단의 지도자들이요, 그들
이 모두 이리 가르쳤으며 지금 이리
흘러왔으니, 이게 다 썩을 대로 썩은
자들이니라.
38 어찌하여 제 몸에서 피비린내 나는
사악한 자들이요, 나를 입으로만 찾는
그들을 내가 사랑하고 구원하며,
39 천사와 같이 살며 나를 찾는 자는 내
가 지옥 불로 던지는 것처럼 너희들이
그리 가르치니,
40 이 잘못된 현실을 어찌 잡는단 말이더
냐?
41 이를 바로잡기 위하여 내가 새로운 성
경을 내려보내어 이 대역사를 이룸이
니,
42 내가 나의 새로운 성경을 내려보내니
이를 보고도 깨우치지 아니하며 바로
서지 못할 때 그때는 나 여호와의 진
노함을 너희들이 감당키 어려울 것이
니 그리 알라 전하라.

11,967 번째 하나님 말씀

2004년 7월 2일 21시 56분

1 사랑하는 나의 아들아!
2 "네, 아버님! 말씀하옵소서."
3 너희들이 얼마나 잘못되었으며 사악
한 백성들이더냐?
4 내가 다시 한 번 나의 새로운 성경에
기록하여 전함이니,
5 이를 읽고도 깨우치지 못하며 거듭나
지 못하는 자, 너희들의 그 삶이 얼마
나 처참한 것이며, 영원히 사는 세상
에서 어떤 대가를 치르는 것인가 머지
않아 알 것이니, 이는 너희들의 상상
을 초월할 것이니라.
6 너희들이 상상도 못할 것이며 그림도

그려 볼 수 없는 그 고통의 세상에서
살아가야 된다는 것을 잊지 말라.
7 너희들이 뭐라 하느냐?
8 나의 아들 예수를 믿는 것, 그를 믿는
것만이 나 여호와가 가장 기뻐하는 것
이요, 기쁨이니, 너희들이 그저 나의
아들 예수를 찬양하며 그 보혈로써 은
혜를 받았다 말하며,
9 나의 아들을 '주여, 주여!' 부르는 것
으로써 너희들이 나에게 기쁨이요, 모
두의 영광을 얻는다 그리 가르치는 종
교 집단의 지도자들이니라.
10 너희들이 달콤한 꿀로써 나의 피조물
만백성을 지금 죽음으로 몰고 가고 있
다는 것을 알아야 될 것이니라.
11 나의 아들이 모든 죄를 없애 놓았다는
것, 그것을 너희들이 믿고 또 믿고 시
인하는 것, 네 입으로 시인하며 그를
부르짖고 다니는 자, 그와 같은 백성
이 있을 때 나 여호와의 기쁨이라 너
희들이 그리 말하느니라.
12 그러나 이것 또한 너희들이 어떠한 결
과인가 머지않아 알 것이니라.
13 너희들이 마음으로 믿고 입으로 나 여
호와가 존재하며 나의 아들 예수가 구
세주라 하는 것을 시인하는 것으로써
나 여호와의 기쁨이 이루 말할 수 없
다 그리 말하느니라.
14 그러면서 너희들은 또 뭐라 말하느냐?
15 교회요, 성당이요, 회당이요, 그 죄의
온상에 너희들이 각종 헌금을 많이 바
치는 것이 나에게 상 받는 길이요, 나
여호와가 기뻐하는 것이라 너희들이
또 그리 가르치고 있느니라.
16 너희들 자신을 위한 것이요, 나의 백
성들에게 재물을 갈취하고자 하는 너
희들이 만든 인간의 교리라 했음을 잊
지 말라.
17 그 모두가 너희들이 조작한 것이요,
너희들 자신을 위하여 만든 것이니,
나와는 관계없다 한 그 무서운 사실을
알라.
18 너희들이 나와 관계없다는 말을 그저
한쪽 귀로 듣고 한쪽 귀로 흘리나,
19 나와 관계없다는 것이 사탄의 자식이
요, 너희들이 나에게 오를 수 있는 백
성이 아니요, 너희들은 대가를 치르는
그 길을 가야 된다는 그 의미의 무서
움을 어찌하여 너희들이 모른단 말이
더냐?
20 나의 아들이 누구라는 것은 모든 백성
이 다 아느니라.
21 믿음의 길을 가는 자, 믿지 아니하는
자, 이방인이라 하는 그 백성도 나의
아들 예수가 나의 아들이라는 걸 누구
나 다 알고 믿고 있음이니라.
22 그러니 예수의 행함을 따르고 실천하
는 자가 있을 때 나의 기쁨이지,
23 나의 아들 예수를 그저 부르짖고 '주
여, 주여!' 하고 부르짖는 것이요, 구
세주라 울고불고함으로써 내가 기뻐
하는 것이 아님을 알라.
24 나의 아들이 너희들의 죄를 대신 짊어
진 것이라 그리 말하며, 그리하여 그
것을 믿는 자가 구원의 길이요, 나를
기쁘게 하는 것이라 하나, 너희들은
알라.
25 너희들이 지은 죄는 지은 만큼 스스로
그 대가를 치러야 된다는 것, 이것이
하늘의 법도요, 너희들이 모두 겪어야

될 것이라고 생각하고, 그를 행하기
위하여 살아가는 그와 같은 백성들이
있을 때, 나의 기쁨이요, 나의 영광이
라 생각할 수 있는 것이니, 너희들은
알라.
26 입으로만 시인하고 입으로 발언하는
그것이 나에게 가장 큰 기쁨이라 하
나, 그 또한 나와는 관계없는 짓을 하
고 있느니라.
27 나 여호와는 너희들이 행동으로써 천
사와 같은 행함을 보여 주는 것, 그렇
게 아름답게 살아가는 너희들의 삶을
나에게 엮어 보여 주는 것이 나에게
가장 큰 기쁨이요, 영광된 것임을 너
희들은 알라.
28 너희들이 네 이웃을 네 몸과 같이 사
랑하는 삶을 살며 행하고 실천하는 것
이 나의 기쁨이요, 가장 나에게 영광
된 것이니라.
29 내가 성서에 기록하여 뭐라 전하였느
냐?
30 나의 아들 예수에게 너희들이 어찌해
야 하늘에 오르는 길이며 나의 아들
예수를 따라 오를 수 있는 길이냐 했
을 때,
31 너희들이 가난하고 불쌍한 자, 이해관
계가 없는 자, 그의 고통과 시련을 들
어주고 그를 보살펴 주는 그와 같은
행위를 보이라,
32 그 행동이 너희들이 나에게 오르는 길
이요, 하늘에 오르는 길이라 나의 아
들 예수가 전한 그 의미요, 뜻을 너희
들이 안다면,
33 말로써 시인하는 것으로써, 말로써 울
부짖는 것으로 하늘에 오를 수 있다
하나, 나의 아들 예수의 보혈로써 너
희들이 모든 죄를 씻음을 받았다 하나,
34 그 모두가 다 부질없는 짓이요, 나와
관계없는 것이요, 하늘의 법도에는 관
계없는 짓을 너희들이 지금 그와 같이
교리로 만들어 나의 피조물 만백성을
지옥의 벼랑으로 몰고 가고 있다는 것
을 잊지 말라.

11,968 번째 하나님 말씀

2004년 7월 3일 06시 58분

1 "너는 나 외에는 다른 신들을 네게 있
게 말지니라.
2 너를 위하여 새긴 우상을 만들지 말
고, 또 위로 하늘에 있는 것이나 아래
로 땅에 있는 것이나 땅 아래 물속에
있는 것의 아무 형상이든지 만들지 말
며, 그것들에게 절하지 말며 그것들을
섬기지 말라.
3 너는 너의 하나님 여호와의 이름을 망
령되이 일컫지 말라.
4 안식일을 기억하여 거룩히 지키라.
5 네 부모를 공경하라.
6 살인하지 말지니라.
7 간음하지 말지니라.
8 도적질하지 말지니라.
9 네 이웃에 대하여 거짓 증거하지 말지
니라.
10 네 이웃의 집을 탐내지 말지니라.
11 나 여호와가 존재함을 믿는 그 자체가
구원의 길에 들어서는 기본이요 근본
이며, 나의 법전을 가슴에 안고 정독
하는 자, 반석 위에 서서 하늘에 오르
는 찬란한 빛을 보게 되는 영광을 얻

게 됨이니라."
12 사랑하는 나의 아들아!
13 "네, 아버님! 말씀하옵소서."
14 나의 피조물 만백성 너희들이 육의 세
상의 삶을 사니, 너희들은 육의 세상
의 삶에 따라서, 흑백의 논리에 따라
서 정답과 오답을 구분하는 것처럼,
너희들이 어떠한 길을 살아왔느냐에
따라 구분하는 것은 너희들이 반드시
겪어야 되는 것이며, 그를 반드시 겪
고 넘어가야 할 길이라는 것을 알아야
될 것이니라.
15 그러니 너희들이 같은 삶을 살되, 나
에게 오를 수 있는 영광된 길을 사느
냐, 그렇지 않으면 너희들이 나를 떠
나서 지옥이라는 영원히 헤어날 수 없
는 그곳으로 가느냐, 그 둘 중 하나의
삶을 살아야 되는 것이 너희들의 운명
이니라.
16 그러니 너희들이 어떠한 길을 선택하
며 어떠한 길을 가느냐, 그리고 어떠
한 것을 위해 너희들이 살아가느냐 하
는 그것 또한 너희들의 자유의지에 달
렸으며 너희들이 사는 삶에 달렸음이
니라.
17 그러니 너희들이 넘을 수 없는 길이
그 둘 중의 하나의 길이니라.
18 너희들이 하나를 선택하여 갈 수 있는
운명이라면 오죽이나 좋겠느냐?
19 반드시 너희들은 두 길 중의 하나를
선택하게 되어 있으며 너희들은 하나
의 그 길을 가게 되어 있느니라.
20 그러니 그와 같은 삶을 사는 너희들은
과연 어찌 살아야 되겠는가?
21 지금의 육의 세상의 삶을 살면서 오늘
의 고통이요, 오늘의 습관이요, 악습
을 버리기가 힘들고 어렵다 해도, 그
를 버리고 바로 서는 삶을 살아 영원
히 사는 세상에 너희들이 와 나로부터
선택된 백성의 삶을 살 것인가,
22 그렇지 않으면 너희들이 그 악습이요,
인간의 향락을 버리지 못하고 그저 되
는 대로 삶을 살며 그저 죄를 죄로 생
각하지 않으며 그를 즐거움으로 생각
하는 그와 같은 삶을 살아,
23 너희들이 그 고통스럽고 견딜 수 없는
그와 같은 속에 가 그 모든 대가를 치
르는 그와 같은 삶을 살겠는가?
24 너희들이 오늘에 참고 인내하는 것과
끓는 유황불 속에 들어가 견디는 것
이, 과연 어떠한 것이 더 무섭고 두려
운 것인가를 스스로 알아야 될 것이며,
25 그와 같은 길을 너희들이 선택하는 것
이 오늘의 삶에 있다는 것을 그들에게
잘 깨우쳐 주고 너의 제자들에게 심어
주도록 그리하라.

11,969 번째 하나님 말씀

2004년 7월 3일 10시 33분

1 사랑하는 나의 아들아!
2 "네, 아버님! 말씀하옵소서."
3 지금 이 세상에 나로부터 은혜를 받은
동식물이요, 미물에 이르기까지 모두
나의 주관하에 역사하지 아니한 것이
없으며 내가 계획하여 세상에 만들지
아니한 것이 없음이니,
4 모두가 귀하고 소중한 것이요, 그중에
서 제일 으뜸이 나의 피조물 만백성
너희들이라 하지 않았더냐?

5 그리하여 모든 동식물이요, 미물까지
그 모두는 너희들이 존재하도록 이 모
두가 다 역사한 것이며 준비된 것이라
하였거늘,
6 그 많은 축복과 영광을 받은 너희들이
어찌하여 나의 뜻에 의한 삶을 살지
아니하며 나를 거역하는 삶을 사는가?
7 너희들이 나의 뜻을 거역하는 삶을 살
기에 이 지상의 낙원을 이루어야 할
곳에 가장 우선이요, 가장 현명한 자
라는 너희들을 사탄이 지금 이용하며
악용하고 있음이니라.
8 나의 피조물 만백성이 사탄에게 이용
당하며 지금 악용당하고 있으니, 너희
들이 모두 다 무너지고 난 다음에 이
지상의 낙원은 하늘과 같이 이루어질
수 없으며,
9 모든 동식물이요, 미물까지도 다 그들
의 손안에 넘어가는 그와 같은 형국이
니,
10 바로 이 모든 동식물이요, 내가 역사
한 가장 지혜롭고 그들의 왕이라는 너
희들이 무너지기 직전에 와 있기 때문
에,
11 너희들이 무너지면 스스로 모든 자연
이 다 파괴되며 이 세상은 재가 되는
그와 같은 형국이 될 것이니라.
12 그리하여 너희들이 무너지지 아니하
여야 되며, 너희들이 무너짐으로 인하
여 모든 동식물이요, 자연이 모두 다
파괴되고 무너짐이니, 너희들이 지금
넘어져서는 아니 되는 것이니라.
13 그리하여 내가 너희들을 지키고 바로
잡기 위하여 지금 나의 아들을 통하여
160권의 새로운 성경을 세상에 내려
보내, 너희들이 사탄과 천사를 구분하
는 것을 알며, 너희들이 지금 서 있는
자리를 보며, 너희들이 가고 있는 행
위를 볼 수 있도록 이를 전함이니라.
14 너희들이 나의 아들을 통하여 내리는
새로운 성경이요, 이를 보고 깨우쳐
바로 서지 못하고 계속 이와 같이 무
너져 간다면,
15 이 지상은 황폐하게 될 것이며 아무것
도 남을 수 없는 그와 같은 형국이 될
것이니라.
16 그러니 가장 우두머리요, 왕이라는 너
희들을 넘어트린 다음에 사탄들은 그
저 바람이 불듯이, 모든 동식물이요,
미물까지 존재하지 못하도록 그리할
것이니, 너희들이 지금 무너지기 직전
에 있음을 알라.
17 그리하여 지금 내가 나의 아들을 통하
여 너희들에게 버팀목이 되도록 하며,
너희들이 그들과 싸워 거듭나는 그와
같은 승자의 길을 갈 수 있도록 모두
를 내가 지금 여기에 쏟고 있음을 알
아야 될 것이니라.
18 그러니 너희들은 나의 아들을 통하여
내린 새로운 성경을 읽고 깨우쳐, 내
가 명하고 지시하는 뜻으로써 선하고
아름다운 삶의 길을 살도록 그리하라.
19 그리하여 쓰러져 가는 이 지상의 낙원
을 바로 세웠을 때, 내가 만든 이 지상
의 모든 동식물이요, 미물까지 제자리
를 지키며 그 삶을 느끼며 평화를 누
리고 살 것이니,
20 그리하여 너희들이 중하고 귀한 위치
에 있으며, 그 모든 넘어지는 것을 받
치고 바로 세워 버팀목으로 바로 세우

는 것은 바로 나의 아들을 따르는 제자들이요, 그리고 나의 새로운 성경을 읽고 깨우친 백성 너희들이 해야 할 일이며 역사할 길이라는 걸 잊지 말라.

11,970 번째 하나님 말씀

2004년 7월 3일 10시 38분

1 사랑하는 나의 아들아!
2 "네, 아버님! 말씀하옵소서."
3 지금의 종교 집단과 지도자들은 너희들이 부족한 것이요, 완벽하지 못한 인간이기 때문에, 너희들은 부족한 자이기에 육의 세상에 살면서 부족한 육이 죄를 짓는 것은 그 죄가 두려운 것이 아니며 무서운 것이 아니요, 그리하여 너희들이 알지 못하고 짓는 죄라 하여,
4 성령으로써 거듭나는 데, 나에게 오르는 그와 같은 영광의 길을 가는 데, 육의 세상에서 어리석고 부족한 너희들이 지은 죄는 걸림돌이 되지 아니하며,
5 너희들이 나에게 오르는 데 훼방이 되지 않는 것이라 나의 피조물 만백성을 현혹하여 가르치고 있지 않으냐?
6 그것이, 너희들이 바로 무엇이던가?
7 나 여호와는 너희들의 육의 행함으로써 심판의 기준이라 하였거늘,
8 너희들이 육으로써는 완벽하지 못하며, 어리석은 자요, 모자란 자가 죄를 짓는 것처럼, 너희들이 지금 부족하기에 죄를 짓는 것은 죄가 되지 아니하며, 나로부터 용서를 받을 수 있으며, 나에게 오르는 것에 걸림돌이 되지 않는 것이라 그리 가르쳐,
9 나의 피조물 만백성을 혼동케 하는 것이 바로 사탄의 수법이 아니더냐?
10 이와 같이 말하는 자, 이와 같이 가르치는 자, 너희들은 사탄이요, 나 여호와의 뜻에 의해 인정받은 종교 지도자가 아니라는 것을 이제 너희들은 알아야 될 것이니라.
11 나의 백성이라면 성경에 기록하여 너희들에게 전한 뜻을 모르느냐?
12 행함이 없는 것은 죽은 믿음이요, 곧 죽은 믿음은 행함이 없는 믿음이라는 그 가르침을 어찌하여 그리 소홀히 들어 넘기는가?
13 그리하여 행함이 우선이라는 그 모든 내용을 내가 그리 전하였거늘, 너희들이 행함이라는 것은 중요하지 않다 그와 같이 나의 뜻을 거역하며,
14 너희의 행함으로써 너희들이 심판을 받는다는 그와 같은 어렵고 힘든 삶의 길의 방법을 묵살해 버리며, 그는 듣지도 말며, 기억하지도 말며 생각도 하지 말라 하며,
15 오로지 인간은 부족한 자요, 죄짓는 것은 어리고 부족한 나의 아들딸이 짓는 죄이기에 나 여호와가 모두를 용서해 준다 그리 가르치니,
16 너희들이 과연 부족하고 어린 백성이더냐?
17 성경에 기록하여 전한 그 뜻을 너희들은 모르느냐?
18 너희는 너 스스로 지은 죄보다도 남에게 죄를 짓게 하는 그 행위도 가장 불행한 사람이요, 그는 용서할 수 없는 사람이요, 용서받지 못한다 내가 기록하여 전한 뜻을 모르는가?

19 '보잘것없는 사람 가운데 누구 하나라
도 너희들이 죄를 짓게 하는 사람은
그 목에 연자 맷돌을 달아 바다에 던
져서 죽게 하는 편이 차라리 낫다.' 기
록한 그 사실을 너희들은 어찌 받아들
이는가?
20 너희들은 남에게 죄를 짓게 하는 행위
를 하는 자, 사는 것보다 바다에 던져
그것도 떠오르지 못하도록 연자 맷돌
을 매달아 던지는 것이 차라리 낫다고
기록하여 전한 나의 뜻을 어찌 가르치
는가?
21 너희들이 그 뜻을 과연 아는가, 모르
는가?
22 너희들은 가르치는 그 대목을 과연 읽
어 보지도 못했으며 들어 보지도 못했
단 말이더냐?
23 그렇지 않으면 너희들이 눈이 멀어서
보지 못하며, 귀가 막혀서 이 대목을
들어 보지 못한 백성이란 말이더냐?
24 죄에 대하여 행함이 얼마나 중요한가
를 엄격히 기록하여 너희들에게 전한
것이 성경이니라.
25 나의 새로운 성경에 기록하여 전한다
면, 이는 사탄이요, 이단의 것이라 그
리 말하나,
26 너희들이 한 자도 빼고 더해서는 안
된다는 성경에 기록한 그 내용을 너희
들은 과연 이를 어찌 받아들여야 될
것인가, 한번 읽고 깨우쳐 보도록 하
라.
27 지금 광분하며 맹종 맹신하는 불쌍한
신도 너희들이 이 뜻을 읽으면, 오늘
의 삶을 어찌 살아가야 될 것이며, 너
희들의 믿음이 무엇이 잘못되었으며
무엇이 바른 것인가를 알게 될 것이니
라.
28 너희 종교 집단의 지도자, 그리고 광
분하는 신도들, 너희들이 어찌 그 벌
을 다 받을 수 있다 생각하는가?
29 너희들은 그를 감내하기 어려울 것이
며, 그 고통은 너희들이 상상을 초월
할 것이니, 지금 너희들이 바른 깨우
침을 얻도록 그리하라.

11,971 번째 하나님 말씀

2004년 7월 3일 10시 41분

1 사랑하는 나의 아들아!
2 **"네, 아버님! 말씀하옵소서."**
3 너희들이 인간 세상에 살면서 죄를 짓
는 것은 부족한 자요, 완벽하지 못한
자요, 어리석은 백성이라 죄를 짓는
것이요, 그 모든 죄는 구원을 받는 데
걸림돌이 되지 아니한다 그리 말하며
그리 가르치는 것 때문에,
4 나의 피조물 만백성이 구원의 길이 아
니요, 지옥의 길로 간다 하지 않았더
냐?
5 너희들이 육의 세상에서 지은 죄를 용
서를 받을 수 있으며 그 죄를 가볍게
하는 길은 있느니라.
6 그러나 너희들이 어리석은 백성이기
때문에 죄짓는 것을 용서받을 수 있는
것은 절대 없음을 명심하라.
7 너희들이 이 세상을 살면서 남의 죄를
용서해 주는 것, 원수와 같은 자를 용
서하는 것은, 어떠한 백성이든지 죄를
짓고 또 지어 너희들에게 용서를 빌고
또 빌며 천 번 만 번 와서 너희들에게

용서를 빈다 해도,
8 그 모두를 다 용서해 줄 수 있는 그와 같은 너그러운 마음으로 너희들이 살아간다면, 지금까지 짓고 온 그 죄에 대한 가벼운 형을 받게 될 것이니라.
9 남들을 수없이 용서해 준 것만큼 너희들의 죄가 가벼워질 것이며, 너희들의 그 죄를 용서받을 수 있기 때문이니라.
10 이것이 하늘의 법도요, 이것만이 너희들이 지금의 모두를 다 벌을 받지 아니하며 나에게 올 수 있으며 구원을 받음이니,
11 인간 세상에서 짓는 죄는 죄가 아니라는 것은, 바로 너희들이 남을 그보다 열배 백배 더 용서해 주는 그와 같은 마음으로 살아간다면,
12 너희들은 나로부터 그와 같은 은혜요, 영광을 얻을 수 있으나, 그렇지 아니한 자 결코 아니 됨을 너희들은 알아야 될 것이니라.
13 하늘의 법도는 하늘에 있는 자, 하늘에서 역사하는 것이니, 지상에서 그를 알지 못할 것이니, 지금 나의 아들을 통하여 내가 내리는 그와 같은 것을 명심하도록 하라.
14 너희는 행위로 심판을 받음을 알아야 될 것이니라.
15 모두는 다 행위로써 심판을 받음이니, 그 행위가 모두를 다 용서를 해 주며 용서받았다면 너희들은 심판받을 것이 없으며, 너희들은 심판받을 대상에서 제외된다는 백성이니,
16 무조건 너희들은 나에게 오를 수 있다는 어리석은 생각이요, 그 믿음에서 벗어나는 백성이 되며,
17 하늘의 법도를 너희들이 무섭고 두려운 줄을 알고 깨우치도록 그리하지 아니하면 아니 될 것이니라.

11,972 번째 하나님 말씀

2004년 7월 3일 10시 44분

1 사랑하는 나의 아들아!
2 "네, 아버님! 말씀하옵소서."
3 너희들이 구원의 길이요, 나에게 오르는 소원을 이루고자 한다면, 너희들은 오늘의 육의 세상이요, 그 삶으로써 오를 수 없음이니,
4 다만 너희들이 나에게 오를 수 있는 것은 무엇이더냐?
5 성령으로써 인도를 받는 자, 성령의 안내를 받는 자만이 나에게 오를 수 있음이니라.
6 그러니 너희들이 나에게 오를 수 있는 것은 성령이 너희들을 인도함이니, 성령이 임할 수 있도록 거듭나며 변화가 필요한 것이니라.
7 그것이 바로 무엇인 줄 알겠느냐?
8 하늘을 향하여 한 점의 부끄럼이 없는 그와 같은 삶을 사는 자, 너희들에게 성령이 임하니, 그 성령이 인도한다는 것을 잊어서는 아니 될 것이니라.
9 나 여호와가 역사하지 아니하고 다스려 주지 아니하면 너희들은 거듭날 수 없으며, 나에게 오를 수 없으며, 너희들이 구원의 길을 올 수 없음이니,
10 오로지 나 여호와가 은혜로써 너희들의 마음을 잡아 주며 너희들을 다스려 주고 이끌어 주고 깨우쳐 주었을 때만이 너희들이 나에게 오를 수 있으며,

구원을 받을 수 있으며, 인간의 노력
으로는 할 수 없다 너희들이 그리 말
함이니,
11 그와 같이 가르치는 자가 다 사탄의
노예요, 사탄의 종임을 알라.
12 너희들이 나에게 오를 수 있는 것은
성령이 임하며 성령으로 인도하면 나
에게 오를 수 있으니,
13 너희들이 성령으로 인도함을 받고자
한다면, 성령이 임할 수 있는 그와 같
은 삶을 사는 것이 어떠한 길인가 그
를 찾아 너희들이 거듭나는 은혜를 입
도록 그리하지 아니하면 아니 될 것이
니라.
14 그러니 너희가 성령의 인도를 받아야
만 되는 것이며, 성령의 인도를 받을
수 있는 것은 성령이 임할 수 있는 삶
을 살아야 되는 것이니, 너희가 바로
행하지 아니하면 성령이 너희들에게
임할 수 없으며,
15 너희들에게 성령이 임하지 않으니 성
령의 인도를 받을 수 없음이니,
16 그와 같은 백성 너희들이 길을 모르며
나에게 올 수 없는 백성들이라는 것을
알라.
17 사랑하는 나의 아들딸들아! 인간인
너희들이 하늘에 오르는 길을 인도할
수 없으며, 누구도 그 길잡이의 역할
을 할 수 없음이니라.
18 오로지 성령만이 그를 역사하며, 성령
으로 충만된 백성만이 그 모두를 대행
할 수 있으며, 그 역사를 할 수 있으며,
19 너희들 자신도 성령이 임하여 성령이
인도하지 아니하면 나에게 올 수 없다
는 그 무서운 사실을 알라.
20 그러니 너희들이 성령으로 임하는 것
은 한 점의 부끄럼이 없는 육의 삶을
사는 것이 성령이 임하는 길이라는 것
을 깊이 깨우쳐 행하도록 그리하지 아
니하면 아니 됨이니라.

11,973 번째 하나님 말씀

2004년 7월 3일 10시 47분

1 사랑하는 나의 아들아!
2 "네, 아버님! 말씀하옵소서."
3 성령이 임하는 자격에 부합되지 아니
하는 자, 성령이 임하는 자격을 받지
못한 자, 거기에 합당치 못한 자는 나
에게 오를 수 없으며 구원을 받을 수
없다는 것을 너희들은 알라.
4 그러니 성령이 임하는 것은 너희들이
성령에 부합하는 모든 자격을 갖췄을
때만이 임할 수 있음이니, 그렇지 아
니하면 임할 수 없음이니라.
5 그러니 너희들은 성령이 임할 수 있는
자격이 무엇인가를 먼저 짚고 가야 될
것이며,
6 성령이 너희들에게 임하는 그 자격 기
준이 무엇인지 그를 알지 못하면, 너
희들에게 성령이 임할 수 있는 삶이
요, 그 길을 이룰 수 없지 않더냐?
7 내가 그리하여 나의 아들을 통하여 새
로운 성경을 내려보냄이니, 새로 내려
보내는 성경 160권을 너희들이 읽고
찾으라.
8 그 속에 모든 답이 있음이니라.
9 그렇지 아니하면 너희들이 성령의 충
만으로써 성령의 인도를 받을 수 있는
백성으로서 절대 거듭날 수가 없음이

니라.
10 그리하여 성령이 하늘에 넘어오는 그 증표요, 나의 새로운 성경을 읽지 않고 깨우치지 않는 자, 너희들은 구원을 받을 수 없으며 심판대에도 설 수 없다 함이니라.
11 너희들이 성령이 충만할 수 있는 것, 성령이 충만한 백성, 그와 같이 모두를 이루고 역사하는 것이 160권의 새로운 성경 안에 모두 기록되어 있기에, 이를 읽고 정독하지 아니하면 아니 됨이니라.
12 성령으로써 임하는 백성, 이것이 인간으로서 최고의 경지에 오르는 것이며, 인간 세상에서 넘을 수 없는 모든 선을 뛰어넘는 은혜요, 축복을 받는 것이요, 영광이 같이하는 길이라는 것을 알라.
13 너희들이 성령으로 임하여 성령의 인도를 받는 백성은 그때부터는 무너지지 아니하며 나에게 오를 수 있는 길을 달려오면 됨이니, 그때까지 너희들이 그 자격을 갖추는 삶이 중요한 것임을 알라.
14 그리하여 성령이 인도하는 백성은 그때부터 너희들은 인간의 최고의 한계를 넘는 그와 같은 은혜를 입는 것이요,
15 그러기에 그때부터 너희들은 쓰러지거나 무너지고 부서지는 것이 없는 것이니,
16 그를 위하여 나의 새로운 성경을 읽고 정독하고 깨우쳐 그 속에서 답을 찾지 아니하면, 이 세상의 어느 곳에서도 너희들이 그 답을 찾을 수 없다 함이니, 명심하도록 그리하라.

11,974 번째 하나님 말씀

2004년 7월 3일 10시 59분

1 사랑하는 나의 아들아!
2 "네, 아버님! 말씀하옵소서."
3 성령으로 충만된 백성이 성령의 인도를 받아 나에게 오른다 하였음이니, 성령으로 역사하는 백성이 모든 은혜를 받을 수 있으며 영광을 얻을 수 있음이니라.
4 그렇지 아니하고 성령으로써 충만하지 못한다면, 너희들은 새로운 지상의 낙원을 이루는 데 참여할 수 없으며, 그 일익을 담당할 수 없는 그와 같은 백성이 됨이니라.
5 이제 나의 아들을 따르는 제자 너희들은 들어야 될 것이니라.
6 너희들이 성령으로 충만된 그와 같은 백성으로서 거듭나지 아니하면, 전사로서, 나의 하늘의 선생으로서 너희들이 그 역사를 하지 못할 것이며, 그 직분을 다하지 못함을 너희들은 알아야 될 것이니라.
7 너희들이 그 길을 갈 수 있는 것은, 나의 새로운 성경을 정독하고 읽고 깨우쳐 성령이 충만한 백성으로서 거듭나는 그 어렵고 힘든 길을 선택하는 것은 너희들이요, 개인이 역사해야 한다는 걸 잊지 말라 전하라.
8 모든 믿음의 길을 가는 자, 울고불고 광분하는 그 신도들, 너희들이 정녕 나에게 오를 수 있다 생각하며 나를 볼 수 있다 생각하는가?

9 너희들은 아무것도 이루어지는 것이
없으며 육의 욕심에 육의 벌레가 득실
거리는 그와 같은 형국이요, 인간의
형체도 찾아볼 수 없는 것이 오늘의
종교 집단의 지도자요, 구원을 받았다
말하는 너희들이니라.
10 인간의 형태를 제대로 갖춘 지금 나의
아들을 따르는 그들도 구원을 받을까
말까 하는 것이요, 오를까 오르지 못
할 것인가가 죽을 때까지 저희들이 어
찌 사느냐, 과연 흔들리지 않는 길을
가느냐 흔들려 무너지느냐에 달렸거
늘,
11 지금 인간의 형태가 다 무너진 그와
같은 벌레와 같은 모습을 하고 있는
너희들이 어찌하여 그 모습으로 나에
게 오를 수 있으며, 그 모습으로 너희
들이 하늘에 와 나에게 받을 상만이
있다 하여 죄짓는 행위만 계속하는가?
12 어찌하여 사탄에게 힘을 주고 사탄에
게 용기를 주어, 너희들의 몰골이 더
무너지며 더 험악한 형상으로 변화되
는 그와 같은 것을 모른단 말이더냐?
13 그러니 내가 새로운 시대요, 새로운
역사를 이루는 것, 신정국가요, 새로
운 국가를 이루는 데 과연 너희들이
동참할 수 있으며 나와 같이할 수 있
다 생각하느냐?
14 너희들은 결코 나와 같이할 수 없으
며, 내가 너희들을 부른다 하여도 네
모형이요, 네 몰골이 인간의 형태가
아님을 너 스스로 아니, 네 기준이요,
네 수준을 맞춰 찾아가는 것이 너희들
이라는 것을 알아야 될 것이니라.
15 어찌하여 벌레가 인간의 세상에 와 살
수 있다 대드는가?
16 오라 하여도 오지 못하는 그와 같은
형국이 될 것이니 그리 알라.
17 그러니 모든 백성 너희들은 성령으로
임하지 아니하면 아니 되며, 성령으로
임하지 아니하는 백성 너희들은 나와
같이할 수 없으며, 신정국가를 이루는
데 일원으로서 담당할 수 없으며 책임
을 맡을 수 없으며 거기에 같이할 수
없다는 것을 전하라.

11,975 번째 하나님 말씀

2004년 7월 3일 11시 03분

1 사랑하는 나의 아들아!
2 "네, 아버님! 말씀하옵소서."
3 성령이 충만하면 너희들은 모든 것을
이루지 못할 것이 없으며, 너희들이
취하지 못할 것이 없으며, 네 소원을
거두지 못하는 것이 없음을 알아야 될
것이니라.
4 성령이 충만한 백성이라면 모두를 다
역사할 수 있으며, 너희들이 사랑함도
무너지지 아니하며 흔들리지 아니하
며, 진정한 참사랑으로써 모두를 이루
어 갈 수 있다는 것을 너희들은 알아
야 될 것이니라.
5 그러니 너희들이 육이 존재하는 세속
의 삶에서 어떻게 성령이 너희들에게
임하여 성령이 충만한 너희 자신으로
써 승화시키느냐 하는 것이 가장 큰
문제요, 관건이며,
6 너희들은 이를 위하여 모두를 다 바쳐
노력하는 그와 같은 삶을 살아야 될
것이며, 그 길을 찾기 위하여 최선의

노력을 다하지 아니하면 아니 됩이니
라.
7 그와 같이 성령이 임한 백성으로서 거
듭나는 길이 무엇이며 성령의 인도를
받는 것이 무엇인가 그 길을 연구하고
깨닫는 데 너희들의 모두를 다 바쳐도
시간이 없으며, 그 길을 위하여 진정
한 믿음의 길을 가야 하는 것이 너희
들이니라.
8 그러나 지금의 믿음의 길을 가는 백성
너희들은 이 모두는 다 뒷전으로 밀어
붙였으며,
9 너희들이 구약의 시대에 이루었던 그
기적의 역사요, 모세가 이루었던 그
역사, 신약의 시대에 나의 아들 예수
가 이루었던 기적이요, 그것만을 찾으
며,
10 그 이적과 기적의 역사를 따지며, 그
와 같은 것이 너희들에게 이루어지기
를 바라며,
11 구원 타령과 너희들의 죄는 모든 것을
다른 사람이 대신 다 짊어지고 너희들
은 죄가 없어 표백된 사람이라 하여
이와 같은 꿈속에서 헤매는 넋두리만
늘어놓고 있는 것이 아니더냐?
12 너희들이 이와 같은 것으로써 구원을
받을 수 있으며, 이와 같은 생각 속에
서 믿음이요, 신앙생활이 구원의 길이
라 그리 생각하느냐?
13 그 모두를 너희들이 다 지워 버려야
될 것이니라.
14 그리하여 너희들이 어찌하면 성령으
로써 임할 수 있는 것인가, 그것만 생
각하고 살아가지 아니하면 절대 아니
됩이니라.
15 이를 공부하고 연구해도 너희들이 시
간이 없으며, 견딜 수 있는 그 시간이
얼마 없거늘,
16 어찌하여 너희들이 나의 뜻의 방향과
내가 원하는 것과는 정반대요, 관계없
는 그 길만을 위하여 달려가는가?
17 이제 너희들이 역사하지 못한 그 의문
의 문제요, 그리고 넘을 수 없는 그 선
을 넘는 것은 성령으로 충만한 길이
요, 그 역사의 길밖에 없느니라.
18 너희들이 기적과 이적을 바라보며 그
와 같은 것으로써는 결코 나에게 오를
수 없으며 역사할 수 없다는 것을 내
가 전함이니 그리 알라.

11,976 번째 하나님 말씀

2004년 7월 3일 11시 53분

1 사랑하는 나의 아들아!
2 "네, 아버님! 말씀하옵소서."
3 지금의 신도요, 광신하는 자, 그리고
구원을 받았다 울부짖는 자들, 그리고
그를 가르친다는 지도자, 그리고 그들
을 이끌어 가는 종교 집단,
4 그 모두가 다 저희들이 하나같이 변화
를 모르며 변화하는 것을 두려워하며,
새로운 것을 받아들이려 하지 아니하
는 것이 그들이니라.
5 그들은 그리하여 하늘의 뜻을 모르며
내가 역사하는 것을 전혀 알지 못함이
니, 2천 년 전 사랑하는 나의 아들 예
수를 세상에 보내 저희들을 가르치고
자 했을 때,
6 참진리요, 하늘의 뜻을 전하거늘, 나
를 믿으며 나를 경배한다는 그 백성

들, 오늘의 신약 시대를 살아가는 백
성 너희들이 나를 위하여 울고불고 기
도하고 재물을 바치며 그리 살아가며
눈물로써 기도함이니,
7 너희들의 믿음이 철저하며 너희들같
이 완벽한 믿음의 길을 가는 백성이
없다는 착각 속에 살아가는 너희들처
럼,
8 구약의 시대도 나의 아들 예수가 내려
왔을 때, 지도자들이요, 제사장이라는
그들이 다 그를 알아듣지 못하였으며
그를 알지 못하였음이니라.
9 그리하여 나의 아들 예수의 가르침을
알지 못하며, 그들은 눈이 있어도 보
지 못하며 귀가 있어도 듣지 못함이니,
10 그 백성이요, 제사장이라는 자들이 아
무것도 알지 못하여 그와 같은 험악한
결과를 만들지 아니하였더냐?
11 너희들은 들어야 될 것이니라.
12 지금의 신약의 시대를 살아가는 종교
집단의 지도자 너희들이 그때의 제사
장이요, 그 믿음의 길을 가는 것, 철저
한 믿음이요, 율법에 의해 살아가는
자,
13 저희들 것 외에는 아무도 믿을 수가
없으며, 저희들만큼 확고하게 믿음의
길을 가며 나를 경배하는 백성이 없다
착각하고 사는 그들이 그와 같이 사랑
하는 나의 아들 예수를 죽음으로 몰았
듯이,
14 오늘의 신약의 시대에 살아가는 너희
들이 그들의 전철을 그대로 밟으며,
그들보다 더 포악하며 잔인한 방법으
로써 너희들이 지금 존재한다는 걸 알
고 있느냐?
15 그때 그 백성들처럼 오늘의 믿음의 길
을 가는 백성들이 제3의 시대가 열리
는 것을 알지 못함이니, 너희들이 얼
마나 어리석은 백성들인 줄 알겠느냐?
16 너희들은 유아적인 교육이요, 초보적
인 그 단계를 벗어나지 못하고 있으
며, 각종 형태로 기형적인 모습으로써
모두가 다 변해져 있는 것이 오늘의
믿음의 길을 가는 종교 집단에 속해
있는 백성 너희들이니라.
17 너희들이 초보적이면서 기형적이면
서, 더구나 저능아적이요, 지능이 따
르지 못하는 그와 같은 한계를 넘지
못하고 있는 것이니라.
18 그와 같은 백성의 형태로 된 너희들이
맹종 맹신하며 울고불고함이니, 저능
아처럼 판단할 수 있는 능력이요, 그
한계가 부족하며 기형적인 형태로 생
겼으며,
19 너희들이 바른 자를 바른 자로 보지
못하며, 기형적인 모습을 보는 것만이
너희들과 같은 동족이요, 민족이요,
백성이라 그리 생각하며,
20 깨달음이 없으니, 너희들이 유아 시절
이요, 초보적인 그것을 벗어나지 못하
고 있는 그 형국이 지금 맹종 맹신하
는 너희들이니, 그와 같은 모두를 탈
피하지 아니하면 아니 됨이니라.
21 초보적인 믿음에서 벗어나야 되며, 기
형적인 모습에서 바로 서야 되며, 저
능아의 한계로 깨닫지 못하는 자가 깨
달음을 얻는 그와 같은 변화를 이루지
아니하면 아니 되니,
22 그 모두를 통틀어 다스릴 수 있으며
바로 세우는 것이 바로 나의 새로운

성경이니라.
23 그리하여 이를 읽고 깨우쳐 깨달음을
얻어 성장하며, 기형적인 것을 너희들
이 바로잡으며, 저능아처럼 깨달음이
오지 않는 너희들이 지혜를 얻도록 그
리하라.
24 그렇지 아니하면 너희들이 아무것도
이룰 수 없다는 것을 알라.
25 그러기에 너희들이 그와 같이 모자란
백성들이요, 부족한 자들이기에, 변하
는 것을 무서워하며 변하는 것을 두려
워하며, 절대 그를 받아들이지 아니함
이니,
26 너희들이 새로운 성경이요, 새로운 진
리는 계속 부어 줘야 되며 변화되어야
하는 것이거늘, 너희들이 이를 모르고
있음을 알아야 될 것이니라.

11,977 번째 하나님 말씀

2004년 7월 3일 12시 01분

1 사랑하는 나의 아들아!
2 "네, 아버님! 말씀하옵소서."
3 진정한 참진리로 나의 뜻을 위하여 가
는 목자요, 그 집단과 자기들의 그 신
도들, 자기들의 틀에 맞춰 모두를 이
루려 하며, 그것에 맞추지 아니하는
것은 절대 받아들이지 아니하며 인정
하지 아니하는 자,
4 자기들 것만을 주장하는 그러한 종교
의 길을 가는 자들은 정녕 나로부터
선택된 종교 지도자가 아니며 나로부
터 명받은 목자가 아님을 너희들은 알
아야 될 것이니라.
5 저희들 것만을 가지고 부르짖으며 변
화하지 못하는 자들은 참진리요, 그것
이 하늘의 뜻에 의해 역사하는 것이
아니라,
6 비진리의 집단으로써 저희들이 제 교
리를 가지고 모두를 다 사수하려는 그
와 같은 어리석은 백성이니라.
7 이제 내가 나의 아들을 통하여 너희들
에게 전함이니, 나로부터 명받은 목자
요, 참진리의 길을 가는 지도자는 다
름을 알라.
8 너희들은 모든 진리요, 믿음이라는 게
규칙에 따라 신앙생활이요, 믿음의 길
을 가는 것이 아님을 알아야 될 것이
니라.
9 신앙의 길이요, 믿음의 길이 어떠한
규칙이요, 변하지 않는 규칙과 정해진
그 틀 속에서 신앙이요, 믿음의 길을
가며 나에게 오르는 길을 그리 가는
것이 아니니라.
10 나에게 오르는 것은 규칙이 없으며 틀
이 없으니, 너희들처럼 정해진 제 것
만 옳다 부르짖는 그것은 가장 썩은
자들이 하는 행위니라.
11 나 여호와가 역사하는 것이 무엇이냐?
12 창조주 내가 때에 따라서 나의 필요에
따라서 그때그때 내가 필요한 것으로
써 인도하며 쓰는 것이니,
13 내가 환경에 따라서, 입지에 따라서
나 여호와가 그때 하고 싶은 일이요,
내가 이루어야 될 것을 인도하고 명하
고 지시하여 나의 뜻에 의하여 행하여
지는 것이 진정한 나로부터 명받은 지
도자요, 나의 뜻을 행하는 자들이니라.
14 너희들이 틀에 박힌 것으로써는 죽은
자요, 죽은 믿음이요, 그는 내가 원하

는 것이 아니니라.
15 나 여호와는 산 자가 나를 아버지라
부르라 하며 산 자를 내가 다스려 나
감이니,
16 살아서 움직이는 너희들이 가면서 그
상황에 따라서 그 모두가 변하게 되어
있느니라.
17 눈이 쌓인 그 길은 눈을 쓸라 내가 명
하면 필요할 때 명하며, 너희들이 빙
판길을 갈 때 그 신발을 바꿔 신으라
하면 내가 필요에 따라서 바꿔 신으라
할 것이요, 산을 너희들이 오른다면
필요에 따라서 내가 그 신발을 바꿔
신으라 할 것이니라.
18 그러나 종교 집단의 지도자 너희들이,
잘못된 자들이 가는 것은 무엇이더냐?
19 너희들이 하나의 구두라는 신발을 신
었다면, 눈길도 그리 가야 되며, 빙판
길도 그를 신고 가며, 산을 가는 것도
그를 신고 가는 것이지, 다른 것을 신
고 가는 것은 절대 아니 됨이라 악을
쓰는 것이 너희들이니,
20 그러니 하늘의 뜻을 모르며 진리를 모
르며, 내 뜻에 의하여 가는 백성들이
아님이니라.
21 내가 너희들에게 다시 한 번 명함이
니, 창조주 나 여호와가 역사하는 것
은, 나로부터 선택된 지도자는 그때그
때 내가 명을 내리는 것, 필요에 따라
서 내가 지시하는 걸 따라서 움직이며
그를 다스려 나가는 것이니라.
22 빙판길을 갈 때는 빙판길에 필요한 신
발이요, 산으로 갈 때는 산에 오르는
신발을 내가 신으라 할 것이며, 너희
들에게 그와 같이 내가 다 전해 주며,
진흙탕을 갈 때는 진흙탕에 대한 그
신을 신으라 내가 그때 명함이니,
23 그때그때 환경의 필요에 따라서 내가
명하며, 그 명을 받아 일하고 역사하
는 것이 나의 진정한 지도자요, 나로
부터 명받은 자이니,
24 너희들처럼 하나를 가지고 고집하며
변화될 줄 모르는 그것은 죽은 자요,
너희들은 믿음이 아니요, 기초적인 자
요, 저능아의 믿음이요, 그 한계에서
벗어나지 못한 것이라는 것을 너희들
은 알아야 될 것이니라.
25 지상에서 모두 이루는 나의 뜻은 그리
하여 이루어지며 역사함이니라.
26 그리하여 하늘의 끝이 없는 나의 참진
리가 내려오며, 현명함의 지혜가 내려
와 너희들을 깨우칠 수 있도록 그리
가는 것이 나의 뜻이니라.
27 사랑하는 나의 아들딸들아! 너희들이
몇천 년 전에 모세가 기적을 이룬 것
을 한번 보라.
28 모세가 그 기적을 이룰 때 어찌 이루
었는가?
29 그때그때 그 백성들을 굴복시키기 위
하여 내가 명하는 것으로 그리했음이
니라.
30 그러나 한가지로써 명하고 그것으로
역사해서 답이 안 나올 때 그것만 고
집하는 것, 그것으로써 계속 공격하고
싸우려 대드는 것이 나 여호와의 뜻이
라 말할 수 있느냐?
31 모세에게 그때그때 환경에 따라 수많
은 기적의 역사로써 그 백성을 굴복시
켰듯이,
32 내가 때에 따라서, 환경에 따라서 명

하고 지시하는 대로 따르는 것이 나의
선택된 백성이요,
33 하나만 가지고 고집하는 것이요, 틀을
만들어 그 틀 속에서 벗어나는 것은
사탄이요, 이단이라 말하는 것은 저희
들이 사탄이요, 이단임을 알라.
34 예수가 기적의 역사를 한 것은 무엇이
더냐?
35 예수가 역사한 그 모든 기적을 잘 보
라.
36 그도 내가 그때 그와 같은 역사를 해
야 되기 때문에, 때에 따라서 환경에
따라서 내가 역사하도록 하였으니,
37 그를 잘 연구하고 공부하고 너희들이
깨우쳐 보면, 나 여호와가 필요에 따
라서, 환경에 따라서 내가 모두 지시
하고 명하는 것, 그리고 기적의 역사
를 행한다는 것을 너희들은 알아야 될
것이니,
38 그와 같은 것이 바로 하늘의 뜻이요,
참진리의 길을 가는 백성이요, 선택된
백성이 가는 길이니라.
39 사랑하는 나의 아들딸들아! 내가 그
와 같이 나의 아들을, 그리고 나의 지
도자를 왜 그리 가르치는지 알겠느냐?
40 너희들이 성령으로 인도하지 아니하
는 것은 잘못된 것이며,
41 잘못 가는 백성들, 그리고 너희들이
돌발적으로 일어난 모든 사건들과 그
때그때 비진리요, 악과 싸워서 너희들
이 나의 뜻에 따르도록 가르치고 인도
하고,
42 확고한 믿음의 힘으로써 사탄이요, 잘
못된 자들의 돌발 사건에, 너희들을
공격하고 훼방하는 그 모두를 굴복시
켜 그들로 하여금 구원의 길을 보도록
할 수 있으며, 너희들이 나의 뜻을 깨
닫고 나에게 올 수 있는 그와 같은 영
광을 이룰 수 있도록 하는 것,
43 그때그때 상황에 따라서 너희들이 변
화되는 것이요, 그때에 따라서 임무가
달라지는 것,
44 그리하여 잘못된 자들을 믿음으로 굴
복시켜 그들을 구원의 길로 인도하는
것이 내가 역사하는 것이니,
45 그리하여 그를 위하여 나로부터 명받
은 자, 너희들을 내가 선생이라 하며
전사라 함이 여기 있음을 알라, 사랑
하는 나의 아들딸들아!
46 이제 너희들에게 내가 원하는 것, 하
늘의 비밀이요, 하늘의 뜻을 전함이니,
47 너희들이 과연 오늘의 종교 집단 지도
자들이 틀을 만들어 놓고 그 틀에서
벗어나지 못하도록 하며,
48 조금만 벗어나서 미래를 보며 앞날을
보고 달려가는 자를 사탄이요, 이단이
요, 마귀라 하여 너희들이 그저 태워
버리고 찢어 버리고 던져 버린 그 사
악한 자들로 하여금 너희들이 정녕 하
늘에 오르는 길이요, 그 이치를 모르
며 변화를 모르고 있음이니라.
49 내가 그때그때 명하며 그때에 따라서
지시하며 환경에 따라서 대처하는 것
이 나 여호와의 뜻이요, 하늘의 뜻이
요, 그게 진리임을 알라 그리 전하라.

11,978 번째 하나님 말씀

2004년 7월 3일 12시 05분

1 사랑하는 나의 아들아!

2 "네, 아버님! 말씀하옵소서."
3 알지 못하는 자, 깨닫지 못하는 자들
과 싸워서 이겨 성령으로 거듭나게 하
는 것이 전사인 너희가 하는 일이요,
하늘의 선생이 하는 일이니라.
4 다만, 그와 같은 싸움은 악의 싸움이
아니요, 선한 싸움이요, 아름다운 싸
움으로써 모두가 결론이 나야 되며 그
와 같은 싸움이 이루어져야 하는 것이
지,
5 인간 육에서 이해관계에 의해서 치고
받고 하는 험악하고 사악하고 추한 싸
움으로써 성령의 싸움을 그리 이끌어
가서는 아니 됨이니라.
6 선한 싸움으로써 선한 현장으로써 모
두를 그리 다스려 나가야 될 것이니라.
7 이는 하늘의 싸움이요, 천사들이 하는
싸움이요, 그리고 나의 아들로부터 명
받은 제자들이요, 선택된 너희들이니,
바로 이는 선한 싸움이라는 것을 알아
야 될 것이니라.
8 그와 같은 싸움이 육의 싸움이요, 육
의 감정에 의한 것은 잘못된 것이요,
육이요, 인간의 생각이요, 감정을 접
어 두고 성령의 싸움은 아름답고 선한
싸움으로써 가야 됨을 알라.
9 그리하여 너희들이 의문 나는 것, 문
제점이 되는 것, 성령에 의하여 깨닫
지 못하는 것을 인도하고 잘 가르치고
잘 인도하여 안내하는 그와 같은 역할
을 하는 것이 나의 아들을 따르는 제
자 너희들이 해야 할 일이니라.
10 성령의 싸움에서 승리하는 자가 되어
야만 너희가 만백성을 구하는 길로 인
도하는 선생이요, 전사로서 자격이 있
으며,
11 너희들이 감정을 앞세워 인간의 싸움
으로 모든 싸움을 번지게 하여 스스로
무너지는 그와 같은 자가 되어서는 아
니 될 것이니라.
12 너희들이 성령의 깨달음을 가지고 싸
움을 하는 것은 선한 싸움이요, 아름
다운 싸움이지 않더냐?
13 남을 구원하기 위한 싸움이니, 이는
너희들이 아름다운 것으로 시작하여
아름다운 것으로, 선한 것으로써 끝을
맺어야 함을 잊지 말라.
14 육의 싸움에서는 져도 관계없으나, 육
의 싸움에서는 져도 성령의 싸움에서,
그 선한 싸움에서 지면 아니 되며, 반
드시 승자가 되도록 그리 노력해야 한
다는 것을 잊지 말라.
15 너희들이 지면 모두가 무너지기 때문
이요, 악을 인정하는 것이요, 사탄의
세상을 인정하게 되는 것이기 때문이
니라.

11,979 번째 하나님 말씀

2004년 7월 3일 12시 08분

1 사랑하는 나의 아들아!
2 "네, 아버님! 말씀하옵소서."
3 너희가 성령의 선한 싸움에서 승자가
되었으며 이겼다 하여 그 한 번의 싸
움이요, 한 번의 역사한 것으로써 영
원히 하늘에 오르며 나에게 구원을 받
는 길을 올 수 있다면,
4 내가 너희에게 뭐하러 노력하며 너희
들의 모두를 다 바쳐 정성과 충성을
다하라 하겠느냐?

5 그와 같은 성령의 선한 싸움에서 승자
가 되었다 해도 너희들은 무너지게 되
어 있음이니라.
6 그러니 진실된 사랑으로 변하는 길을
위하여 너희들은 쉬지 않고 피나는 노
력을 같이하지 아니하면 아니 된다 함
이 여기에 있음이니라.
7 사랑하는 나의 아들딸들아! 수없이
부닥치는 인간 세상의 삶에서 항상 선
한 싸움으로써 너희가 승자의 길을 선
택하는 그 의지와 굳은 각오가 없이는
결코 아니 되느니라.
8 왜 그런지 너희들은 알고 있지 않은가?
9 너희들이 그와 같은 싸움에서 매번 승
자가 되지 아니한다면, 사탄과 악이
너희들을 파괴하고자 너희들 주변에
항상 머물고 있으며 맴돌고 있다 하지
아니하였더냐?
10 그렇기 때문에 너희들이 그들에게 걸
려 무너지지 아니하는 자가 없게 됨이
니라.
11 그리하여 깨달은 자요, 예언자요, 대
제사장이라는 그와 같은 백성들도 수
없이 부닥치는 그 싸움에서 선한 싸움
으로써 성령의 승자가 되지 못하여 사
탄들에게 걸려 넘어졌으며, 그들의 유
혹에 견디지 못하고 넘어져 모두가 다
이와 같이 속절없이 무너져 갔음이니
라.
12 그리하여 완벽한 것이 왔을 때, 그와
같이 무너지고 타락된 너희들의 모두
는 다 폐지되어야 하며 덮어 두어야
한다는 것이 여기 있음이니라.
13 사랑하는 나의 아들딸들아! 그와 같
이 너희들이 새로운 길이요, 무너지지
않는 역사로 가려면,
14 나의 새로운 성경을 정독하고 나의 뜻
을 항상 가슴에 심어 두고 항상 생각
하고 살아가는 그와 같은 삶을 살지
아니하면 무너지느니라.
15 항상 그 싸움에서 승자가 될 수 있는
그 길에 양보하지 말며, 항상 너희들
의 가슴속에 나의 새로운 성경의 가르
침이요, 그 뜻을 가슴에 묻어 두고 나
를 항상 생각하고 나의 성령이요, 내
뜻을 너희 가슴에 심어 두고 살아가는
그와 같은 백성으로 살라.
16 그렇지 아니하면 너희들이 어느 때 스
스로 무너져 있는지 모르는 그와 같은
형국이 되어 있음을 알게 되느니라.
17 그때는 모두가 다 늦음이니라.
18 그때 너희들이 그를 깨닫고 후회하고
들여다볼 때는 이미 너희들이 벌써 심
판대 앞에 와 서 있어 심판을 기다리
는 자요,
19 거기는 아무것도 통할 수 없으며 기회
가 없으며 다시 한 번 되돌아갈 수도
없다는 것을 알라 그리 전하라.

11,980 번째 하나님 말씀

2004년 7월 3일 12시 12분

1 사랑하는 나의 아들아!
2 "네, 아버님! 말씀하옵소서."
3 부모가 평생을 피나는 노력을 하여 재
물을 모으니, 그 재물을 사랑하는 자
식에게 물려주는 것이 부모의 마음이
아니더냐?
4 그리하여 자식을 믿고 그 어렵게 번
모든 재산을 자식에게 넘겨주니, 그

자식이 어떻게 관리하고 다스리나에
따라서 이는 하늘과 땅의 차이가 나는
것이 아니더냐?
5 그가 방탕한 생활이요, 잘못 관리한다
면, 넘겨준 의의가 없으며 그는 관리
할 자격이 없는 것이 아니더냐?
6 그러나 그걸 잘 지키고 관리한다면 부
모의 유업을 따라 역사하는 것이 아니
더냐?
7 사랑하는 나의 아들딸들아! 인간 세
상에서 너희들이 부모가 넘겨주는 것
을 받아 어찌 관리하고 다스리느냐에
따라서 하늘과 땅의 차이보다도 더 무
서운 결과가 역사한다 하지 않았더냐?
8 이제 나의 아들딸 너희들은 들어야 될
것이니라.
9 나 여호와가 그 많은 나의 아들딸들에
게 내 뜻대로 살아 나에게 오르라 하
여, 그리고 내 유업을 받으며 내 유산
을 받아 관리하는 그와 같은 백성으로
서 거듭나라 하여 구약의 시대에 성서
의 그 많은 역사를 이루었음이니라.
10 그러나 그 모두가 다 실패했으며, 신
약의 시대 또한 어떠하던가?
11 내가 너희들에게 잘 관리하고 다스려
구원의 길에 오르라 하였거늘, 너희들
이 인간의 욕심이요, 인간의 교리로
인하여 나의 뜻을 다 저버리니,
12 내가 나의 유산을 넘길 자가 없으며
나의 유업을 넘길 자가 없으니, 나 여
호와의 마음이 얼마나 아픈지 너희들
은 알겠느냐?
13 그리하여 지금 바로 서고 바로 배워서
나의 유업이요, 나의 유산을 받아 역
사할 수 있는 백성, 나의 아들딸들을
만들고자 하는 것이 나 여호와의 뜻이
니라.
14 그러니 나의 뜻을 따르고 지키는 자녀
가 거듭나는 삶의 길을 가지 아니하면
아니 됨이니라.
15 지금까지 모든 믿음의 길을 가는 종교
집단에 속해 있는 백성, 이방인이라
하는 백성, 어떠한 백성도 나로부터
유업을 이어받을 수 있는 백성이 하나
도 없다 하면 얼마나 내가 통탄할 일
이며, 나 여호와가 괴로운 마음이겠는
가?
16 이제 내가 나의 아들을 통하여 그를
따르는 제자들이요, 나의 새로운 성경
을 읽고 깨우친 백성 너희들로 하여금
나의 뜻을 따르며, 나의 유업을 받으
며, 내 유산을 받을 수 있는 자녀로서
너희들을 성장시키기 위하여 나 여호
와가 모든 정성을 다하고 있음을 알겠
느냐?
17 그러니 너희들이 나의 160권의 성경
을 읽고 또 읽고 정독하여 너희들이
내가 기쁨을 얻을 수 있으며, 나의 유
산을 받는 아들딸로서 거듭나는 영광
을 얻도록 그리하라.
18 나 여호와가 마지막 나의 아들을 통하
여 나의 유업을 잇는 백성의 시대를
만들며 그들을 구하고자 내가 지금 이
어렵고 힘든 길을 가고 있음을 너희들
은 알아야 될 것이니라.

11,981 번째 하나님 말씀

2004년 7월 3일 12시 15분

1 사랑하는 나의 아들아!

2 "네, 아버님! 말씀하옵소서."
3 이제 제3의 시대가 열림이니, 구약의
시대는 모세를 통하여 역사하여 모든
나의 성령의 뜻을 전했으며, 또한 기
적의 역사로써 너희들을 바로 세우고
자 한 그 한 시대가 흘러갔음이니라.
4 그리고 신약의 시대 또한 무엇이더냐?
5 나의 아들 예수를 통하여 나의 성령을
직접 전하여 너희들을 깨우치고자 역
사했던 것이 그것이요, 모든 기적을
내가 보였으나, 그 또한 모두가 물거
품이 되는 그와 같은 형국이 되었으며,
6 이 세상에 제가 더 갖고자, 더 이루고
자, 더 명예를 얻고자 저를 위하여 기
도하는 자, 저를 위하여 모두를 울고
불고하는 백성은 있어도,
7 나 여호와의 아픈 마음이요, 나의 고
통을 들여다보며 나 여호와를 위하여
하늘을 위하여 기도하는 자 없으며,
8 나로부터 부름을 받으며 쓰임을 받을
수 있는 백성으로서 거듭나고자 하는
자가 한 사람도 없음이니, 이 통탄함
을 어찌하겠는가?
9 그리하여 내가 제3의 시대에 나의 아
들을 통하여 새로운 성경 160권을 내
보내 너희들을 바로잡고자 함이니,
10 이게 모세가 역사했던 기적이요, 예수
가 역사했던 그 기적보다도 더 위대하
고 소중한 것임을 너희들은 알아야 될
것이니라.
11 모세가 기적을 역사했던 것은 너희들
이 말로써 전해 듣고 그냥 듣는 것으
로 끝나나, 너희들이 그를 가지고 읽
고 깨우쳐 너희들 것으로 만들 수 있
는 것이 없으며,
12 신약의 시대에 나의 아들 예수가 역사
한 그 모든 것도 너희들의 피부에 와
닿으며 너희들이 어찌 가야 하는 것인
지 명한 것이 아니요, 이리하고 저리
하라 내가 그리 가르쳐서 전했으며,
13 그 기적을 모두 본 백성들이 욕심이
요, 욕망을 버리지 못하며, 참진리요,
하늘의 뜻이 아니라, 인간의 교리를
가지고 모두를 다하여 혼동케 해 놨음
이니, 이를 어찌한단 말이더냐?
14 그리하여 그 모두를 다스려 하나로써
진정한 믿음이요, 하늘에 오르는 길을
볼 수 있도록 역사하는 것이 바로 나
의 새로운 성경이요, 이 시대에 열리
는 그 성경이라는 것을 알라.
15 그리하여 이것이 귀하고 소중한 것이
며, 이를 보지 아니하고 접하지 아니
하는 백성은 결코 구원을 받을 수 없
으며 나에게 오를 수 없다는 그 무서
운 의미를 알도록 그리 다시 한 번 심
어 주도록 하라.

11,982 번째 하나님 말씀

2004년 7월 3일 12시 19분

1 사랑하는 나의 아들아!
2 "네, 아버님! 말씀하옵소서."
3 믿음의 길이요, 구원의 길이요, 나에
게 오르는 길은 끝이 없고 한이 없음
을 너희들은 알아야 될 것이니라.
4 너희들이 천사와 같이 변하는 완벽한
자가 되었을 때, 너희들의 그 고달픈
여정이요, 훈련은 모두 끝남이니라.
5 그러나 너희들이 육의 세상에서 천사
와 같은 마음이요, 그와 같이 살지 못

하기에, 너희들이 노력하는 것은 끝이
없으며, 연구하는 것도 끝이 없으며,
너희들이 변하고자 하는 그 모두가 끝
이 없는 것이니라.
6 사랑하는 나의 아들딸들아! 믿음이라
는 것이 무엇이더냐?
7 너희들이 이룬 것, 그리고 선한 싸움
에서 쟁취한 것, 선한 것이 현명함을
너희들은 알아야 될 것이니라.
8 선한 마음으로써 모두를 쟁취하여 이
룬 것으로써 너희들이 그리 살아가는
것만이 구원의 길에 역사할 수 있을
것이며,
9 그를 변하지 아니하며 그를 버리지 아
니하며, 계속 너희들이 긴장된 속에서
그를 다스려 나가는 삶을 살지 아니하
면 무너짐이니라.
10 너희들이 인간 세상에 살면서 하나의
목적과 목표를 위하여 고생과 노력과
고난의 그 길이요, 눈물의 세월 속에
서 너희들이 원하는 것을 이루고 역사
했다 하자.
11 그러다 너희들이 그를 잘 관리하지 못
하며 보호하지 못하며 지키지 못한다
면, 너희들의 고생이요, 노력과 눈물
의 대가로써 얻은 그 모두는 하루아침
에 물거품이 되며 무너지며 흔적이 없
는 것이 아니더냐?
12 그러니 고생과 시련의 그 모두가 다
부질없는 것이 되는 것이니, 너희들이
이루는 것보다도 관리하고 다스리는
것이 더 어렵고 힘드느니라.
13 그러니 너희들이 나의 새로운 성경을
읽고 하늘에 오르는 길이요, 구원의
길을 봤다 해도 너희들이 중단하고 멈
춰서는 아니 됨이니라.
14 계속 정독하고 그 내용을 찾아 변하는
삶의 노력의 길을 계속 가지 아니하
며, 너희들이 노력하여 그와 같이 문
을 두드려 나에게 오르고자 하는 그
피나는 노력이 없이는 아무것도 이루
어질 수 없음을 알라 전하라.
15 선한 싸움에서 승리를 했다 해서 너희
들이 관리를 제대로 하지 못한다면 싸
워서 이긴 것이 무슨 의미가 있는가?
16 아무런 의미가 없지 않더냐?
17 그러니 너희들은 싸워서 이긴 선한 싸
움에서 승자는 승자답게 너희들이 이
를 잘 지키고 관리하는 데 최선을 다
하며, 무너져서는 아니 될 것이니라.
18 그러니 너희들이 의미가 없는 참진리
의 길을 가는 어리석은 백성이 되지
말라.
19 그리하여 너희가 무너지지 아니하는
길은 계속적인 노력과 네 주변의 백성
들과 같이 변하는 삶이요, 네 주변에
천사와 같이 아름다운 백성들로서 너
희들과 같이할 때, 무너지지 아니하며
더 전진하며 더 변화의 역사를 볼 것
이요,
20 주변의 모든 너희 형제들이 악한 자
요, 사탄과 같은 자가 있으면 너희들
이 가기 힘들며 견디기 힘들어 결국은
무너짐이니,
21 네 주변에 선한 백성들이요, 아름다운
마음을 가지고 사는 백성들을 만들어
나가라 함이 여기에 있음이니라.

11,983 번째 하나님 말씀

2004년 7월 3일 18시 30분

1 사랑하는 나의 아들아!
2 "네, 아버님! 말씀하옵소서."
3 내가 친필로 써 내린 그 십계명을 지켜야 된다 하였거늘, 그를 지킬 수 없다 말하며, 그 십계명을 지키는 것도 내가 역사하며 내가 이끌어 주지 아니하면 결코 인간인 너희들의 의지로써는 지킬 수 없다 그리 말하느니라.
4 모든 성서에 있는 것, 너희들이 지키기 어렵고 힘든 그 모두는 다 인간으로서 지킬 수 없다 함이니라.
5 그러니 나의 아들과 나의 아들을 따르는 제자 그들이 거짓 하지 아니하며, 죄짓지 아니하며, 작은 실수도 하지 아니하고 살아가려 노력한다 할 때, 너희들을 사탄이요, 이단이라 그리 말하느니라.
6 너희들은 할 수 없는 것을 할 수 있다 하는 자들이라 그리 말하지 않느냐?
7 그리고 노력해도 안 될 것을 될 수 있다 말하는 것은 거짓된 것이요, 사탄이라 그리 말하느니라.
8 그러면 내가 묻고자 하느니라.
9 내가 역사하지 아니하며 성령이 임하지 아니하면 너희들이 거듭날 수 없으며 변할 수 없다 함이니,
10 과연 내가 너희들에게 얼마나 더 역사하며 성령으로 임해야 한단 말이더냐?
11 무엇을 내가 역사하는 것이더냐?
12 나의 아들을 따르는 제자들이요, 그리고 나의 새로운 성경을 읽고 깨우친 너희들은 나의 아들을 통하여 내리는 강론을 들으며 나의 새로운 성경을 읽으면서 너희들의 마음이 하나씩 하나씩 바뀌지 않더냐?
13 그것이 바로 내가 역사하는 것이요, 내가 임하는 것이거늘, 너희들은 어찌하여 내가 한 번에 너희들에게 무슨 변화를 이루어 주기를 그리 바란단 말이더냐?
14 오늘의 종교 집단의 지도자들, 그리고 믿음의 길을 가는 백성 너희들이 말하기를, 하나님께서 역사하지 아니하면 너희들이 변화될 수 없다 함이니,
15 나의 아들을 따르는 그 제자들은 지금 내가 역사함을 알고 있느니라.
16 내가 역사하며 내가 내리는 것을 듣고 배워 하나씩 하나씩 바뀌는 것이, 바로 그게 너희들이 갈 수 없는 길을 가는 것이며, 이룰 수 없는 길을 가는 것이며, 지킬 수 없는 십계명을 지키며 나의 성서를 지키고 가는 것이 아니더냐?
17 너희들은 수십 년 동안 공부하고 교회라는 곳에 가 재물을 바치며 깨우치면서도, 어찌하여 하나도 변하지도 않았단 말이더냐?
18 그러니 너희들이 변하고 또 변하는 것이 바로 내가 역사하는 것이요, 내가 임하여 너희들이 거듭나는 그러한 길을 갈 수 있는 것이거늘,
19 너희들이 공부하고 깨우치는 것은 하나도 변화되는 것이 없으며 깨달음이 없다는 말이 아니더냐?
20 나의 아들을 따르는 제자들은 하루하루 지나면서 그들이 변하고 깨달음을 얻어 내가 원하는 그 길을 오니, 그게

내가 역사하며 내가 임한 것이거늘,
21 너희들은 수십 년 동안 평생 깨우치
고 가르쳤어도 내가 임하지 아니하면
단 하나 불로 써 내린 친필인 십계명
도 지킬 수 없는 것이 인간이요, 내가
역사해 줘야 된다 하니,
22 그러니까 너희들의 오늘의 믿음은 내
가 역사하지 않는 길을 갔으며, 나와
관계없는 것이요, 나의 성령이 임하지
못하는 잘못된 길을 갔다는 것이니라.
23 그러니 내가 바로 너희들은 나와 관
계없다 하니, 너희들이 가짜요, 거짓
된 것에 몸담고 있는 것이 바로 그것
이 아니더냐?
24 어찌하여 성령이 한 번에 모두 임하
여 너희들을 하루아침에 다른 사람으
로 만드는 그와 같은 것만이 내가 역
사하며 성령이 임한다 하느냐?
25 하나하나 너희들이 모래알처럼 변화
되는 것, 바닷물이 보이지 않게 모래
를 쌓아 놓고 물러나듯이, 하나하나
아름다운 마음이 가슴에 쌓이도록 하
여, 너희들이 언젠가 완벽한 백성으로
일어섬이니, 그게 내가 너희들에게 임
하는 것이요, 내가 너희들에게 역사하
는 것이거늘,
26 수십 년 동안 평생을 믿음을 온 자들
이 그와 같은 변화가 없으며 그와 같
이 쌓여진 것이 없다 함은 너희들은
가짜요, 거짓된 자들이니라.
27 그리하여 너희들이 잘못된 자라 하니,
너희들은 깨달음이 없으며 변화되는
것이 전혀 없으니, 새로운 역사요, 나
의 새로운 성령에 의하여 너희들이 기
적적인 것으로써 변화를 바라고 역사
하기를 바람이니,
28 나는 이미 너희들에게 역사하고 내가
너희들에게 임하고 있다는 것을 알아
야 될 것이니라.
29 나의 아들딸 그들은 지금 스스로 나의
새로운 성경을 읽고 변화되는 것을 본
인이 알며 깨우치는 것을 아니,
30 그게 바로 너희들이 내가 역사하지 아
니하면 변화될 수 없고 거듭날 수 없
다는 걸 내가 이미 역사하여 거듭나고
있는 것이 아니더냐?
31 이 이치를 보더라도 오늘의 종교 집단
이요, 신앙생활을 하는 것, 믿음의 길
을 가는 백성 너희들 입으로 나 여호
와가 역사하지 아니하며 임하지 아니
하며 내가 이루어 주지 아니하면 변화
될 수 없다는 것은,
32 그러니까 너희들이 제자리를 그저 맴
돌다 하나도 깨우친 게 없고 변한 게
없으니,
33 너희들이 믿음의 길을 가면서 너희 자
신이 다스려지는 것을 발견하지 못했
으며 변화되는 걸 보지 못했기 때문
에, 나의 성령이 임하지 아니했으며
내가 역사한 것이라는 걸 모르는 어리
석은 백성들이니라.

11,984 번째 하나님 말씀

2004년 7월 3일 18시 34분

1 사랑하는 나의 아들아!
2 "네, 아버님! 말씀하옵소서."
3 너희들이 살아가면서 노력과 고통 속
에서 하나하나 변하는 그와 같은 역사
를 이루는 것이 너희들이 나에게 올

수 있는 길이라 하지 아니하였더냐?
4 그와 마찬가지이니라.
5 너희들이 서서히 하나씩 변화되고 역
사하는 것, 그 모두가 바로 나의 성령
이 임하는 것이요, 내가 너희들과 같
이하는 것이니라.
6 그러니 어떠한 기적과 역사로써 단번
에 변화되는 그와 같은 허황된 생각을
하지 말며 그리되어야만 너희들이 거
듭나는 백성이라 그리 생각하지 말라.
7 검은 것이 어느 날 갑자기 하얗게 변
하는 것만이 기적의 역사라 하지 말라.
8 하나하나 서서히 변해 가는 것, 그것
이 내가 역사하는 것이며 내가 기적을
이루는 것임을 알아야 될 것이니라.
9 사랑하는 나의 아들딸들아! 내가 뭐
라 말하였느냐?
10 너희들이 나의 새로운 성경을 읽고 정
독하고 또 정독함으로써 그 모두를 이
룰 수 있다 하였음이니라.
11 그러니 그와 같이 너희들이 변화되는
것이 내가 임하는 것이요,
12 수십 년 동안 살아오면서 스스로 변하
고 제가 깨우치는 것을 보지 못하며
느끼지 못하는 백성, 그 종교 집단이
요, 신도요, 그 백성들이 잘못 가는 자
들이요, 나의 뜻을 거역하는 자요, 나
와 관계없는 길을 가는 백성이라는 것
을 너희들은 알아야 될 것이니라.
13 사랑하는 나의 아들딸들아! 너희들이
하나하나 노력하여 바로 서고 바로 깨
우치는 것, 그리고 깨우치기 위하여
부닥치고 또 싸우고 하는 것은 모두
선한 싸움이라 하지 아니하였더냐?
14 그러니 너희들이 그 선한 싸움을 하면
서 하나하나 깨우쳐 가는 것, 그것이
바로 나 여호와가 역사하는 것이요,
내가 너희들을 변화시키는 것이니,
15 그와 같이 변화되는 것이 바로 십계명
을 지킬 수 있으며 나의 계명을 지킬
수 있는 것이니라.
16 그러니 너희들이 선한 싸움에서 어렵
게 얻은 것을 하루아침에 잃어버리는
그와 같은 어리석은 삶을 살지 말며,
17 나의 새로운 성경을 읽고 또 읽고 정
독하고 정독해서 항상 너희들이 긴장
된 상태에서 재충전하는 삶으로 살라
함이니라.
18 이를 지탱할 수 없게 되면 너희들이
무너지나니, 이를 지탱하기 위해서는
새로운 성경을 읽고 또 읽고 깨우치면
서 한 발짝 한 발짝 너희들이 변하는
것이 바로 무엇이더냐?
19 나의 계명을 지킬 수 있으며 성경을
지킬 수 있으며 새로운 성경을 지킬
수 있도록 내가 역사하여 내가 너희들
에게 변화를 이루어 주는 것이요, 너
희들에게 기적을 이루어 주는 것이라
는 것을 알라 그리 전하라.

부 록

【하나님께서 가르쳐 주신 운동】

천재지변이 일어날 때, 동물이나 미물들은 미리 알고 대피하지만, 인간은 알지 못하고 큰 화를 당합니다. 하나님께서 인간에게 가장 높은 지혜를 주시고 완벽하게 창조해 주셨기에 동물들보다 더 잘 알 수 있지만, 욕심으로 마음이 혼탁해져서 한 치 앞을 보지 못하는 것입니다.

마찬가지로, 인간은 누구나 스스로 필요한 운동을 해서 건강을 지킬 수 있도록 하나님께서 만들어 주셨습니다. 우리의 머리에서 우리 몸에 필요한 동작을 해 달라고 끊임없이 신호를 보내지만, 인간이 혼탁하게 살아서 그 신호를 알아채지 못합니다. 그러니 자연스럽게 자기 몸이 원하는 그 신호를 따라서 운동하는 것이 하나님께서 가르쳐 주신 운동 방법입니다. 바로, 우리의 영이 육을 이끄는 운동입니다.

▶ 하나님 운동법

1. 눈을 감고, 발을 어깨너비로 벌리고 바르게 선다.
2. 몸에 힘을 풀고, 허리를 숙이면서 손과 머리를 아래로 내린다.
3. 허리를 펴고 싶을 때, 천천히 펴면서 하고 싶은 동작을 하면 운동이 시작된다. (사람마다 다르다.)
4. 멈추지 말고, 어떤 동작이든지 자기 몸의 느낌대로 계속 이어서 한다.

▶ 참고 사항

① 눈을 감은 상태로 아무 생각 하지 않고, 자기 몸의 느낌대로 움직입니다.
② 마음을 비우고, 욕심을 버리고, 지난날의 잘못을 반성하면서 몇 차례 시도하다 보면, 자기도 모르게 하고 싶은 동작이 끊임없이 생깁니다.
③ 운동 장소는 방 안이든 운동장이든 관계없으며, 걷거나 달리고 싶을 때는 눈을 떠도 됩니다.
④ 매일 40분 이상, 주 4회 이상, 3개월 이상 하면 음식 조절에 들어갑니다.
- 음식으로 생긴 병은 음식으로 치료하게 되며, 어떤 음식을 먹어야 하는지 스스로 알게 됩니다.
(자기 몸에 필요한 음식만 먹고 싶어집니다.)
⑤ 사랑하는 사람과 함께 운동하면 서로 치료해 주기도 합니다.
⑥ 운동을 하다가 몸의 어느 한 부분을 계속 손으로 자극한다면 그쪽에 이상이 있는 것이니, 의사에게 상담을 받고 적절한 치료를 받으면 됩니다.
⑦ 다이어트 및 기타 건강관리에 효과적입니다.
⑧ 꾸준히 운동하여 영이 맑아지면, 자신의 과거와 미래를 스스로 보게 됩니다.

누구나 스스로 하실 수 있습니다.

간 행 사

《새로운 성경》은:

· 새로운 성경은, 하나님께서 선량하고 선한 자를 선택하여 십계명을 암송하도록 하시고, 십계명을 암송한 다음에 음성으로써 들려주시는 말씀을 듣고 그대로 카세트테이프에 녹음해서 받아쓴 책입니다.

· 90분짜리 녹음테이프 700여 개에 달하는 말씀으로, 1999년 8월부터 2004년 7월까지 총 160권(권당 288쪽)을 완성하였으며, 그 이후에도 현재까지 계속 말씀을 내려 주고 계십니다.

· 새로운 성경은 "하늘을 두루마리 삼고 바닷물을 먹물 삼아 쓰고 써도 다 못 쓴다"는, 끝없이 방대한 하나님의 말씀이 두루마리로 직접 내려오는 것입니다. 이러한 새로운 성경은 구약과 신약을 폐하려는 것이 아니라 "인봉된 성서의 비유의 뜻"을 상세히 설명하여 완성하고자 하나님께서 직접 내려 주신 말씀입니다.

《새로운 성경》의 구성:

· 제 목: 2013년, 160권 모음집을 발간하면서, 본 도서의 제목을 "하나님! 말씀하옵소서"에서 《새로운 성경》 으로 명해 주셨습니다.

· 단행본: 각 권당 288쪽(신국판) 책이 160권까지 시리즈로 출판됩니다.
(모음집은 단행본을 16권씩 묶어서, 총 10부로 구성됩니다.)

《새로운 성경》의 성경적 근거:

· 신약 성경 [요한복음] 16장 13절에 "진리의 성령이 오시면 그가 너희를 모든 진리 가운데로 인도하시리니 그가 자의로 말하지 않고, 오직 듣는 것만을 말하며" 하신 말씀처럼 하나님의 음성을 들은 것만 기록하였으며,

· "장래 일을 너희에게 알리시리라" 하신 말씀과 같이 개인, 나라, 인류의 "장래"일을 하나님께서 알려 주시는 것만 기록하여 책으로 만들었습니다.

《새로운 성경》의 기록 방법:

· 1999년 8월부터 하나님께서 저에게 들려주시는 음성을 기록하였습니다. 처음에는 제가 들은 말씀을 불러 주면 저의 아내가 기록하여, 2000년 1월 29일에 1권 초판이 세상에 나왔습니다. 2000년 4월부터는 주시는 말씀을 받아 녹음기에 기록하기 시작하였습니다.

· 녹음을 시작하면서 하나님의 말씀을 받는 데 가속도가 붙었고, 2001년 5월 3일에 1부(1~16권까지)를 인쇄하여 출판하였으며, 2004년 7월까지 총 160권 분량의 말씀을 받아 기록하였습니다.

하나님께서 저에게 주신 것은:

· 첫째, 만백성을 상대로 내려 주시는 "기도", 둘째, 수시로 내려 주시는 "묵상", 셋째, 개인의 과거, 현재, 미래를 알려 주시는 "개인 기도", 넷째, 개인의 건강을 위해서 내려 주시는 "음식 처방", 다섯째, 하나님께서 가르쳐 주신 "운동"등이 있습니다. 이 중에 첫 번째, "기도"를 책으로 편찬하였습니다. 사람의 생사, 개인의 미래에 관한 천기는 수록하지 말라 하셨습니다.

강론 안내:

· 하나님께서는 지금도 매일 저에게 새로운 하늘의 비밀의 말씀을 내려 주고 계십니다. 수시로 내려 주시는 말씀을 정리해서 제자를 육성하라는 말씀에 따라 매주 강론을 하고 있습니다. 누구나 무료로 들으실 수 있습니다. (book160.com)

《새로운 성경》을 읽는 분들에게 드리는 선물:

· 개인 기도: 개인의 과거, 현재, 미래에 관하여 말씀을 내려 주십니다.

· 음식 처방: 사람은 음식을 먹고살다가 건강을 잃으니, 음식과 운동으로 건강을 되찾는 방법을 알려 드립니다. 단, 하나님이 계심을 믿고, 십계명을 지키겠다고 진실로 서약하는 분들께 알려드립니다.

《새로운 성경》의 은혜와 기적:

· 새로운 성경 전160권은 16권씩 묶어서 총 10부의 모음집으로 구성됩니다. 모음집 한 부를 읽고 깨우치는 자에게 하나님께서 다음과 같은 기적이 있다고 하셨습니다.

· "첫째, 그가 죽어 하늘에 갔을 때 그의 죄를 묻지 아니하며, 구원을 받는 위대한 은혜가 있으며, 둘째, 그의 소원과 소망이 이루어지고, 셋째, 죽은 자(부모, 형제, 자식, 사랑하고 은혜 입은 분)의 이름으로 구입한 책을 읽고 누군가 한 사람이 깨우칠 때, 그 죽은 자가 지옥에서 천국으로 구원을 받게 되며, 넷째, 유산, 중절 수술 등으로 태어나지 못한 아이를 위하여 구입한 책을 보고 한 명이 깨우쳤을 때, 그 아이가 사람으로 다시 한 번 태어나는 은혜를 받는다."

· "새로운 성경"을 3회 이상 정성을 다해 정독하는 자, 성서의 비밀을 알게 되고, 세상의 이치를 알게 되며, 세상을 지배하고 통제할 수 있는 지혜를 다 얻게 된다고 하셨습니다. 이 책은 만백성이 정독하고 이웃에게 전하여, 평생 가슴에 묻은 슬픔과 고통의 짐을 벗고 미래를 위한 힘찬 삶을 살아가도록 하는 책입니다.

끝으로

· 하나님께서는 흰 눈이 세상을 덮듯이 새로운 성경을 온 세상에 전하라고 하셨습니다. 《새로운 성경》을 각국어로 번역해서 온 인류에게 구원의 길을 깨우쳐 주고, 그 수익으로 가난하고 어려운 백성을 구제하여, 만백성의 영과 육을 함께 구원하는 선지자의 임무를 수행하라고 저에게 명하셨습니다.

· 하늘에서 내려 주신 말씀의 보화를 만백성에게 나누어 주는 것이 선지자의 임무라고 하셨습니다. 새로운 성경을 통해서 얻는 재물을 사용할 곳도 하나님께서 일일이 명해 주십니다. 모든 재물은 저의 자의로 쓸 수 없고, 하나님께서 명하시는 대로만 쓰여집니다.

· 어떤 명분으로든 십일조나 각종 헌금을 거두어들이지 말라 하셨으며, 국내뿐 아니라 각국에 성전과 단독 서점을 운영하며, 한국의 많은 젊은이들을 전 세계에 지도자로 내보내라고 하셨습니다.

· 우리는 세계적으로 새로운 성경을 보급하며 어려운 이들을 돕는 역사를 해 나갈 것입니다. 지금까지 비록 몇 명 안 되는 제자들과 함께 이러한 일을 역사했지만, 앞으로도 계속 하나님께서 기뻐하시는 일들을 해 나갈 것입니다. 부족한 저희에게 여러분들의 지혜와 성원을 보내 주시기를 바랍니다. 많은 분들의 참여와 도움을 간절히 기다립니다. 감사합니다.

한국어로 내려온 《새로운 성경》 단행본을 출간하며
2016년 4월 10일

발행인 **김 용 철**

한국어로 내려온

새로운 성 경 · 10부 · 제156권

지은이 하나님 말씀
대역자 김용철

초판인쇄 1쇄 2017년 2월 1일
2쇄 2017년 6월 21일

펴낸 곳 도서출판 하얀마음
등록번호 제 10-2107호 (2001년 2월 14일)
주소 서울시 노원구 덕릉로86길 5, 2층
전화번호 02) 313-1114
팩스 02) 393-5554
전자우편 book160@hanmail.net
편집위원 조나영 김미향 이석교
제작지원 김서영 이상빈

도서상담 1600-7527
ISBN 978-89-5875-256-1 (04230)
978-89-5875-100-7 (세 트)

값 10,000원
잘못된 책은 구입하신 곳에서 바꾸어 드립니다.

※이 책은 10부로 제작되며, 각 부 16권씩 총160권으로 구성됩니다.※

1부	2부	3부	4부	5부	6부	7부	8부	9부	10부
1권	17권	33권	49권	65권	81권	97권	113권	129권	145권
2권	18권	34권	50권	66권	82권	98권	114권	130권	146권
3권	19권	35권	51권	67권	83권	99권	115권	131권	147권
4권	20권	36권	52권	68권	84권	100권	116권	132권	148권
5권	21권	37권	53권	69권	85권	101권	117권	133권	149권
6권	22권	38권	54권	70권	86권	102권	118권	134권	150권
7권	23권	39권	55권	71권	87권	103권	119권	135권	151권
8권	24권	40권	56권	72권	88권	104권	120권	136권	152권
9권	25권	41권	57권	73권	89권	105권	121권	137권	153권
10권	26권	42권	58권	74권	90권	106권	122권	138권	154권
11권	27권	43권	59권	75권	91권	107권	123권	139권	155권
12권	28권	44권	60권	76권	92권	108권	124권	140권	156권
13권	29권	45권	61권	77권	93권	109권	125권	141권	157권
14권	30권	46권	62권	78권	94권	110권	126권	142권	158권
15권	31권	47권	63권	79권	95권	111권	127권	143권	159권
16권	32권	48권	64권	80권	96권	112권	128권	144권	160권